U0928576

Interactive Marketing

李珍 郑新安 著

交互营销

绩效品牌打造必备十二法

中国经济出版社
CHINA ECONOMIC PUBLISHING HOUSE
北 京

图书在版编目（CIP）数据

交互营销：绩效品牌打造必备十二法/李珍，郑新安著. —北京：中国经济出版社，2008.8

ISBN 978-7-5017-8697-8

Ⅰ. 交… Ⅱ. ①李…②郑… Ⅲ. 市场营销学 Ⅳ. F713.50

中国版本图书馆 CIP 数据核字（2008）第 105123 号

出版发行： 中国经济出版社（100037 · 北京市西城区百万庄北街 3 号）
网　　址： www.economyph.com
责任编辑： 严莉（电话：010—68310327）
责任印制： 张江虹
封面设计： 任燕飞工作室
经　　销： 各地新华书店
承　　印： 北京金华印刷有限公司
开　　本： 787mm×960mm　1/16　　**印张：** 18.25　**字数：** 244 千字
版　　次： 2008 年 8 月第 1 版　　**印次：** 2008 年 8 月第 1 次印刷
书　　号： ISBN 978-7-5017-8697-8/ F · 7673　　**定价：** 38.00 元

序一
作者与唐·E.舒尔茨
就交互营销的沟通对话实录

一、在数字化营销时代，传统媒介与传统营销的发展趋势是什么？应该做何变革？

答：营销扁平化，营销与品牌交互化，媒介交互化趋势已经很明显。如何变革已经在书中有了答案。

二、你心中的交互营销是什么？你认为交互营销会不会是下一个营销方式的重要阶段？

答：消费者与市场营销方开始交流对话。对于后者我认为答案是肯定的。

三、美国交互营销成功实践有哪些？效果如何？

答：目前美国的市场营销手法并不一定像中国大陆营销方式多元。事实上，书中十二种方法，有些至今尚未在美国地区被成熟地运用。如，手机简讯的传发反馈。在美国此种操作性就有困难。美国人在使用手机联系上并非像中国各地一样频繁，我们已有很多 phone booth 付费式固定电话亭，事实上会比手机的费用更经济。中国地区使用手机传发短信是很频繁也很低廉的，所以以此方式来做交互性营销，是非常经济的投入，并有大的产出。反观在美地区，不见得会有中国目前各种先进的手机服务产品那样普遍被运用，所以如果说美国的营销方式的发展，是从爬行到立身行走，那么中国是从爬行行走的阶段直接到奔跑阶段的。短短几年下来中国经济成长的速度，说明这些书中的营销案例，是中国走向蓬勃发展中的成功模式，值得营销与品牌界学习与借鉴。

除此之外，在日本和韩国也有许多可以借鉴与有参考价值的成功案例。

四、营销传播经历了四阶段。第一阶段：差异化产品卖点USP；第二阶段：奥格威提出的个性化传播；第三阶段：里斯提出的定位；第四阶段就是你提出的整合行销传播MC。在经历了以上四个阶段后，营销方式植入消费者生活型态当中的交互营销，是否是绩效品牌打造的最好方法，特别是中国市场？

答：从书中的十二种方法，我想已经充分说明此种趋势是未来所会见到的中国市场营销活络之方法。

五、我们提出的交互营销主要强调一切可以形成交互状态的形式，都可以成立，并不局限于互联网的互动营销技术。技术只是手段，我们强调方法。如我们案例中介绍的如何将电视、户外大屏幕和电影等传统媒介变得有互动性——我们认为：任何一种媒介或营销形态，我们只要充分去策划，充分利用交互方式或技术就能做到交互化，就能使效果倍增。你认为呢？

答：见第三章第四节交互营销模型简单示意图。我想它说明了一切。消费者参与到产品制造者的传播活动过程（甚至产品反馈与建议中），在此过程中就能使传播效果成倍增值与放大。

六、交互化的营销是品牌打造最有绩效的方法，我们文章中列举了12种最容易交互化的营销方式，你觉得还有其他哪些营销方式交互化后效果倍增呢？

答：如果在中国市场，营销人员熟稔书中介绍的十二个交互营销的成功案例和相应的营销方法，就能将营销成效发挥到极致。

七、为了适应数字化变革时代，你认为营销界人事（做营销的人们），或广告代理公司应该努力的方向是什么呢？

答：读这本书！目标性锁定特定的消费族群推广品牌，使用更有效的营销方式。不要再像传统的广告方式那样用上千万元的广告费在CCTV投放广告。因为这种广告投放方式对后续宣传效果的反馈不加重视，无法知道有效的消费者在哪里或者说没有交互的过程，无法进行实时调整。但是透过交互式营销方式能将营销成本花在有目标或缩小此族群的目标范围，进而让有效投入有较大的产出。

八、人民币升值，成本上升，中国制造要面向内销市场，只有做品牌一条路可走吗？打造品牌时如何做到投入少而产出大呢？

答：本书成功案例对此已作了充分说明。尤其是案例中一些名不见经传的小品牌，2～3年内用新的交互化营销模式快速成功的案例是值得借鉴的。

九、当然中国很多品牌在国内已经有一定市场份额，也正往国际化市场迈进。但在欧美渠道有局限性，并且媒介费高昂，你有何低成本打造国际化品牌的建议呢？

答：首先是对“Made in China”品牌印象目前还是停留在“低成本低价钱的产品，给消费者印象是非高质量”。可以先进军欧美以外的市场，如印度、巴西、埃及等地市场，因为这些地区目前有活络的消费市场，随着时间推移，将产品做到细致，自行研发技术成熟后，推出创新产品，未来在全球非欧美地区市场拿下一定的占有率，在资金与技术储备足够后，再转进欧美比较可行，也比较容易一些。也就是中国常讲的农村包围城市的方法。

十、你曾经提出“一种声音，一种形象”已经过时的观点，和我们提出的交互性有联系吗？

答：当然。“一种形象，一个声音”是广告代理商们最常用的方法。实际上，随着营销的进一步深入推进，从本质上讲，就是由从公司操作层面出发的观念，转向从消费者、顾客和最终使用者出发的观念，从而形成互动传播的新观念，这实际上就是从交互角度而言的。

传统的传播活动显然是重要的品牌接触，但是，还有其他许多对购买决策有同样影响力的接触活动。试考虑一下以下其他因素对顾客印象的影响：雇员、使用方便的用户手册、产品包装、意见处理程序、求助答复时间、忠诚度的识别、信用调整、返利政策、入口的清洁与否等等。这些因素没有一个能在营销传播中被忽视，每一个都能使外围传播活动所传递的信息显著增加或减少。顾客并不区分哪部分信息来自营销部门，哪部分来自实际操作，以及哪部分来自会计部门等。他们只是积累关于某个组织的经验，并形成相应的感知和偏好。因此，就像消费者所认为的那样，将传播视为从不加区别的信息源发出的信息流加以重新组合，就成了整合营销传播的一个重要的方面。

我们希望更多的信息是来自于消费者这边，不光是信息流的整合，而且是信息流的交互。在交互过程中信息的形式会发生一些变化，但最终结果是到导向品牌主想要去的方向。这样，信息交互过程中传播效果就倍增了。

序二
交互:作为超越的技术和思想

“交互”,这词最近时常轰轰作响,或见之于报章,或见之于演讲,究其原因,恐怕与信息技术对于人类沟通方式的深度改变有关。

其实,“交互”与我们日常所用的“交流”、“交通”、“交换”等词,在内涵上几无差别,只是语境稍稍不同。现在,人们更愿意在互联网的语境和信息技术的语境上,用“交互”一词去指称命名,诸如:人机交互、交互模拟、交互设计、交互电视,乃至交互戏剧、交互教育、交互营销,等等。因此,用多了,“交互”就自然地抹上了网络技术的色彩,渐渐成为一种行业或理论的专属了。

“交互”,作为重要的传播概念,可以容纳因为新技术的到来而生成的新型、互动的人机关系和人际关系,“交互”可以在人类全部的沟通层面上存在。“交互”,一直是人类技术演进和发展的方向和动力,也是人类技术历史渐进的创新结果。我们应该看到这样的事实:因为数码,因为仿真,因为人工智能,因为宽带,因为芯片,因为视频,因为无线移动……“交互”变得越来越容易了,“交互”渐渐地把技术推向了社会的各个领域,在原本的单向的传播关系中装置了瞬时互动的技术形式,构成了新的传播关系和媒介界面,其意义远远大于单纯的技术创新。这是一种深刻的改变沟通形式和内涵的传播革命。

说到底,一切技术都是交互的,都有其特定的对象性内涵和制约性前提,并且这些内涵和前提在一定条件下是互为因果、互为条件的。恰如:符号为了记忆,印刷为了阅读,车船为了移动,电话为了听见,电视为了看见,互联网为了共在互动……这些在技术的前提上构建的文化形式,其实都是围绕着人的传播可能,对应着人的感觉功能,所以,归终还是符合人的发展理性和存在逻辑,交互技术,只是人的外化表征而已!

由于技术本身的逻辑和速率,必须看到两个定律在未来的交互世界中产生积极的作用。

一是摩尔定律。该定律预测:晶体管表面积的制作成本,每隔十八个月会降低一半,但是速度却会增加一倍。后人把摩尔的这个发现称为“摩尔定律”。随着价格的下降,会有越来越多的人成为数码技术的消费人口,并逐步发展成为“数字大众”。

二是吉尔德定律。该定律预测:在未来25年,主干网的带宽将每六个月增加一倍。所以,今天,有能力的电信公司都在铺设光缆,以争取足够的带宽。网速的提高,可以极大地丰富各种需要受众参与的网络形式,比如P2P下载、视频网站,甚至完全3D化的虚拟世界。

循此,回过头来看,交互技术对于营销的影响,对于品牌塑造的影响,也许就容易明白多了!营销当然具有媒介属性。基于大众媒介的市场营销不可能做到分众化或小众化。当数字技术把交互性的实现推进到新的阶段,营销沟通的分众化和小众化就不是难事,就是水到渠成的易事了!

因此,交互营销应该思考如下问题:

如何在交互传播的前提上定义产品功能与产品消费行为?

如何把握产品与用户的关系,以及用户对品牌的理解?

如何探索产品、人和物质、文化、历史之间的品牌相互关系?

如何建立将品牌植入到消费者心智中的传播模式?

相信《交互营销》一书,会提供有益的想法和做法!

是为序!

上海师范大学人文与传播学院副院长、教授、博导　金定海

2008年7月

序三　创造另一个10年神话

在过去这10来年，我有幸参与塑造中国融入国际市场这个大舞台的过程，并见证了一个前所未有的大蜕变。10年对于一个国家来说，足够改变一个民族的命运。对许多中国企业和品牌来说，更是一个意义非凡的奠基旅程。在10年前，没有人会联想到享誉国际的IBM的PCD，竟然会被一家后起之秀的中国企业联想并购；更没有人会想到，中国会在2008年举办奥运盛会。当然，在这过去的10年里，在各大中国本土企业的努力下，今年中国已成为全球最大的互联网大国。

这一系列的事实只不过说明了另一个事实。那就是历史也许是未来最好的借鉴，可是单看历史来规划未来会是最大的弊病。因为一个管理者的决策如果只建立在以往的经历上，是不足于带领企业走向常青的未来。

我相信中国的未来是美好的。我认为中国企业若要走向世界，善用最先进的营销策略是关键中的关键。遗憾的是，现有的营销理念确实是不够理想。Prof Don Schulz贵为“现代整合营销之父”，在中国“腾讯智慧峰会”也多次点出了这个现状的危机。也许唯一可喜的是这个现状不是中国本土企业的问题，而是个全球性的问题。

上个月在美国哈佛大学举办的高级现代营销战略峰会，我有幸代表了腾讯公司成为中国企业的唯一参与者。这个闭门的高级峰会吸引了全球69个国家的营销专家，现场有无数的CMO。在这10天的闭门会议我们讨论了20多个案例。回想起整个峰会，我最大的感触是有超过30%的案例是和新媒体有关的。这个事实只能再次说明了环球社会对营销核心价值的新看法和新期待。

非常欣喜地看到《交互营销》这本书的诞生。作者对营销学的核心价值有深入和全面的认知。这些智慧在中国目前是非常罕见的。在结合了中国营销界的现代案例，给以相应的分析后，本书将会带给读者非常有建设性的启发。

最后，要推动整个中国营销行业去接受交互营销的理念和价值不是件容易的事。腾讯在2007年率先在中国推出腾讯智慧，主要是想提高中国营销界对互联网营销效果的专业认知。希望本书能够帮助更多真正关心中国营销行业发展的专业人士，去创造中国营销历史的另一个10年的神话。

腾讯控股公司执行副总裁　刘胜义

2008年7月

序四　营销置于生活方式

李珍和郑新安是年轻一代广告圈中很优秀的人才，他们做广告很讲究实效性，要求广告能够帮助客户卖货。他们擅长于研究企业的营销实战，针对不同企业的产品特点、市场特性延续传统营销的精髓，并进行创新，逐渐形成自己独特的风格。在数字时代到来的媒体环境下，《交互营销》一书完成了营销的转向问题。营销再也不是单一的技巧了，营销是一种创新性的战略。营销处于一个大转型的时代，这个时代是不停地向“内”转，向消费者的主动性与互动性上变化。

如果把营销比作一场运动的话，那么在这个运动中，一个非常关键的因素就是互动。运动场外观众的尖叫声，对运动员的呼喊声，就如同兴奋剂一样注入到运动员的血液里。叫声、喊声越高，运动员就越来劲。这种互动是双向回应的，运动员靠赛场上突出的表现赢得了观众的呼声。在营销竞技场上也是如此，你的产品好是基础，还必须有打动消费者的营销策略。一个有力的消费主张或营销策略，对消费者而言，仿佛是撬动心灵之门的按键。消费者被主张所触动，然后领会、感悟，最终参与到消费的过程中。对于营销活动而言，有效的营销策略，是灵魂，是活力之源，它会触发营销效果的能量场，创造品牌与消费者的沟通。

做营销早就不是一件什么新鲜事，但如何做更有效一定是所有营销人不断追求的信念。如今的消费者生活在信息过剩与产品过剩的时代，你的产品用什么方式与消费者建立沟通，这取决于消费者，而不是过去的传统模式下的你说什么消费者就信什么。消费者的生活方式在发生变化，网上购物、电话购物、团购、以货易货等购物方式悄悄走入消费者的生活。在这样的环境下我们的营销模式必须基于消费者的生活方式悄悄地发生着变化，李珍和郑新安的《交互营销》这本书让我们找到新时代多元生活环境下营销的有效方式。这本书不仅理论部分十分具有开拓性，引入的案例也都十分贴近现代消费者的生活方式。比如说“社区营销”、“博客营销”、“游戏植入营销”、“无线营销”、“文化植入营销”等等。

就让我们在李珍和郑新安的带领下读懂现时代的交互营销吧！

波司登集团营销部长　中国营销协会副会长　嵇万青

2008年7月

序五　学海无涯

吾浮沉于广告传播行业二十多年，经历了不同的媒体年代，近年来更见排山倒海式的各类新媒体及传播方式络绎不绝扑面而来，变化速度之快，参考信息稍有延误，便会偶一不慎未知旁人在谈论哪种新兴媒体或传播方式，现今广告传播这个行业真正说得上学海无涯也。

有"整合营销传播"(IMC)教父之称的美国西北大学教授唐·E.舒尔茨茨博士，在腾讯网今年主办的论坛上分别于北京及上海以贵宾身份发表最新的整合营销传播理论，内容当然包括最新的数字新媒体，虽然北京及上海两地的论坛分别进行的时间相距约两个月，但舒尔茨教授已言明他两次的演说内容已经略有更改，以适应当天演说时的"新"媒体变迁环境。这是现今新媒体的日新月异的另一见证！

早前有幸参与北京大学新闻与传播学院副院长陈刚教授和舒尔茨教授一起讨论及研究有关陈教授最新的学术研究"创意传播管理"(CCM)，其核心理论包括传播管理、创意传播和传播触发，涉及的范围有自我传播、人际传播、组织传播和大众媒体传播等等，确实是一种崭新的传播理论研究，实实在在地激发起吾之传播新观念及新思维。

通过十年品牌打造实践的李珍女士送来她与郑新安先生合著的《交互营销》原稿，阅悉李女士及郑先生总结了数字化营销变革时代，并融汇了传统营销理念，运用更有效和合理成本营销方式为读者提供宝贵参考价值的学术及实践理论。他俩研究精神及毅力兼之，实乃传播界之栋梁，后生可畏也！

互动通控股集团总裁　邓广梼

2008年7月31日深宵于北京大学畅春园

前　言

如何用更好的营销方法去打动消费者？如何既提升品牌，又扩大销售？

交互营销是最好的方法。

现在大部分交互营销实践都来自于互联网这个平台，通过互联网技术带来的新平台，实现了传播信息和新闻内容的智能匹配，消费体验与品牌信息的融合，消费行为与产品的置换。如果说传统广告由于模式所限，难以形成交互式的模式的话，那么，数字化时代则是一个互动式平台涌现的时代，是一个可以将传统的单向式营销转变为交互式营销的新时代。

本书基于对当下市场环境的充分认知，提出交互营销的存在与运用方法，实际上也是想用最本质的思想，去打动目标消费人群。什么是最本质的思想？就是人最本质的想法。在商业环境越来越复杂的今天，最本质、最质朴的方式最有效，是一种物我两忘的消费状态。交互营销就要在这样的新环境下，通过对新媒体的梳理，消费者的接触习惯与思想、产品信息的传送方式、情景体验当中的表演性，以及对实际产品的转移性接受，在不同阶段的心理沟通等方面，进行全面实效性的分析与介绍，告知读者交互营销的实际运用方法。实际上，我们是想寻找一种超越传统营销方式，植入人心的动态营销方法，形成去中心的格局，逐步形成多个微中心，自下而上地进行传播，形成互动、体验、扩散的市场效果。由于这种方式所具有的强效沟通性，我们称之为交互营销。

要实现交互营销，就必须进入产品与消费者的交互式模式，必须从“利诱”转换为“情诱”，再由“情诱”转换为“心诱”。古代的大哲们早就说过，兵治下的是生民，法治下的是小人，礼治下的是君子，义治下的是圣人，德治下的是地仙，道治下的是天仙。我们的社会现在只是一种法治的状态，圣人以后的境界是看不见的。同样，我们在与消费者进行沟通的过程当中，从“硬传播”到“软传播”，从“新营销”到“心营销”，我们要找到现在环境中消费者的本质心态需求，从而创造出我们的市场新境界。

经过我和合作伙伴李珍小姐的多次交流与沟通，终于成书。我们希望我们的努力能引起广大读者的共鸣，真正形成互动式的交流，为企业带来品牌营销的新动力，让你的市场格局为之一变。

新环境、新工具、新方法、新思想，它的工具性、创新性、生活方式性，都为我们与消费者的沟通建立了直通车，企业要极早运用这种新形式、新方法，才能抓住当下的消费者。这个世界的界线非常模糊，协作才是关键，这种创新不是细小的改变，而是一种生活方式的改变。史蒂夫·乔布斯说，新产品的开发始于内心深处，随后通过不断的对话酝酿成熟，对话的内容是这样的：我们讨厌什么？我们用技术产生什么？我们想拥有什么？对于苹果而言，关键是生产真正能激发消费者兴趣的产品。就凭这简单的法则，苹果不仅抢了微软公司的风头，而且还利用全新的商业模式为美国商界设立了珍贵的标准：创建一个品牌，加以完善，使之获得新生，从而在纷纭乱世中繁荣发展。

为了这一点，我们要一直走下去。

目　录
CONTENTS

191～266

第八章 交互营销案例

Chapter 1

第一章

营销变革时代

交互营销

绩效品牌打造必备十二法

这是一个营销多元与变革的时代，各种各样的营销模式与方法充斥市场，让操作者们眼花缭乱。但总的趋势大家可以看到，营销再也不是单一的技巧了，而是一种创新性的战略。随着消费者和市场的变化，营销处于一个大转型的时代。这个时代是不停地向“内”转，向消费者的主动性与互动性上变化。比如手机通讯工具变成了智能移动终端，互联网从单纯的浏览器阅读变成了高度智能的互动平台，传统电视则正在从模拟时代走向数字化时代。

使用工具的变化，为营销的流向与变革带来巨大冲击。

数字时代的来临，让营销的主体发生了位移。营销主体从家庭走向户外，公交、铁路、地铁、专线巴士、户外广告显示屏等成为新的营销模式的户外公共载体。以往这些公共载体上的电视播放的大多是由相应的广告公司制作的节目，内容单一而且更新速度慢，对于广告主的吸引非常有限。而数字电视高质量的数字传送的技术，给户外营销传播带来新的机会。如中国领先的智能手机生产厂商多普达，认识到了数字电视崛起带来的机会，因此从其产品 D600 开始，就开始投放楼宇广告，尤其是在 S1 的营销中，该广告的“阅读”人群和 S1 的目标消费群高度契合，对 S1 的推广和销售起到了很大的作用。

广告主通过频道控制、更改播送节目信息等方式，将电视节目与自身广告信息结合，既满足了乘客需求又实现自身的广告价值，并且卫星数字信息传输造就了电视终端，形成新的传播通道与方式。

在电视传统介质上，传统广告采取插播广告的方式，实行强制性传播，尤其在频道数量有限、内容资源不足的情况下，观众被动接受广告信息，没有太多的选择权。随着数字电视技术的推广，频道数量成倍增加，电视节目不断细分，广告主与受众之间的平衡关系发生了变化。再加上一些新技术的出现，如PVR（个人录像机），观众能够在新技术的帮助下躲避和过滤广告，传统的"硬销售式"的广告形式受到挑战。在这种情况下，广告主就必须制定新的营销策略去应对这种挑战，植入式广告便是其中备受青睐的方式之一。

在美国，植入式广告已经成为电视媒体广告重要的形式，据美国《媒介周刊》调查，广告主2007年在节目制作和六大电视网的植入式广告投入超过4亿美元。业内分析人士预测未来的3～4年，75%以上的黄金时间里将大量充斥着植入式广告。这种发展的一个重要原因就是电视媒体的变革迫使广告主必须创新广告方法。

在数字电视时代，受众拥有对信息接受与拒绝的强大选择权利，所以广告主不能再像以往那样以强迫式的方式进行广告传播，而必须找到新的沟通方式，潜移默化地将信息传递给受众，植入式广告作为一种新型营销沟通工具，通过隐性的手法，以低涉入的感性诉求方式，将产品、观念、信息或品牌等，与被植入的节目、电视剧等有机地结合起来，能够减少受众对广告的抗拒心态，达到潜移默化地传递信息与塑造品牌的目的，这也是植入式广告在数字电视时代备受重视的原因。

随着各种信息传播载体的不断融合，电视、手机、互联网将逐渐形成一个完整的信息包围网。广告主必须要重视这种技术发展对电视广告所带来的新的冲击与机会，并且及时制定新的营销策略去应对这种变化，才能够在未来市场发展中取得制胜的先机。

以上表述只是说明，消费者接收产品信息的习惯在改变，广告主的营销方式也在改变。总的来看，过去的营销方式是硬性推广，营销信息的传递方式是寄生式的，而交互营销则不同，它是融于消费者的互动活动和口碑当中，形成另一种传播源，不断向"下"扩散。

一、多元的产品

产品越来越多了，也越来越多元了。依靠单一产品打天下的情形已经不可能了。从单一产品到多元产品，从个性产品到同质化产品，产品不断重复从同质化到差异化，再到同质化的过程。市场不再是物化的终端柜台，而是一个个个性化的消费者，企业是占领消费者的大脑，而不是表面上去占领商场的柜台。人的消费行为是受消费意向支配的，消费决策决定消费行为，要影响消费者的消费行为，首先要影响他的消费观念和决策，通过传播，占领消费者的头脑空间是最为关键的。统计研究表明，一般来说，人的记忆容量是非常有限的，对同类型的品牌最多能够记住 5 至 7 个，排位越往前的品牌市场机会就越大，排得越往后的品牌市场机会越小。知识管理专家、波士顿大学教授汤姆·戴文博特指出，对企业来说，重要的不是我们做了什么，而是如何把人们的注意力吸引过来。

谁在后工业时代把握住大众传播和沟通的工具，谁更能最有效率地使用这个工具，谁就能领先一步，走出过剩经济时代的黑暗，提前迎来胜利的曙光。

在现代工业社会，产品的质量、功能、包装、通路、价格等等越来越雷同，同质化现象越来越普遍、越来越严重。产品定位、市场细分的流行将企业拉入不断定位、细分，不断找不着头绪，重新定位、细分的怪圈。品牌观念的流行，又使大家一窝蜂地挤上广告的独木桥，马太效应使大家用几乎相同的媒介向消费者灌输着自我感觉有卖点，实际上毫无创新的广告。在近乎洪水猛兽般的信息面前，消费者根本辨认不出哪种更有利，或者说根本没有动辨识广告信息的念头。

“我来也，消费者”的传播时代行将结束，“消费者，我来也”的传播时代已经来临。

其实，目前的营销理论基本上要么在产品—消费者的圈子里面绕来绕去，要么表现出连接产品和消费者之间的渠道单一化，过分地依赖广告的传播。

即使想到公关，也把事件营销列入计划了，回过头来，第一句话还是，“广告创意怎么办”？这还算好的，因为至少能意识到向消费者传播与沟通的渠道还有另外一个。

这些营销理论放在工业经济时代，没有错，它是成百上千的企业阶段性成功经验的结晶。

但是，在供求过剩、产品同质化严重的后工业社会中，营销的本质或者说核心，如果还是停留在“我来也，消费者”的时代，麻烦就大了。实际上，后工业时代营销的本质就是沟通，与消费者的沟通，它强调的是：请消费者注意，我来也。营销的主要工作已经从工业社会对产品、价格、促销、渠道和感性消费者的试错性关注转移到对消费者有效信息来源的沟通、传播渠道的有效利用研究上。营销就是通过大众媒介这把重锤把企业的信息钉子楔入消费者的头脑中去。

二、消费者混乱的选择

产品多了会引发同质化的问题。同质化带来的是消费者选择的困境，这种困境体现出的就是消费者混乱的选择。

比如消费者在选择洗脸的产品时，就可能面对无数海量的产品。洗的用的擦的涂的喷的，应有尽有，形式多样还是可以理解的，问题是同样一种产品，同样一种功能，却多得让消费者不知所措，无法选择。

问题的严重性还在于，这种服务与产品的细分，让大部分厂商都在一类产品形态之中进行重复“耕作”，而没有去开创新的品类。例如在淘宝网上，仅洁面的产品就有 233 种，化妆水、爽肤水类 170 种，脸部精华 425 种，乳液、面霜 506 种，面膜 356 种，脸部保养品 870 种，身体保养品 236 种，眼部护理品 320 种，彩妆 518 种，瘦身纤体产品 17 种，美发护发品 104 种，唇部保养品 55 种，美齿清洁/口腔护理品 69

种，美白精华液 125 种，果酸活肤精华素 115 种，滋养日间系列 239 种，保湿修护眼霜 263 种，丽齿健 61 种。

同一类产品多得让消费者无法选择，无所适从。

我们还可以看到，针对我们的五官，每一种养护的产品都达几十种甚至百种。设想，如果消费者为身体每个部位根据不同环节都选择几种产品，就是一天到晚去使用这些产品，就不要干其他事了。

市场真的需要这么多样的产品吗？这些产品真的有很大差别吗？这些产品能有多大差别，可能只有包装上的差别，广告上的差别，渠道上的差别，促销方式上的差别，品牌上的差别，而恰恰在品质上并没有什么差别。

是我们过分敏感了吗？是我们是近视眼看不清产品了吗？是我们不适应物质年代的丰富奢华吗？当然不是，而是在这种买方市场情景下，消费者与企业都会遇到这种困境，特别是产品制造商，难以实现产品应有的价值。

面对现在的市场，再迟钝的人也都可以感受到，我们已经处在一种嘈杂无比的市场环境之中，我们每天面对着各种消费产品，多得无法选择，无所适从，我们常常会怀疑自己的每一次选择是对还是错，而且经常出现选错了产品，又去重新选择的情况。

产品多得无法辨别，同一类产品多得无法辨认。

我们的每一次消费，都处在艰难选择和试错猜想的过程中。

在产品如此丰富的年代，产品短缺时代的困惑似乎又回来了。此时是丰富的困惑，彼时是短缺的困惑。那时，消费者的需求是处于沉睡状态，困惑的是没有第二种选择商品的机会，现在的状态是，选择太多，多得让人生发困惑。

那么，消费者如何去选择产品，是看价格？还是看服务？抑或是看品牌？实际情况就是同一价格的产品多如牛毛，同一品牌的产品多如牛毛，同一渠道的产品多如牛毛，提供同一服务的产品同样也多如牛毛。

饮料有男人喝的和女人喝的，有老人喝的和小孩喝的，有城市人喝的和乡下人喝的。

洗面奶有各种剂型，洗不同部位有不同的产品。

牙膏有中草药的，有含氟的，有含盐的，有闪亮的，有除口臭的。

以宝洁公司为例，美容美发类有海飞丝、飘柔、sk-Ⅱ、封面女郎、玉兰油、舒肤佳、伊卡璐、伊奈美等等，品类发展全面丰富得无以复加。

各种被极度细分的产品在我们的消费生活中无处不在，无孔不入。消费者在选择商品时，所花费的时间成本与精力成本越来越高。

三、渠道变革

渠道在现阶段下，已经成为与品牌、产品、管理同样重要的市场因素。渠道革命正在静悄悄地发生。企业纷纷对自己的渠道策略进行战略调整。根据国内外知名企业的市场营销实践经验以及市场营销环境的新变化，渠道变革的趋势如下。

1. 渠道组成结构：由金字塔式向扁平化方向转变

传统的销售渠道结构呈金字塔式，在供过于求、竞争激烈的市场营销环境下，传统的渠道存在着许多不可克服的缺点：一是厂家难以有效地控制销售渠道；二是多层结构有碍于效率的提高，且臃肿的渠道不利于形成产品的价格竞争优势；三是单项式、多层次的流通使得信息不能准确、及时反馈；四是厂家的销售政策不能得到有效的执行落实。因而，许多企业正将销售渠道改为扁平化的结构，即销售渠道越来越短，销售网点越来越多。

渠道扁平化作为一种销售模式，简化了销售过程，降低了销售成本，使企业有较大的利润空间。但扁平化并非是简单地减少哪一个销售环节，而是要对原有的供应链进行优化，剔除供应链中没有增值的环节，使供应链向价值链转变。供应链管理最优化将是未来厂商、分销商、电子商务营运商经营成功的关键之一。那么，如何优化供应链呢？这就要做到营销网、物流网、信息网、客户服务网、互联网五网合一。借助互联网，把产品销售、物流控制、信息沟通、客户管理及意见反馈有机结合起来，使传统分销模式向网络分销模式转化，利用网络商务来解决传统渠道在操作中由于主观或客观的原因所造成的低效率运作，以求以最短的供应链、最快的反应链、最低的成本来进行运作。

2. 渠道管理中心：由以总经销商为中心，变为以终端市场为中心

销售工作归结起来是解决两个问题：一是如何在适当的时间和适当的地点把产品送到消费者的面前；二是如何通过促销让消费者了解和认同企业的产品。过去，企业多是在销售渠道的顶端，通过市场炒作和大户政策来展开销售工作。当市场转为相对饱和的状态时，这种市场运作方式的弊端表现得越来越明显。为适应新的市场形势的需要，企业开始以终端市场建设为中心来运作市场。厂家一方面通过对代理商、经销商、零售商等各环节的服务与监控，使得自身的产品能够及时、准确而迅速地通过各渠道环节到达零售终端，提高产品市场展露度，使消费者买得到；另一方面，在终端市场进行各种各样的促销活动，提高产品的出样率，激发消费者的购买欲，使消费者愿意买。

3. 渠道成员关系：由交易型向关系型转变

传统渠道成员之间的关系是纯粹的交易型关系，渠道的每一个成员均是独立的，他们各自为政，各行其是，都为追求自身利益最大化而与其他成员短期合作或展开激烈竞争，没有一个渠道成员能完全或基本控制其他成员。因此，随着科技与社会经济的发展和时间的推移，这种传统渠道成员之间的关系正面临着严峻的挑战。

关系型营销渠道正是适应形势的变化而产生的一种新型营销渠道，它以系统论为基本思想，将建立与发展与渠道成员之间的关系作为企业营销渠道的关系变量，把正确处理这些关系作为企业营销渠道的核心。其价值在于：①战略过程的协同性。在竞争性的市场上，明智的营销管理者应强调与利益相关者建立长期的、彼此信任的、互利的关系。各具优势的关系双方，互相取长补短，联合行动，协同动作，去实现对各方都有益的共同目标，可以说是协调关系的最高形态。②信息沟通的双向性。社会学认为关系是信息和情感交流的有机渠道，良好的关系即是渠道畅通，恶化的关系即是渠道阻滞，中断的关系即是渠道堵塞。交流应该是双向的，既可以由企业开始，也可以由渠道成员开始。广泛的信息交流和信息共享，可以使企业赢得支持与合作。③营销活动的互利性。关系型营销渠道的基础，在于交易双方相互之间有利益上的互补。关系建立在互利的基础上，要求互相了解对方的利益要求，寻求双方利益的共同点，并努力使双方的共同利益得以实现。真正的关系营销要达到关系双方互利互惠的境界。

(1)将渠道中心从分销商转移到顾客。在制定渠道策略和进行渠道管理时，以顾客满意度为主要目标，以全心全意为顾客服务为宗旨，将渠道中心从分销商转移到顾客。顾客满意度决定顾客忠诚度，只要顾客忠诚度高，企业进行渠道整合变革就具备了良好的基础。

(2)重新审查、制定渠道策略和战略。对现有渠道进行重新评价是每个厂商必须进行的工作。要重新评价渠道活动，最大的障碍是现有渠道形式的历史以及传统的思维方式。为此，我们有必要应用一种从零开始的方法，抛开当前的渠道安排，从市场背后发现打开市场的最优方式。企业在确定了理想客户群之后，就应该提出如何去接触他们的问题。渠道战略必须与公司总体战略相一致，同时还要满足必要的效率要求(合理的收益率)，并确保其长期的灵活性。企业进行渠道变革最直接的担心是产生渠道冲突。

渠道冲突有多种表现形式，如同一渠道中不同层次之间或同一层次成员之间的冲突，另外还有同一制造商建立的两条以上渠道向同一市场出售产品引起的冲突。有时这样的冲突会对那些不积极或运作不经济的分销商具有制约作用，从而对企业有利。产生危害的冲突是一种渠道瞄准另一种渠道的目标顾客，这会造成分销商的报复甚至放弃企业产品，因此，企业在整合渠道时必须采取措施防止这类渠道冲突。如不同渠道提供不同的品种或品牌，明确各渠道的销售领域，加强或改变分销渠道的价值定位或通过年终政策予以控制等等。

(3)保持渠道策略与企业目标及内外环境的一致。企业在制定渠道策略时，必须确定提出的渠道策略是否与企业目标相一致，能否支持总体战略推进，进而使企业达到预期的业绩目标。另外，渠道战略决策是在一个广泛的背景下提出的，因此理想的渠道还必须在可用资源、渠道战略的历史等限制条件下实施。如果确认某项选择适应当前的战略，还必须看它是否适应将来的战略需要。如果一种渠道战略很容易被竞争对手所模仿和超越，它就不能提供一种实质性的优势。

(4)有步骤、分阶段地推进电子化进程，在企业内实行传统分销系统和电子分销系统并行的运作方法，并不断强化电子分销，在时机成熟时全面替代传统分销。

新的形式下，除了对传统渠道的管理，因网络带来的渠道变化，也必须加以深刻的关注。渠道就是力量，渠道就是营销，网络时代，并非只有传统的一种网络，其传统渠道扁平化状态，在网络时代更显激烈，这种渠道的变化对传播的要求更多，也让渠道呈现出传播与销售的多种功能表现。

可以肯定，不会在新形势下，建立与消费者沟通最近的物理渠道和心理渠道，就无法把握致胜先机，取得双赢。

四、告知无效

在过去以及当前的传播环境中，产品或品牌的信息告知无效的情况时有发生，甚至成为一种常态。现在有太多产品或品牌的信息告知无效的情况，怎样才能告知有效，是所有企业关心的。换言之，就是让广告主有可能花同样的钱获得更大价值，甚至花更少的钱获得更大的价值。

消费者的生活方式和信息沟通方式在发生改变，我们的传播方式就应该有所改变。

企业最为关心的是“可衡量的效果”、“互动式体验”、“精确化导航”以及“差异化定位”四个指标。一种新型的准确而高效的营销理念，让企业打破常规，帮助广告主找到更加高效的传播方式。

这是一个媒体精细化时代，受众也在不断精细化。为什么网络广告、电梯广告、地铁广告、直投广告这些年来倍受青睐？医药保健品普遍指望以一台（中央台）、一报（主流晚报、都市报）来覆盖全国或当地区域市场，实际销售效果可想而知。

“我知道我的广告费有巨大浪费，但遗憾的是我不知道浪费在哪里”，这是遗憾的经销商们普遍遇到的问题。我们认为：“目前经销商急需的是个性化、有效化的广告渠道的开辟，并且急需能提供第三方监测报告的新型广告资源，以监控广告的有效率。”

而目前，能够满足这一需求的传播方式绝对不会是大众传媒，比较有效的非大众式传播方式应该包括网络传播、口碑传播和数据库传播，可以根据追踪、记录用户的偏好及行为，提供给广告客户一对一的营销传播方案。

很多有实力的经销商往往喜欢在报纸上投大篇幅的整版广告，在电视台垃圾时段投长达十几分钟的广告专题片，然而，这一切即将有大量的浪费。试想，在资讯爆炸的今天，每个读者或者收视者每天阅读、收视广告的时间不会超过 10 分钟，就算你的广告抢夺了他的一半有效广告时间，也无非 5 分钟左右，但是在这样的无心阅读及收视的状态下，对广告的可读性要求非常高，否则很难引发广告受众的兴趣点。现在的长篇广告无非就是那么几招，证人证言、前后对比、专家推荐、机理阐述，将一切离奇的事都推演得合情合理。

这是违背了现代营销观念中以消费者为导向的营销思想，有很多企业以为只要企业对产品的广告投放量大，占领的市场份额大，企业的资产雄厚，自己品牌的“价值”就高，这是一种盲目的乐观。在现代消费领域，消费者嗷嗷待哺的高峰已过，过去的企业大呼“消费者请注意”所引来大批消费者关注的理念已慢慢被“请注意消费者”的理念所取代。在现代市场中，消费者认同才是第一重要的，消费者不会因为你的广告版面大就选择你，如果你无法让消费者感知你的产品对他的价值，即使你为产品投放整个版面的广告也无法让他动心。

传统广告式营销都需要一次性大手笔投入，多报、多台交叉覆盖，在广告成本剧升的今天，对中小企业来说是不能承受之重。

还有一种情况，过度传播的恶果让众多商家尝尽了苦头。为了说服消费者购买保健品，商家坚信“简单的话反复说就成了真理”，开始不厌其烦地对消费者进行填鸭。不错，传统的电视广告、平面广告、广播广告，以精美的视觉和听觉设计可以部分完成这一工作，但说服的方式过于单调和生硬。在传统的广告形式中，一个平面反复用，一条电视片包打天下的局面，在资讯爆炸的今天，在消费者迅速喜新厌旧的现在，还能有多少说服力实在值得怀疑。更关键的是，这种简单、武断的填鸭式灌输，根本称不上是对消费者做“思想工作”，充其量只是造个声势，因为它违背了做思想工作的原则：循循善诱、亲切、平等。姑且不论谎言重复一千遍是否就能变成真理，如果我们一开始就让消费者感觉不是谎言，而是真诚和平等，岂不更好？

广告只能提高品牌知名度，但是不一定能够带来品牌美誉度，简而言之，“高知名度＋低美誉度＝臭名昭著”，品牌不是单靠打广告来塑造的，这也是一些企业为什么热心于公益事业的原因，现在靠广告轰炸“一招鲜，红遍天”的时代已经一去不复返了，就好像某药业集团天天在电视上做广告，但是由于一开始就没有树立很好的品牌形象，因此其广告带来的仅仅是短期销售的增长，不是品牌价值的提升，消费者一听到该集团的产品，除了感到厌烦，没有别的正面感受。

传统广告营销以灌输为主，单方面输出信息，受众接受程度低，互动性差。消费者在整个过程中都只是被动地接受信息，无法反馈感受，更无法参与其中。保健品行业的会议营销、体验营销、活动营销的兴起以及迅速瓜分营销板块就是对这种无互动性广告的最好否定。欧美雅的火爆销售就归功于终端的体验式营销。让消费者实实在在地感受产品效果,然后才能让消费者自愿掏出钱包购买产品。

五、品牌与销量的混淆

经常有人说,我们是做销售的,不是做品牌的;也经常有人说,做品牌是一个长期的过程,不可能快速打造;还有人说,品牌可以快速打造,并且还总结出了打造品牌二十几法之类东西。以上种种说法,其核心就是品牌与销售有着某种对立的关系。那么品牌与销售到底是什么关系呢?

要解释清楚这个问题,我们首先要搞清楚什么是品牌,然后,才可能有结论。

让我们来分析一下。大部分企业是通过销售产品去赢利的,不错,消费者选择消费品的标准是这个产品能带给自己什么样的利益,似乎消费者关注的是表面的东西(比如我们看到好看的包装就可能购买,这也是有人说的视觉就是销售力之论),但实际上我们主要消费的是价值(比如包装漂亮只是初次购买的动因,最终我们需要的是包装下的消费利益或者说是价值)。

为什么去消费麦当劳这个品牌,而不消费其他的品牌,为什么去买这个牌子的矿泉水而不买那个牌子的矿泉水,也主要是价值在起作用。可以这样说,销售产品的时候功能价值多一点,消费品牌的时候文化情感价值多一点。但真正的品牌是把两者都包括了的,既有(功能)价值又有文化情感等价值。

名牌反映在功能价值上,品牌反映在文化价值上。

这样看来,不同的产品在不同阶段,给消费者发出的信号是完全不一样的,许多小商品的卖点是功能价值,就是老百姓说的物有所值,也就是其功能起主要作用。大宗商品品牌起的作用大一点。由于中国的消费者还处于一种功能消费与品牌消费混合的时代（这也是营销品牌界功能派与品牌派经常争论的原因），在中国大部分都是农民的消费人群中，或者说表面上已经是城市人群，但骨子里还是农民的消费人群中，说产品功能好卖，品牌概念不好卖并非没有道理。

关键是要明白，建立品牌完全是为了实现销售。打个不太准确的比方，产品能有“声音”跑得快吗？即便产品铺到大江南北（渠道好），也没有一个好口碑传得快。走到哪，传到哪，口碑就是品牌的一种表现，品牌就是影响，品牌就是追随，品牌就是自尊，品牌就是“我也要有”，就是“我就喜欢”。

做品牌与做销售永远不是对立的，而是为了一个目的。做品牌是为了更好地持久实现销售，做产品销售仅仅是销售。有人举例说，很多消费者到超市，看的第一眼就是包装，包装与价格决定了消费者是否购买该产品。应该说，这个说法是不错的。第一次购买某种产品，消费者买的就是包装，这是此时他们判断该商品优劣的主要依据，只有消费过后才能决定是否物有所值。那么，之前的第一次购买就偏重看包装与价格。

对于第二次购买，品牌的作用就要大得多。首次消费过后，功能口味并不适合自己，可一看身边大部分人都在消费，影响又很大，渠道又好，到处有卖，这时哪怕有一点点需求就可达成购买。实际上，这时消费者自己的口味并不重要了，他们要适应这个品牌的口味，也就是适应朋友们这个阶层的口味，就是在适应品牌。

因此，我们说品牌绝不就是形象，是花的，虚的，会形成实实在在的更大的持续的销售力。

品牌由美誉度、知名度、忠诚度、信誉度组成的。那些只是通过广告或事件行销突然成名的产品，顶多可以称为是名牌。因为它没有忠诚度，更没有美誉度，极容易成为过去。而品牌的核心是有一批忠实消费者，多少年来始终跟随。它使这种跟随成为一种文化、一种习惯，这是品牌最重要的作用。

这样来看，我们相信，一些品牌是靠广告力的强大的拉动才得以成长的，就如总有人拉着你去吃饭，一个地方你去了很多次，可能并非是你心所愿。总有人叫你陪同去逛公园，去了很多次，也不是因为你喜欢才去。

很多所谓的“品牌”，可以作如是观。我们绝不因为它们的销售好，就可称之为品牌。

品牌产品一定销售的好，销售不好的不能称之为品牌产品，但也不是销售得好的产品一定就是品牌产品。品牌作为消费者心智中印象，涵盖了产品、销售、终端、服务、情感价值等综合因素。

在数字化生存时代，品牌打造过程与销售过程比以往更加紧密结合为一体，如网络购物或电视购物。传统渠道中销售终端与消费者首次接触品牌信息的媒介相分离，误认为销售与品牌打造可以割裂。但随数字化时代、电脑购物、网络购物品牌传播与销售一体完成，甚至部分销售体验也一体化完成。对于品牌商家系统要求就要更高才能做好品牌。你只有一次竞争机会，一次决定输赢。传统做法中，你品牌诉求定位不够精准，依赖强势终端可有补救机会。在数字化生存时代你可能只有一次机会。对直销人专业性、系统性要求更高。

营销启示：
无店铺营销的市场动力

由于营销环境发生了变革，传统的营销方式必然发生改变，环境变化催生出新的销售方式。“无店铺销售”(Non-store Retailing)就是一种不经过门市店铺而由企业通过人员或其他直接沟通的方式向顾客推销商品或由顾客自动选购商品的销售方式，并且是最有效的方式之一。它缩短产品与消费者的距离，是在当下市场营销竞争多元情况下的，具有互动特征的有效营销方法。

常见的无店铺销售有以下四种类型：人员直销、直复营销、自动售货和购买服务。

1.“人员直销”(Direct Selling)是指企业不通过任何商业中介和门市店铺，直接通过推销人员向顾客销售产品的销售方式，简称“直销”。根据企业销售人员是否直接面对最终消费者(或是面对企业外部的推介人)，又可分为“单层次直销”和“多层次直销”。

2.“直复营销”(Direct Marketing)是指一种为了实现在任何地方可度量的反应或达成交易而使用一种或者多种广告媒体的交互作用的市场营销体系(直复营销协会 DMA 的定义)。其重点在“获得一个可量度的反应”，即从顾客处可直接获得订单。其具体的形式主要有以下几种：直邮销售、直销广告(在媒体上刊登答卷式布告)、电话销售、网络销售、电视购物、目录销售等。

3.“自动售货”(Automatic Vending)是指利用自动售货机销售，顾客使用硬币或电脑记录卡，当即可以获得货物或服务。一般商品以轻便的日用品和零食为主，包括香烟、饮料、糖果、点心、报纸、车票等；一般服务包括自动洗衣、电动游戏、行李存放、自动计时停车等。

随着现代通讯技术、信息技术以及消费观念的变化，无店铺销售已在许多发达国家得以普及。据介绍，美国居民40%左右的日常生活用品是通过无店铺销售的方式购买的，美国邮购贸易的年营业额可达二、三千亿美元。在日本全国各地，共设有550万台自动售货机（据1998年的统计），销售额将近7兆日元。在日本平均23人占有一台自动售货机，在美国则平均35人占有一台。电子商务在全世界的发展尤为迅速。据某调研机构的调查，韩国31%的互联网用户在调查期间进行了网上购物，而同期美国则有32%的用户进行了网上购物。

互联网的产生无疑使我们生活发生了巨大的变化，世界真正变成了“地球村”。电子商务的诞生，是人们生活习惯上的一场重大改革，随着国际互联网的普及与应用，网上购物不仅被越来越广泛地接受，而且成为时尚潮流。网上交易作为一个新兴的购物渠道，正在改革着消费者的消费方式。

实际上，无店铺营销已经通过互联网技术得到了大大释放。美国EFT网上邮购公司采用电子商务B2C的营销手段，配合奖金回馈消费者的营销策略，利用无国界无店铺销售网上营销优势向全世界各国服务。

国内知名的电子商务公司及电视购物公司、如淘宝网、易趣网、卓越网、当当网、拍拍网、橡果国际、中国七星购物、湖南快乐购物、湖南购物频道、网上银行这些都是无店铺营销的实践代表。

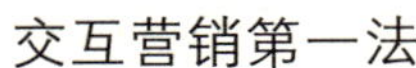

交互营销第一法

网络营销

网络营销是以互联网为手段达到营销的目的。网络营销包含的内容很广，主要有：网上市场调查、网上消费者行为分析、网络营销策略制定、网上产品和服务策略、网上价格营销策略、网上渠道选择与直销、网上促销与网络广告、网络营销管理与控制等等。

凡是以互联网为主要手段进行的、为达到一定营销目标的营销活动，都可称之为网络营销，也就是说，网络营销贯穿于企业开展网上经营的整个过程，从信息发布、信息收集，到以开展网上交易为主的电子商务阶段，网络营销一直都是一项重要内容。

对于网络营销的认识，一些学者或网络营销从业人员对网络营销的研究和理解往往有不同的侧重点：有些人偏重网络本身的技术实现手段；有些人注重网站的推广技巧；也有些人将网络营销等同于网上直销；还有些人把新兴的电子商务企业的网上销售模式也归入网络营销的范畴。

网络营销不仅限于网上，一个完整的网络营销方案，除了在网上做推广之外，还很有必要利用传统营销方法进行网下推广。这可以理解为关于网络营销本身的营销，正如关于广告的广告。

网络营销首先是市场营销的 Internet 替代了报刊、邮件、电话、电视等中介媒体，其实质是利用 Internet 对产品的售前、售中、售后各环节进行跟踪服务，它自始至终贯穿在企业经营全过程，包括寻找新客户、服务老客户，是企业以现代营销理论为基础，利用 Internet 技术和功能，最大限度地满足客户需求，达到开拓市场、增加盈利为目标的经营过程。它是直接市场营销的最新形式，包括了 Internet 客户、市场调查、客户分析、产品开发、销售策略、反馈信息等环节。

网络营销只是电子商务的基础。电子商务是利用 Internet 进行的各种商务活动的总和，必须解决与之相关的法律、安全、技术、认证、支付和配送等问题。这些问题中，有些是 Internet 在中国发展的瓶颈问题，而网络营销则对之要求不高，因此发展网络营销不存在障碍。国际上实施网络营销有许多成功的范例，一些知名的企业不仅在电子商务方面，还在以网络为平台的营销上，做了大量的工作。这些网站以自己各具特色的站点结构和功能设置、鲜明的主体立意和网页创意开展网络营销活动，给这些企业带来了巨大的财富。如一些大型企业以鲜明的形象、精良的产品和巨额资金熔铸在大腕明星上，再利用这些明星的光环效应促成品牌升值，使产品获得无尽的市场扩张能力，品牌价值一再飙升。

电子商务主要有三种形式：

1. 企业对企业的电子商务(B2B)

提供商务信息平台，供买卖双方的企业在平台上发布供求信息、寻找合作伙伴、在线交易、跟踪服务等。可以在企业内部(内部结算平台)，也可以在企业之间进行。

国内代表：阿里巴巴

2. 企业对顾客的电子商务(B2C)

主要是企业开设产品专卖电子商店，在互联网上向顾客出售企业产品，提高物流速度，节约成本、管理、人员等费用。

例如:HP网上专卖店,亚马逊、卓越、当当等购书网站。其特点类似于现实商务世界中的零售。

3. 顾客对顾客的电子商务(C2C)

它是消费者对消费者的交易模式,C2C电子商务平台就是通过为买卖双方提供一个在线交易平台,使卖方可以主动提供商品上网拍卖,而买方可以自行选择商品进行竞价。

代表:EBay

国内代表:易趣、淘宝

其特点类似于现实商务世界中的跳蚤市场。

在目前,B2B及B2C模式的电子商务已经实现盈利,全球最大的C2C电子商务供应商EBay也已经实现盈利,并且拥有越来越大的影响力。而在国内,C2C的电子商务模式也非常的热,受到大众的追捧。

交互营销第二法

电视直销

电视直销是一种有效的销售方式，产生的效果也很明显，只是在操作方法与规范上，造成的负面影响很大。如果能很好地解决负面影响的问题，电视直销依然是某些特殊产品的主要销售方式，也是有交互性特征的好方法。

电视直销起源于美国，早在 1992 年就开始进入中国。

当年，广东珠江电视台推出的“美的精品 TV 特惠店”可算是国内电视行业对电视直销业态的初步试探。1996 年，电视直销开始在中国迅猛发展，“百思得”、“BTV”和“帝威斯”等品牌机构相继问世。其中，仅“帝威斯”当时每天在各地电视台的总播出时间就超过 100 小时，1998 年公司实现销售收入 2.23 亿元，税前利润 2943 万元。1997 年，哈慈集团郭立文又在四川进行了电视直销试验，在 1998 年上半年创下了日回款 1180 万元的奇迹。国内开办第一家电视直销中心的北京电视台(BTV)，1997 年的销售额就达到 1.2 亿元人民币，相当于当时一个中型商场的销售额。

1998 年电视直销进入高潮，遍及 28 个省市的数百家电视台开播这类节目，市场规模达到了26亿元人民币。据有关数据统计，当时从业公司超过1000家，销售额占当年社会消费品零售总额的0.35%。这样的业绩被行业人士认为是“遍地黄金”。2007年发展到120多亿，占零售总额的0.67%，与发达国家电视购物占零售总额5%～7%比还有很大上升空间。

目前，欧美日韩等地的电视直销行业都很发达，也非常规范。在韩国、中国台湾等地，电视直销公司都有自己的专业购物频道。这样投放的成本极低，保证了产品价格的优惠；而美国最大的电视直销公司QVC，则把物美价廉的日用品作为营销对象，产品价格在50～400美元之间，通过规模销售赚取利润。虽然各国电视直销赖以生存的秘诀不同，但总的来说，“品质、服务、诚信”是一以贯之的准则。

传统电视直销与家庭购物是目前电视购物两种主要模式。传统电视直销中多数是“新奇特”产品，多数产品与传统通路不同。家庭购物则如家庭百货公司，有各种品牌及产品。电视购物随着法律法规的完善和经营者长远经营意识的不断提升而茁壮成长，成为未来销售的好渠道。

Chapter 2

第二章

传播流的转向特征

交互营销

绩效品牌打造必备十二法

一、广告业危机重重

美国当代营销大师阿尔·里斯及其女儿劳拉·里斯在2002年推出的著作《公关第一，广告第二》(*The Fall of Advertising and the Rise of PR*，又名《公关的崛起，广告的没落》)中，阐述了一个营销思想的新理念，他认为当今的市场营销首先是要开展公共关系，只有通过开展公共关系才能使企业自己的品牌在消费者心中留下印象。市场营销始于公共关系的开展，而广告则是公共关系开展的延续，因此开展公共关系是在打造品牌，广告则起到提醒消费者的作用。

这部著作无疑给中国广告界人士以沉重的打击，当我们还沉浸在广告和公关谁是第一的讨论中的时候，市场已经给出了我们答案。每当出现企业料想不及的“危机”的时候，公关似乎成为了企业的首选。在慢慢认识到公关的巨大作用之后，很多企业即使在没有“危机”之时，也大多选择了开展公关活动作为传播途径，甚至有的企业不要广告只做公关。所以我们看到，以前传统意义的广告公司都开始为自己重新定位。

来看看这样一组全球性数据：

20年时间，黄金时段的广告价值下降了40%；

电视频道增加了5万多个，换台频率却增加345%；

数字电视、IPTV的出现，可屏蔽掉80%以上的广告；

消费者对80%的广告视而不见……

难道广告真的被边缘化了，真的已经穷途末路了吗？

广告确实面临着重重危机，但是给广告带来危机的并非是公关的出现。从大广告的角度来看，公关也属于广告的一部分，或者说公关是广告发展到一定阶段的分支。从国内很多高等院校的专业设置也可以看出这一点，没有包含广告专业的公关学系，只有包含公关专业的广告学系。当然，广告和公关孰轻孰重也并非本书讨论的重点，广告业走到如今的危机境地有其固有的原因。在南京举办的"2007中国广告业发展高层论坛"（简称"南京论坛"）上，中外专家指出，中国广告业已经走到了内忧外患的境地，整个行业正处在社会舆论和公共道德的声讨之中。中国广告业不仅有道德危机，还有信任危机、价值危机，更重要的是发展危机。这个行业已日渐边缘化，想要挽救广告业就要先抓住导致危机的源头。治标先治本，找出广告业危机源头是首要一步。

从理论上说，单向传播是导致广告传播受阻的主要原因（关于单向传播，会在以后章节中具体阐述）。以报纸、广播、电视、杂志等传统媒介为载体的广告传播活动，很难和受众进行双向的互动，而网络、移动、数码等新型传播方式在这方面有着明显的优势。

当今非常热门的博客传媒的盛行，间接地导致了广告业大众传播被渐渐淘汰的趋势，形成了大众传媒→交互传媒→社会化传媒（博客传媒）的传媒主流模式的逐步演变。博客传播就是基于博客的传播，实现"所有人面向所有人"的社会化传播理想。它不是简单的传播，而是新的"社会动员"。自下而上、网络状、分布式和自组织的传播模式（大集市模式），与基于现实社会的传统传播模式（大教堂模式）有着明显不同的特点。大众传播（大规模的媒介组织向大范围的受众传递大批量的信息的过程）影响着当今社会各个层面，是典型的大教堂模式。未来社会的主流传播模式＝大教堂模式＋大集市模式。现实社会中，依然是以大众传媒为主，遵循着线形传播规律；而在充分博客化的虚拟社会中，以博客传播为主，遵循梅特卡夫定律。相信在不远的将来，人类社会将逐渐形成以大众传播和博客传播两套互补传播模式为主导的新型社会，人类将步入真正超越制度性局限的“以人为本”的信息社会。博客传播将极大地弥补、纠正和治疗社会由单一大众传播主导所造成的后遗症，推动人类文明的进步，促进人类社会和谐的发展。勿庸置疑，它也将成为大众传播广告业的最大竞争对手。

导致广告业危机的原因，除了广告在传播方式上的缺陷外，另外很重要的一点就是广告自身的质量问题。如今，广告信息供应量已远远超过消费者的需求，甚至可以说是让消费者难以承受。广告人不断地深度挖掘可用的媒介资源，在公众的生存空间无孔不入地插入、植入广告。家家户户的邮箱中，印刷品广告总是比信件还多；电子邮箱里，垃圾广告邮件也比正常信件占得空间还大；打开报纸、杂志、广播或者电视，大量内容都是广告；行走于公路、大街小巷，扑面而来的都是广告语、广告画面，甚至随时有人递上小广告；走进写字楼，楼宇电视广告在消费者面前闪动；踏进电梯，电梯广告充斥着整个本来就狭小的空间；机场、码头、公交车、出租车，甚至到大卖场、超市、书店，都有电视广告的身影。用铺天盖地、形影不离来形容广告的过度渗透，一点也不夸张。报纸越来越厚，电视频道越来越多，新媒介也越来越多……可是传播效果却不尽如人意。我们不断听到消费者说，“现在广告实在太多了，根本无从选择，我厌烦广告了。”公众从最初的主动搜集广告信息，到现在对各种广告漠然视之无动于衷，受众已经患上了广告疲劳症，不仅接收能力减退，甚至厌恶广告、拒绝接收广告。

公众之所以对广告厌恶、拒绝，不仅是因为贴近生活乐趣的创意太少，而主要是因为广告过剩。广告主不管消费者需不需要，只要有利可图他们就大量发布广告以吸引消费者的注意力。这种过度、过滥的广告信息导致广告过剩，从而要受到市场价值规律的无情惩罚，导致广告效果大打折扣，使整个行业特别是广告效能低下。广告主开始怀疑广告的作用，于是在广告预算越来越庞大、传播效果却越来越差的情况下，不得不将广告费缩减以转向公关等领域，从而致使广告行业被广泛的社会经济领域边缘化。在公众讨厌广告的背景下，社会上一旦发生不良的、失实的广告事件，就会发生“墙倒众人推”的现象。一位著名的社会学家在接受《现代广告》杂志采访时说，“我对广告厌恶到连批判只做一次就够了。”社会学家对广告连批判的心情都没有了，可见社会对广告的反感情绪很严重。广告效果来自于终端受众的评价、取舍，岂不知“皮之不存，毛将焉附”，当广告失去受众，也就走到了尽头。这种危机值得所有广告人士深思。

公众排斥广告的另一个原因，就是广告人的专业知识局限。纵观中国的广告人，大多数是从美术、新闻传播或者影视行业转业的，他们对广告行业的研究带有一定的局限性。中国广告学理论在传播理论突破的同时，也应该在经济领域有所突破。比如，广告创意大多局限在思维、视觉方面的评估，各种广告奖项只是从美学、传播学、心理学方面聘请专家评判，而没有请经济学、工商管理学等方面的专家参加。广告创意定格在平面、影视等媒介作品上，广告学与经济学分离，这就是我国广告业的现状。广告人应该把广告创意作品上升到广告创意产品定位上来评判，创意不仅是文化，也应该是经济。从“和”酒、“石库门”酒、“分众传媒”、“云都”温泉浴场、“康师傅”面、瓶装“冰红茶”等创意上，我们可以得出一个结论：一个优秀创意应该是体现在无限的经济上，这些创意带动了一个新的产业，改变了人们的生活方式。

还有那些虚假失实的“忽悠”公众、愚昧公众的广告，使得广告行业成为各界声讨的焦点。这主要是广告人自身的法律意识不够强、法律水平不够高造成的。广告主、广告经营者、广告发布者，只要有点法律知识和自律意识，创作发布的广告也就不会轻易犯错，也不会引发非议和争议。因此，广告人应加强自律，学法、用法、守法。广告人在提高创意设计能力的同时，还应提高法律水平；在发挥创意智慧、制作发布广告作品的同时，还应严格遵守法律、法规，而不是无谓地感叹广告创意空间越来越小、广告表现越来越难。广告人在具有高“智商”、高“情商”的同时，还应努力提高“法商”。当然，广告的艺术性与失实性在行业内至今没有科学合理统一的界定标准，艺术表现手法与内容的真与假的评判，已成为行业发展的热点、难点问题。所以，广告评判标准必须法制化，让广告的是非能够有个科学的、具体的、清晰的、明白的法律规范，使广告和谐、健康地发展。

只有认识到现状，找到症结，对症下药才能挽回一个健康良好的广告业，才能把大众传播事业做得欣欣向荣。

二、单向传播的困境

单向传播是指缺乏反馈或互动机制的传播，即信源发出的信息，经过传播渠道抵达信宿的单向过程。在单向传播中，传播者与受传者只是单方面的“给予”和“接受”的关系。在现实生活中，纯粹的单向传播是少见的。一般来说，人类的传播活动都具有双向性和互动性，但这种双向性和互动性有强弱之分。大众传播由于缺乏反馈的及时性和灵活性，属于一种双向性较弱单向性较强的传播活动。

信息技术和多元竞争正在给现代社会带来一次前所未有的蜕变，反映在营销传播领域一个明显的标志，便是以大众传媒为基础的营销传播模式受到严峻的挑战。随着媒体管道的充分多元化，受众的信息获得会越来越多，因此通过整合营销传播，建立与受众的信息接触成为一个必然选择。整合传播是一种把构建稳定关系作为核心价值的传播形态，因此追求互动交流是衡量媒体价值的基本标志。正是在这个意义上，大众传媒在营销传播中的优势正在逐渐丧失，在新的信息传播背景下，各种媒体面临着一次全面的价值重估。显然对于大众传媒而言，如果要改变这种局面适应新的挑战，就必须对自己的传播行为和传播方式作出相应的调整。

通常情况下所说的传统营销沟通，主要就是促销组合模式，它一般包含四个主要构成：广告、公关宣传、销售促进以及人员推销。而广告在其中最具有典型意义，无论是就广告传播模式和传播方法而言，还是就广告在传统营销传播中所占的比重来看，它都具有相应的代表意义。公关宣传也不例外，虽然公关宣传无法像广告那样可以通过媒体购买，达成比较自由灵活的媒体操作，但是它对大众媒体的依赖程度却一点也不亚于广告。而正是这种契合与依赖，进一步凸显了传统营销传播在运用大众传媒过程中的传播特征。简单地说，这些促销手段在运用过程中强调的是单向的对销售对象的促销，注重于"推"。表面上看，传统的各种营销沟通方式分属于不同的营销传播工具，它们的特点和应用特征也各不相同，同时每一种方法也都有自己相应的特色和天然的局限。但是如果对这些传统手段加以普遍性演绎，从其依赖大众传媒的信息发布来看，我们会发现其中有许多值得关注的地方。简单地加以归结，我们不难发现它们的一些共性因素：

其一，直线沟通。这是传统营销传播运用大众传媒的一个显著特点，几乎所有的传统营销传播在以大众传媒作为工具的传播过程中，都表现为一种直线型传播。所谓直线型传播包含着两层意思：一方面是指其信息传达过程中，信息目标的指向性非常明确，它毫不回避自己所包含的利益追求，一切信息传播的目标都是为了影响受众的态度或行为；另一方面是指在传播环境的设定中，把信息与信息对象之间的关系看成是垂直对应关系。这种垂直关系实际上也是媒体现实所决定的，因为大众传媒本身并不具备多重性的互动特征，它只能够简单地对既定信息发布传播。

其二，行为第一。传统营销传播在衡量大众传媒的传播效果中，一个显著的指标就是促成目标对象的行为反应，因此它也成为媒介选择和媒介使用的基本取舍标准。建立在这种追求基础上的营销传播侧重于对象的直接行为反应，把促成交易达成作为单纯目的，简单地以目标顾客的购买行为考量营销传播和大众传媒的价值。简而言之，行为第一的营销传播建立在简单的交易关系之上，忽略了品牌与顾客之间的更进一步的关系，其假设的前提是“信息促成顾客反应”，而不是“顾客选择性地评价各种信息”。

其三，信息单纯。由于营销传播对大众传媒的有偿使用这一特征，决定了它要充分考虑利用大众媒体传达信息的使用成本。因此在运用大众媒体的过程中，为了能够突出信息的价值，并减少传播过程中的噪音影响，企业把传播重点放在了信息本身的设计上。这一点在传统营销传播中格外突出，可以说传统营销传播的许多经典理论都与此相关。比如罗斯·瑞夫斯所倡导的“独特的销售说辞”理论，就着力于为产品找到一个独一无二的诉求点。而各种创意理论，也基本上都是围绕信息这一点进行的。

新型市场体系是建立在信息技术飞速发展的背景之上的。计算机的普及和互联网以及电子商务的大规模介入，使以往市场的基本构架发生了改变，这种转变最为突出的标志是传播手段的改变。随着市场控制权力的下移，原来由制造商和渠道商所垄断的市场控制力量，分散为市场各个部分共有的权利，而处于市场之中的各个组成部分都需要一种权利平衡，并且也因此而形成了相应的全方位的信息交换流向。

对于原始的传播者制造商来说，他们已经不只是单纯地担任商品生产者的角色，同时也有向消费者进行直接沟通交流的任务；渠道商也不能简单地控制上下游沟通连接，他们只是为了满足消费者多重需求和可以实现这种需求的多重选择中的一个角色。过去传播者只是简单地制造信息，并根据自己的需要把这些信息加以输出，现在他们还必须学会聆听，除了制造信息也要接受信息。也就是说在信息传输系统中，大家互为信源，同时也互相接收信息。在这个新的营销传播体系中，来自消费者的信息是最重要的。由于传统的线性营销的封闭特征，企业只要开发出有价值的产品将其信息传达给消费者即可以实现营销目的，但现在却必须首先在聆听中发现需求，根据需求进行开发，然后再将其传达给消费者，这样才有可能获得反馈。所以新的交互式市场中的传播流是双向沟通的。恰恰是在这一点上，大众传媒在与新兴的互动媒体和各种接触方式的比较中，表现出了它的天然不足。无论是从媒体的有效性、适应性，还是从媒体本身使用的成本价值来看，大众传媒的优势都不复存在，这必然导致营销传播中对媒体价值的重新评价。所谓的媒体价值评价，必须遵循一个原则：媒体的任务不是简单地发布信息，而是要实现与顾客或者相关利益者对话和交流。只有基于这个原则，才有可能突破传统大众媒体的单向传播困境。

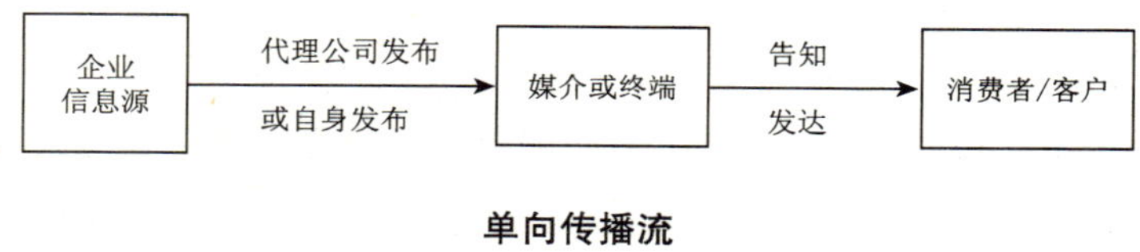

单向传播流

三、传播流的变迁

传播流（Communication Flow）指的是大众传播媒介发出的信息和影响，经过各个中间环节"流"向传播对象的过程。"传播流"可以分为"信息流"和"影响流"，前者可以是一级的，即媒介信息可以直接抵达一般受众；后者是多级的，即媒介的影响需要经过各种中介（意见领袖）才能对一般受众发生作用。

以上这是学术性的表述，实际上，我们想表达的是，传播流从表面走向深入，从中间体的媒介转变为个人体的信息发生器，不仅是发生器，而且还是一个新模拟人生和场景。

全球搜索引擎巨头谷歌公司在 2008 年 7 月 8 日推出自己研发的

三维虚拟真实软件“Lively”，该软件下载不收取任何费用，用户还可以将自己创造的“Lively”空间链接到任何一个网站上，邀请朋友加入。据美联社报道，用户只需下载一个“Lively”软件包，就可以根据自己喜好创造一个属于自己的空间和形象。在“Lively”虚拟世界里，你可以拥有广阔的农场，也能居住在闹市中，还可以随意设计自己的虚拟形象。

如果你感到寂寞，还可以将自己空间的地址发送给朋友，别人就可以使用虚拟形象“作客”你的空间。

当你走进自己最喜欢的博客或网站上的某个“Lively”房间，看着房间里的家具和环境，你就能马上感受到房间主人的喜好，同时，你还可以通过设计自己的虚拟形象来表达自己的个性，向人们展示你这个人，却不用说一个字。当然，你们也可以互相聊天，通过各种动作交流。

这已经是全新的传播流，而不是传统的传播概念了。

“Lively”用户可以创造属于自己的虚拟形象，性别可男可女，甚至可以是非人类。这个虚拟形象可以更换姓名、换服装，还可以拥有不同的情感，用户只需轻点鼠标就能做到。

用户还可以创造多个不同的虚拟空间，如咖啡馆、一个异域小岛等，用户可以在这些空间中随意漫游。

空间内的陈设、家具也能任意选择。用户可以为房间添置宽屏电视，电视画面中还能播出 YouTube 网站上的视频片断。如果用户邀请朋友或家人来自己的虚拟空间参观，他们的虚拟形象可以和用户自己的虚拟形象一起聊天、拥抱、哭泣、大笑等，互相交流。

想想看，还有多少在现实世界展现内心的需求呢？我们可以在社交网站上看到“脸谱”（Facebook），我们可以有“我的空间”（MySpace）。网上社交变得越来越有趣。

越来越互动，一种新的传播流向在网上形成洪流。如果在线下，我们的生活是单调的、无趣的，甚至天天见面也没有什么交流和互动的话，那么，新的线上生活就变得越来越有趣，越来越互动，参与的人越来越多，产生了超越现实生活的兴趣。

在这样一种生活场景与现实下，虚似的生活就是传播流，是从内向外的传播。这种变化是我们进行交互营销的重要基础，也是我们把握交互营销变化的窗口。

四、双向传播流的优点

尽管建立在大众传媒传播基础上的营销传播理论，在今天看来依然有效，但是随着传播环境的变化、媒体世界的变迁，所有这些已经不能满足整合营销传播的要求。以大众媒体作为营销传播的主要依托，其间存在着某些天然不足，简而言之可以将其概括为三点：单向度、强制性、传播与营销相互割裂。

所谓单向度是指运用大众媒体传达信息，没有考虑到营销传播是公司及其产品、品牌与顾客之间的一种交流和对话，任何单纯的诉说完全可能只是对牛弹琴；强制性是指在适应于大众媒体的信息设计过程中，主要是以公司自身利益作为考虑的前提，各种为消费者设计的利益点其实都是一种变相诱惑消费者接受的强销说辞；与此同时，在营销传播过程中，传者与受者处在不接触状态，媒体作为通道仍旧只能承担简单的信息传达作用。所以在这种背景下，营销与传播是相互割裂的，传播只是整个营销过程中的一种促销手段，却忽视了整个营销过程本身就是一种沟通传播。

如今，我们正在从将传播内容灌输给大众的泛传播，转变为针对群体或者个人的需求设计而进行的窄传播，我们正在从单向的传播媒介转变为互动的传播媒介。舒尔茨教授对此的看法是："所谓交互式就是指产品和服务的信息流在整个系统中无所不至，而不只是输出系统，就像制造商驱动的市场和分销商驱动的市场那样仅向一个方向输出。信息基于各种成员的需求而流动、组合、分拆。"毫无疑问，这种控制权的变化也彻底导致了营销传播的革命。如果说以往的营销沟通都是单向的线性传播，那么现在则是一种双向的沟通，其间包含着各种沟通层面的互动式交流。

双向传播指的是存在着反馈和互动机制的传播活动。在双向传播过程中，传受双方相互交流和共享信息，保持着相互影响和相互作用的关系。一般来说，人类的传播活动均具有双向性，但这种双向性有强弱之分。对话、打电话或计算机通信等属于双向性较强的传播活动，而报刊、广播、电视等大众传播活动的双向性较弱。传播事业在发展，双向传播模式是大势所趋。随着信息时代、传媒时代的到来，互动传播将产生重大影响。

2008 正值中国的奥运年，法国媒介专家丹尼尔·戴杨和美国专家伊莱休·卡茨在讲述以往各届奥运会时，用表征性事件的脆弱性含蓄地表达了对奥运传播策划者一厢情愿状态的批评。媒体及组织者按照自己理想的方式来建构媒介形象，往往得不到主观意愿期望的传播效果。在一个多元的文化环境中，只有充分的交流、沟通才能克服传播上的信息不对称，在这个意义上，互动平台就是共通的语义空间的建立基础。

记得有一次节目，CCTV 新闻频道只开通了短信平台一种互动模式，电视台与观众的反馈只能通过主持人被严格限定的短信播报来进行，这种极其有限的双向传播模式是不完整的。而 CCTV 国际频道则充分运用了网络平台，使得其互动模式呈现多样化和效果强的特点。CCTV－4 在报道前在 sina. com、cctv. com 以及 hkatv. com 等网站都推出了“香港 TOP10”评选和网友寄语活动，网友可以分别从大事、名人、景点、大片等十个方面，选出最能代表香港精神或个人最感兴趣的一项。央视国际还增设了“健行香港”专题网页，通过“你与香港的故事”和“寄语香港”两个板块，全球网友可以和主持人鲁健交流关注话题和留言祝福。节目中还有“博客式”的个性化报道，鲁健将与观众分享网友的“我和香港有关的故事”。

随着技术的进步，受众主体地位的加强是媒体发展不可忽视的决定性因素。互动平台作为组织者、媒体、受众三方共通的语义空间，互动式播出不仅是对受众参与的积极反馈，更是让受众也参与对事件脚本以及意义的认定。受众基于这样的定位，既能辨明自己是观察者，又能作为参与者而积极作出反应。媒体与受众的复杂互动，将会如何影响未来企业事件营销的运作，值得我们深入研究。

企业将商品、服务和品牌信息传递给消费者，然后像朋友一样，消费者也乐于将其感受及意见反馈回来，这种企业、商品、服务、品牌与消费者之间的联系，就是双向沟通。长期的良好沟通，将在企业、商品、服务、品牌与消费者之间建立起一种牢固而稳定的友谊。这种友谊的最高级别为“一对一”的关系。将消费者都发展成企业、商品、服务和品牌的个人化的朋友，令消费者因情感归属或是荣誉感而发生购买行为，这就是关系营销，而只有通过基于双向传播流的整合营销传播，关系营销才能得以建立。如果企业和消费者没有达成双向的沟通，双方的关系一旦破裂，消费者就会拂袖而去；一旦关系成立，双方当事者之间的持续沟通（循环）便水到渠成，源源不断。然而，要想和消费者建立关系，不单单只是交换信息，企业还必须注重各种形态的传播，形成一致的诉求，才能建立起与消费者的长期、良好、有序的关系。

当然，说到双向沟通，不能仅仅局限于提供服务这一环节，双向传播流真正的价值在于其本身的循环特性。由于企业事先便认定，如果沟通效果良好的话，信息的受众将会作出一些企业能接收的反应，所以企业必须去统计、测量这些反应。因为要执行双向沟通，企业更应该去了解那些直接沟通对象的反应，而这些反应能直接输入企业的资料库，在因特网上进行评估以便进入下一个策划活动。反过来，企业又可以根据上次计划活动的反应来进行调整，从而达到最契合的一点。

为了达成这个信息交换的目的，首先企业必须了解消费者脑中所拥有的信息形态和信息内容，再通过某种渠道或方式，消费者让企业知道他究竟需要何种信息，最后企业才能对消费者的需要给予回应。这就是真正的双向传播流，它意味着买方与卖方仍存在着一种信息交换与分享共同价值的关系，使得企业与消费者能够达到互利互惠的境界。

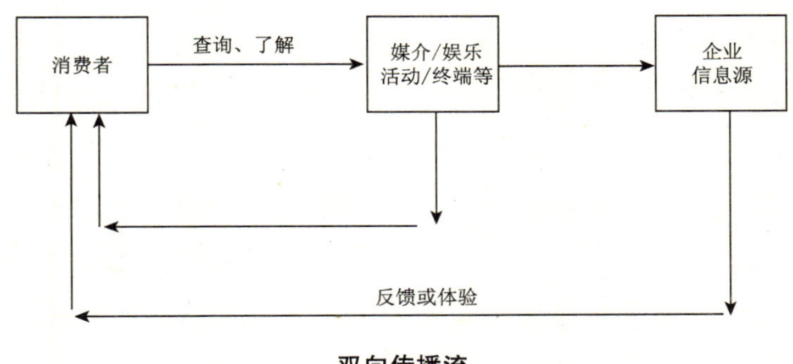

双向传播流

营销启示：消费者既是购买者也可成为媒体

消费者也能成为媒体，这肯定是新鲜的说法。消费者是一个产品的消费对象，在双向传播过程中，传受双方相互交流和共享信息，保持着相互影响和相互作用的关系。消费者既可是产品的消费者，也可以是另一个产品的传播平台。

大量的消费者消费一个产品以后，行为即行终止。但随着双向传播时代的到来，消费者也可成为媒体，它也具了信息传播的功能，这是当下市场环境中的新发现。我们只有把握这种发现，才能成为此种营销态势的控制者与运用者。

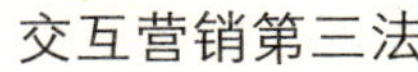

交互营销第三法

社区营销

社区营销作为新的营销方式逐渐受到关注，人们越来越认为单纯的 banner 广告的效果将会下降。从全球的趋势看，硬广告份额在下降，软性广告、公关费用在上升，而作为新营销重要代表的社区营销越来越受到重视。

社区营销从广义的概念上来讲，就是利用互联网社区的各种技术、形式，来达到营销目的行为。具体来讲，可利用 BBS、Blog、小组、族群、圈子等互联网形式。当前，已经有越来越多的媒体购买者，通过在促销网站中加入互动功能来加强和用户之间的互动，他们意识到邀请更多的目标群体和潜在用户群体共同参与的重要性。而“社区营销”恰恰是在这样的大环境与背景下所诞生的事物。生活中，人们总是更愿意相信身边人的建议和观点，买东西时听听亲人、朋友、熟人的评价，这比任何一种广告都更有说服力。在互联网上，朋友、熟人延伸到了网友，于是在网络社区上，网友们的观点就成了重要的意见参考源。

一个叫 AISAS(Attention 关注→Interest 兴趣→Search 搜索→

Action 购买→Share 分享、口碑传播)的营销理论,重新解释了互联网时代企业应遵循的营销法则。AISAS 理论与传统的 AIDMA(Attention 关注→Interest 兴趣→Desire 渴望→Memory 记忆→Action 购买)营销理论相比,指出了互联网时代下搜索和分享的重要性,而不是一味地向用户进行单向的理念灌输。相应地,在今天这个信息泛滥的时代,靠强制宣讲灌输的品牌推广方法,不但难度大而且成本高,性价比远远不如定向推广和口碑传播效果好,实际上就是讲交互性。

事实正是如此,在互联网上,用户轻轻地点一下鼠标就可以对自己感兴趣的东西进行了解,甚至马上可以在线购买。互联网也是一个新的通讯渠道,人与人的沟通变得更加畅通便捷,消费者的感想很容易形成口碑与其他人分享。

有调查数据显示:77%的网民在线采购商品前,会参考网上的用户评价;超过 90%的大公司相信,用户推荐和网民意见是影响用户是否购买的决定性因素之一。

举例而言,拿一个上网的女孩子来说,如果她注意到了一款看上去不错的化妆品,一般会第一时间带着兴趣在搜索引擎或自己常逛的消费类网上社区搜一搜,如果她觉得化妆品详细介绍以及社区内网友评价都不错的话,一般就会建立信心选择购买,一段时间之后,她也可能会在社区上写出她的感受,而她分享的意见,又能成为下一个或下下个消费者购买该化妆品的参考信息源。

概括而言,社区营销的独特优势主要体现在以下三个方面:

1. 社区集聚了大量的潜在客户群体,社区是用户消费业余时间的新的空间场所。

电视没有兴起的时候,广播和报纸是人群消费业余时间的主要方式。电视的兴起,分割了社会人群大部分的业余时间。而互联网的兴起,占去了人们越来越多的时间。在用户使用互联网的时间中,社区占据了很重要的一部分。社区营销的兴起,反应的是人群聚集空间场所的变迁。只要是有人群聚集的地方,必然就有营销的价值。在

eMarketer 最新的网络广告预测数据中称，社区类网络媒体为近期网络广告花费上升速度最快的网络媒体之一，尤其是在互联网产业非常发达的美国。数据显示，2006 年全球社区类网站的广告花费达到了 4.45 亿美元，预计到 2011 年全球社区类网站的广告花费将达到 36.3 亿美元。

2. 社区营销的优势还在于跟其他媒体、其他营销平台相比，用户更具有主动性，更具有可参与性，可深度沟通，更具有情感黏度。因此，可建立长期的深度沟通联系，也更具有可信度。

在社区里，往往集聚了一批有相同兴趣爱好的用户，用户在社区里交流各种感受、看法，互相成为朋友，从而形成非正式的社区圈子。在社区里，用户碰到问题会发帖咨询，或者通过浏览帖子寻找答案，用户对产品的点评信息大多是用户的真实感受，容易赢取用户的信任。

比如说，有一个新生儿的妈妈想要购买奶粉，如果新生儿妈妈是育儿社区的用户，那么，她就可以在社区咨询其他网友的意见。社区里使用过产品的用户会把使用产品的感受分享出来，这样的分享点评很大程度上决定着其他用户的选择。特别是关于负面的评论，其作用更加明显。用户一旦对某些产品作出了负面评价，其他用户可能就会拒绝这个品牌而转向购买其他品牌的产品。而当用户作出决定之后，又会继续把她的意见传递给其他用户，这就是社区口碑的力量。在这里可以发现，社区营销不仅是产品和品牌的推广，同时需要管理用户的舆论。如何引导用户和避免负面评价是社区营销要优先考虑的问题。

3. 社区传播的速度快，信息受众大。

用户一旦觉得传播的内容有意思，很快就会在社区内传播开来，并且很快扩展到其他社区，这也就是所谓的病毒营销。在病毒营销产生的过程中，社区担任了重要的角色，社区成为制造病毒营销效果的关键平台。所以，在社区营销中，找到引爆流行点的创意或者内容非常关键。

腾讯在社区营销方面就做得很成功。很注意抓关系链，有了关系链就有了优势。

有了关系链，就可能长期留住用户，解决的办法无非是两条：其一，更加注重用户体验，用更清爽、简洁的形象出现，以情感留人；其二，面对不同类型的用户群，提供有针对性的产品，以服务留人。在具体操作层面上首先在自己优势最为明显的IM——即时通讯工具上进行改革；其次，在IM的基础上构筑一个更大的平台——在线社区。

IM只是一个点，而在线社区则是一个面。如果网络公司的发展仅仅依托于IM这个点，只可能形成一个根基不稳的倒三角形，而只有依靠作为一个面存在的社区时，网络公司未来的每一步才会走得扎实而稳健。实际上，IM是社区生存的基础，而社区在留住既有客户群的基础上吸引新会员加入，反过来又刺激了IM的发展。

关系链的存在保证网络平台能够不断接触到用户，向用户提供各种各样的服务。

我们从QQ这个产品来看，它在即时通讯领域的一支独秀，到竞争者的纷至沓来，QQ曾倾向于通过不断增添竞争对手所拥有的功能来巩固用户群，结果却因为“华而不实”而导致QQ中大量办公人群的流失。对此，腾讯公司一方面推出了专为办公人群服务的TM（团队），另一方面，根据市场反应停掉了QQ上的许多服务，产品线也因此越来越清晰。

现在的QQ版本已经小于以前，未来将会越来越精简。这个精简并不是指所提供的服务数量上的减少，而是不会再用一种粗暴的方式将各种服务放在第一层，强加给用户，当用户对某种服务有需要时，可以通过安装一个插件来实现，从而更好地应对不同用户的不同需求。这是市场竞争的必然结果，也是精准营销的一种体现。

虽然MSN瞄准QQ的短板，定位“商务用户”取得了成功，但MSN和腾讯的竞争关系并不明显，在商务IM市场的报告中，MSN也并非具有明显的优势。腾讯的成功说明，它在发展之初的各种项目都是符合当时用户需求的，只是在发展过程中没有及时将不同用户的需求细分，而一些 IM 系统就利用这个空当进入市场，但这并不能说明 QQ 最初的做法是有问题的。

腾讯用在线社区将不同的服务产品整合到一个平台上，吸引不同类型的 IM 用户聚集在了一起。从本质上而言，这也是注重用户体验以及为不同人群提供有针对性服务的理念的具体化。就目前的发展状况而言，这种“在线生活”为社区营销提供了最大可能，也是社区营销最好的平台。

腾讯在网络广告上的快速增长，得益于腾讯在 QQ. com 和 QQ 客户端两方面投入了比较多的资源，强大的在线社区成为营销的最佳平台，形成了“营销社区”这个腾讯网络广告的最大特点。对腾讯而言，在线社区里的 QQ 秀、QQ 空间、魔法表情等增值服务都为现代人张扬个性和表达情感提供了通道，让用户能够产生足够的满足感，同时体验流行时尚。

病毒营销。腾讯与可口可乐的合作就是一个典范。用户在喝可口可乐后可以得到一个标签来兑换 3D 的 QQ 秀，朋友们都穿上带有可口可乐标志的衣服，强化他们的认同感和归属感，此举将互联网上的口碑传播在无形中发挥到极致。

置入营销。目前 QQ 比较受欢迎的增值服务包括 QQ 秀、QQ 空间、QQ 会员、QQ 交友，以及聊天时发送的表情等等。许多广告主就利用这些模式，将含有其 logo 的表情或服装设计进去。这种置入式营销不同于以往的强加式营销，显得更柔性，用户的主动性也更强。

精准营销。QQ 用户在登陆或使用增值服务时都会填写自己的年龄、性别、地区、职业等个人信息，通过这些信息，腾讯就能够把某位用户最能够接受、最需要的广告送到眼前，从而增强营销的效果。而腾讯在推广自己的产品营销时，也使用了这样的一种推广方式。一些广告主要求腾讯针对某一个年龄段的用户进行“窄告”，虽然这种做法才刚刚开始，但却代表了网络广告未来的发展方向。

还有一些社区特征的东西，如“群”，这些“群”本身就是具有某种特殊兴趣而组合到一起的人，是天然的分众，如何在不妨碍用户正常体验的同时进行营销将是社区营销未来努力的方向。这种做法的结果是：首先选择口碑比较好、用户不反感的广告产品，早期倾向于同大品牌进行合作；在广告形式上也会更注重用户的感受。

当然，从营销角度来看，社区媒体仍然处在发展的初期阶段，但可以肯定的是，用户都非常渴望和别人来分享他们的兴趣和热点，企业就可以很好地利用这一点来进行品牌宣传。社区营销是继门户广告、搜索广告之后的新型互联网营销模式，是从注意力经济向体验经济转换的最好载体，社区营销即将掀起第三次网络营销新浪潮，也是交互营销新时代。

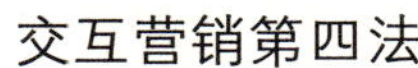

交互营销第四法

博客营销

“博客”是2004年全球最热门的互联网词汇之一。博客这种网络日记的内容通常是公开的，自己可以发表自己的网络日记，也可以阅读别人的，因此可以把它理解为一种思想、观点、知识等在互联网上的共享。由此可见，博客具有知识性、自主性、共享性等基本特征，正是博客的这种性质决定了博客营销是一种基于个人知识资源（包括思想、体验等表现形式）的网络信息传递形式。因此，开展博客营销的基础问题是对某个领域知识的掌握、学习和利用，并通过对知识的传播达到营销信息传递的目的。很多企业意识到博客营销的重要性，一直在这方面做努力。

世界IT巨头微软公司，在2000年就开始使用博客服务。微软企业博客撰写人罗伯特·斯科利，自由地发表对微软的看法，经常就微软的政策和动态发表公开评论，有时甚至会批评微软，或是夸奖微软的竞争对手，这为微软赢得了开放的声誉。很多公司都认为，微软是傲慢自大的合作伙伴，斯科利利用博客这个微软的非官方公共关系渠道，大大改善了微软的形象。

2006年1月，通用汽车公司建立了自己的博客，公司副主席 Bob Lutz 就经常在 FastLane Blog 上发布信息。当通用汽车公司决定停止生产 Pontiac 和 Buick 品牌时，Bob Lutz 在博客上直接向交易商和客户发布了这一消息。目前，通用的 FastLane Blog 每月的用户访问量为1220万人，一方面与用户形成了良好的互动，另一方面也巩固了通用在汽车行业的国际地位。

抢人眼球的"丢失的奥迪 A3 跑车"案，也是运用博客营销的经典。在纽约车展上，当其他展台上的香车美女争奇斗艳时，奥迪 A3 跑车的展台上却空空如也，取而代之的是三个告示牌，上面写着"注意：如果你有有关丢失的奥迪 A3 跑车的任何线索，请即致电 1-866-657-3268。"这是一个语音信箱的号码，打进电话者将被要求提供丢失的奥迪 A3 跑车的信息。随后，美国上下刮起一股"寻车风"。人们纷纷在博客上互相讨论互相交流，每有一个线索，"寻车一族"便会全体而动。于是关于奥迪 A3 跑车的信息和图片在互联网上广为传播，成为美国人所共知的大道"新闻"。尽管在车展上奥迪 A3 没有露面，但其形象却最终借博客之势深入人心。

中国酒业大王五粮液集团全资子公司——五粮液葡萄酒有限责任公司，与国内最大的跨平台博客传播网络 BOLAA 网携手合作，通过该平台在博客红酒爱好者中组织了一次大规模的红酒新产品体验主题活动。利用博客对其红酒新产品进行大规模市场推广，这是传统名牌酒类企业利用互联网渠道进行的一次重要的营销突破。活动开展后短短几天内，报名参加体验活动的人数就达到六千多人，最终五粮液葡萄酒公司挑选了来自全国各地的500名知名的博客红酒爱好者参加了此次活动，并分别寄送了新产品国邑干红供他们品尝。体验者品尝新产品后，纷纷在其博客上发表了对五粮液国邑干红的口味感受和评价，在博客圈内迅速引发了一股关于五粮液国邑干红的评价热潮，受到了业界的普遍关注。关于五粮液国邑干红的良好品质的评价，迅速在网上传播开来，很多网民都购买了五粮液葡萄酒。公司通过此次活动，不仅产品品质得到大家的认可，品牌得到了大幅度提升，而且还实实在在地促进了产品销售。

博客营销的力量正在越来越引起企业的重视，博客不仅会与企业紧密结合，而且还将影响、改变和改造整个商业的营销格局。因为博客营销具有多重价值：

1. 博客可以直接带来潜在用户。博客内容发布在博客托管网站上，如中华博客网这些网站往往拥有大量的用户群体，有价值的博客内容会吸引大量潜在用户浏览，从而达到向潜在用户传递营销信息的目的，用这种方式开展网络营销，是博客营销的基本形式，也是博客营销最直接的价值体现。

2. 博客营销的价值体现在降低网站推广费用方面。网站推广是企业网络营销工作的基本内容，大量的企业网站建成之后都缺乏有效的推广措施，因而网站访问量过低，降低了网站的实际价值。通过博客的方式，在博客内容中适当加入企业网站的信息（如某项热门产品的链接、在线优惠券下载网址链接等）达到网站推广的目的，这样的"博客推广"也是极低成本的网站推广方法，降低了一般付费推广的费用，或者在不增加网站推广费用的情况下，增加了网站的访问量。

3. 博客文章内容为用户通过搜索引擎获取信息提供了机会。多渠道信息传递是网络营销取得成效的保证，通过博客文章，可以增加用户通过搜索引擎发现企业信息的机会。一般来说，访问量较大的博客网站比一般企业网站的搜索引擎友好性要好，用户可以比较方便地通过搜索引擎发现这些企业博客内容。这里所谓搜索引擎的可见性，也就是让尽可能多的网页被主要搜索引擎收录，并且当用户利用相关的关键词检索时，这些网页出现的位置和摘要信息更容易引起用户的注意，从而达到利用搜索引擎推广网站的目的。

4. 博客文章可以方便地增加企业网站的链接数量。获得其他相关网站的链接是一种常用的网站推广方式，但是当一个企业网站知名度不高、访问量较低时，往往很难找到有价值的网站为自己链接，通过在自己的博客文章为本公司的网站做链接则是顺理成章的事情。拥有博客文章发布的资格增加了网站链接的主动性和灵活性，这样不仅可能为网站带来新的访问量，也增加了网站在搜索引擎排名中的优势，因为一个网站被其他网站链接的数量和质量，也是一些主要搜索引擎计算企业网站排名的因素之一。

5. 实现以更低的成本对读者行为进行研究。当博客内容比较受欢迎时，博客网站也成为与用户交流的场所，有什么问题可以在博客文章中提出，读者可以发表评论，从而可以了解读者对博客文章内容的看法，作者也可以回复读者的评论。当然，企业也可以在博客文章中设置在线调查表的链接，以便于有兴趣的读者参与调查，这样既扩大了网站上在线调查表的投放范围，同时还可以就调查中的问题直接与读者进行交流，使得在线调查更有交互性，大幅提高在线调查的效果，也就意味着降低了调查研究费用。

6. 博客是建立权威网站品牌效应的理想途径之一。对于个人博客而言，如果想成为某一领域的专家，最好的方法之一就是建立自己的 BLOG。如果能坚持不懈地“博客”下去，其所营造的信息资源将带来可观的访问量。在这些信息资源中，也包括博客收集的各种有价值的文章、网站链接、实用工具等，这些资源为自己持续不断地写作更多的文章提供很好的帮助，从而形成良性循环。这种资源的积累并不需要多少投入，但其回报却是可观的。对企业博客而言也是同样的道理，只要坚持对某一领域的深度研究，并加强与用户的多层面交流，对获得用户的品牌认可和忠诚提供了有效的途径。

7. 博客减小了被竞争者超越的潜在损失。在博客方面所花费的时间成本，实际上已经由从其他方面节省的费用所补偿，比如为博客网站写作的内容，同样可以用于企业网站内容的更新，或者发布在其他具有营销价值的媒体上。反之，如果因为没有博客而被竞争者超越，那种损失将是不可估量的。

8. 博客让营销人员从被动的媒体依赖转向自主发布信息。在传统的营销模式下，企业往往需要依赖媒体来发布企业信息，不仅受到较大局限，而且费用相对较高。当营销人员拥有自己的博客园地之后，可以随时发布所有需要发布的信息！前提是这些信息没有违反国家法律，并且对用户有价值。博客的出现，对营销观念和营销方式的重大转变产生了重大影响。如何有效地利用博客自由发布信息的权力来为企业营销战略服务，取决于营销人员的知识背景和对博客营销的应用能力。

Chapter 3

第三章

交互营销的核动力

一、什么是交互营销
二、交互营销的作用
三、交互营销的形式
四、交互营销的过程
营销启示：交互营销是营销变革期的趋势
交互营销第五法：游戏植入营销
交互营销第六法：无线营销

交互营销

绩效品牌打造必备十二法

一、什么是交互营销

从营销环境来看，由制造商趋动的市场是产品主导天下，由制造商主导的传播流是静态的硬性传播。在分销商主导的市场格局下，营销传播信息大多被截流，始终没有与消费者形成很好的互动。在交互式的市场格局下，消费者、分销商、制造商形成相向的交互式的沟通与互动，在这种情况下，以消费者为中心的信息接收与发射力，与渠道、媒体、终端形成良好互动，从而产生交互营销的新态势。

传统营销都是单一的，主动进攻型的，消费者被动接收式的。传统营销与消费者的交易沟通是静止的，没有交流的。交互营销讲求的是利用新的营销工具，与消费者进行互动式沟通，满足消费者对"无形产品"的需要和欲望。这是一种心灵价值的满足。

基于此，我们认为，交互营销不仅是一种传播，而是将品牌传播、市场活动、销售渠道结合在一起，在销售中传播，在传播中销售，每一个消费者从主动感兴趣到互动的体验，从心生欢喜到口碑相传，使消费者成为产品的一部分，形成消费者与产品的完全互动。这不是相向的关系，而是一体化的关系。

交互营销的核心是打破传统营销传播"告知"消费者的模式，通过文化娱乐、资讯提供、互动体验等方式让消费者彻底参与其中，实现信息接收与反馈的同步双向沟通，并尽量使消费者成为二级传播源，从而改变消费者行为。最后，能真正将品牌植入到消费者心智中的传播模式我们称之为交互营销。

从交互营销的特征来看，凡具有以下特征的营销方式，我们都可以称之为交互营销：

1. 更有针对性地和目标群体进行对话和沟通（是分众的，并且数据库依赖更高）；

2. 跨媒介宣传平台（如电视、平面、手机、网络、终端、公关、促销等媒介或方式的复合进行）；

3. 双向的沟通，互换信息（信息接受与信息反馈双向，并尽量同步进行的）；

4. 信息接受者成为再宣传的推销员（二级传播者）。

传统的4P理论提出了把营销简化并便于记忆和传播，这一理论的提出本身就体现了人们开始把营销的一些要素综合起来去研究现代营销的思路。

20世纪50年代提出产品时代独特卖点的核心价值主张；

60年代提出产品形象论；

70年代提出了定位理论，强调产品的有效占位。

这些理论都是不同市场竞争阶段产生的重要营销思想，到现在看，如果一个企业的产品还处在某一个阶段，这些营销思想一样还有重大作用。当企业处在当下的竞争状态时，企业都走过前面几种竞争的时段，面对新的竞争环境，可能交互营销是一种新趋势。

交互营销是一场变革，也是一场革命，在数字化生存时代是对旧观念、旧思想、旧意识、旧思维方式、行为方式的挑战，是产品与品牌竞争升级的必然产物，也是一种竞争的高级型态。交互营销是一种新型的商业模式，对企业的品牌打造具有重要作用。

事实证明，过去的营销传播只是简单的信息传递，而不是一种企业与消费者之间互动式的对话和交流。以大众媒体作为营销传播的主要依托，存在着某些天然不足，简单说可以概括为三点：即单向度、强制性和传播与营销相互割裂。

所谓单向度，是指企业运用大众媒体进行信息传达，没有意识到营销传播是企业及其产品、品牌与顾客之间的一种交流和对话，任何单纯的诉说完全可能只是对牛弹琴；强制性是指在大众媒体的信息设计过程中，主要是以公司自身利益作为考虑的前提，各种为消费者设计的利益点其实都是一种变相诱惑消费者接受的强销说辞；与此同时，由于营销传播过程中传者与受者处于不接触状态，而媒体这个渠道仍旧只能承担简单的信息传达作用，营销与传播相互割裂，传播只是整个营销过程中的一种促销手段，而忽视了整个营销过程本身就是一种沟通传播。

传统营销传播依赖大众传媒进行信息传达的过程中，既突出了大众传媒强大的营销传播力，也暴露了其在新型营销传播环境中达成新的传播目标的缺陷和不足。以广告所代表的传统营销沟通方式，其边际效益递减现象正日趋加速，导致这种现象的一个最为突出的事实是：依赖大众传媒的传统营销传播在新的市场背景和信息环境下，其功能模式由于某种不适应性而受到了严峻挑战，并且这种挑战具有普遍性。

正是从这个意义上，我们提出了对大众传媒营销传播效果的质疑，提出了交互营销的新概念与新方法。

为了有效地说明问题，我们可以反向地论证，看看大众传媒的传播局限，以及它产生的营销效果在当下的市场格局中正面临越来越多的困境，这也是交互营销基于媒体平台产生的重大作用之一。

其一，营销传播过程中大众传媒延伸限度的局限。所谓大众传媒延伸限度，指的是处于信源方和接收方之间的大众传媒，在传达信息过程中由于双方互动中存在着某种广泛性和特殊性，由其大众化特性所必然导致的特别受众的媒介可得性差异。

其二，营销传播过程中大众传媒稳定程度的局限。所谓稳定程度是指由于大众传媒的普遍性质，使得它在营销传播过程中，很难保证与企业或者品牌的目标顾客或者相关利益者保持一种紧密的联系，进而使这种联系达成一种稳定关系。

其三，营销传播过程中大众传媒完整性的局限。完整性考虑的是是否能够准确、全面地把营销传播信息送达目标接收者，显然大众传媒在这方面的局限十分明显。通常由于信息资源的限制，信源方向只能够对信息进行选择性编码，而接收方也根据自己的需要采取选择性态度，这就导致原本并不全面的信息受到更大程度上的损失。

其四，营销传播过程中大众传媒信息可靠性局限。正如克拉伯所指出的那样，大众传播通常并不是受众效果的充分条件，往往只是构成影响的众多原因之一。在营销传播过程中，通常顾客和利益相关者所接受的信息，除了媒体信息之外还有非媒体信息。一般情况下，大众媒体信息是经过信息发送方精心设计的，虽然具有概括力但并非具有可信度。很多情况下，顾客和相关利益者还会接触到来自其他方向的信息，这些信息并不受企业方面控制，但是他们却往往对此更加信任。对于这种现状的存在，提出了一个十分重要的问题：在营销传播过程中，如何全面把握可以影响客户和相关利益者的信息接触。一个显而易见的事实是，仅仅着重于大众传媒并不能取得良好的营销传播效果，因为客户和相关利益者的信息接触并不主要来自大众传媒，而且大众传媒在营销传播过程中，本身也存在着上面所说的各种传播局限。所以，要想达到合理的营销传播效果，必须从客户与相关利益者的现实出发，分析各种传播接触，并在此基础上有效地实施接触点管理，以形成交互式的效果。

在营销传播现实中，从接触意义上看，客户和相关利益者得到的很多关于品牌的信息并不是来自大众传媒，多数来自于非媒体形式或者是其他意义上的媒体。非媒体接触通常是指品牌与客户和相关利益者之间，通过一种非常规的甚至是偶然性的关联实现了信息接触，这种接触的中介形式往往不是固定的管道，也不具备某种普遍性。这

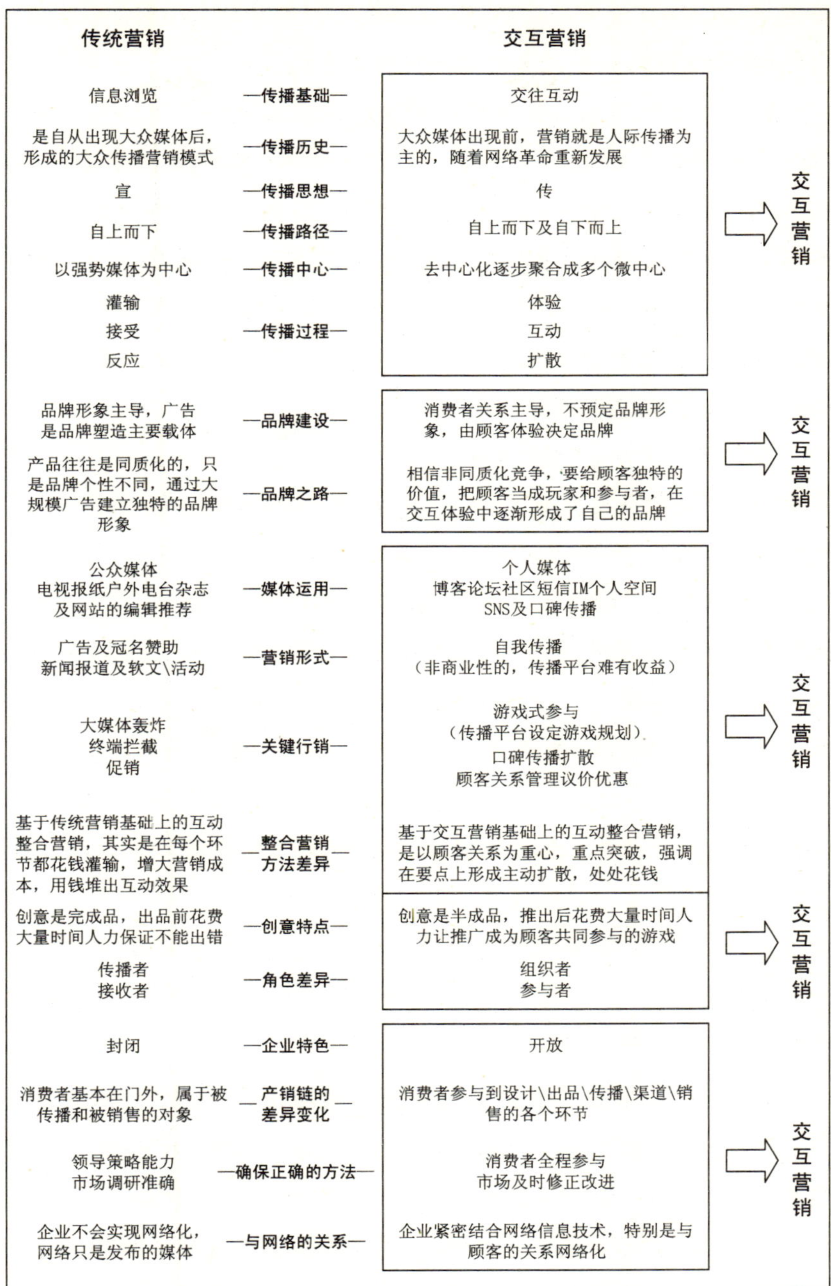

传统营销		交互营销	
信息浏览	—传播基础—	交往互动	⇨ 交互营销
是自从出现大众媒体后，形成的大众传播营销模式	—传播历史—	大众媒体出现前，营销就是人际传播为主的，随着网络革命重新发展	
宣	—传播思想—	传	
自上而下	—传播路径—	自上而下及自下而上	
以强势媒体为中心	—传播中心—	去中心化逐步聚合成多个微中心	
灌输 接受 反应	—传播过程—	体验 互动 扩散	
品牌形象主导，广告是品牌塑造主要载体	—品牌建设—	消费者关系主导，不预定品牌形象，由顾客体验决定品牌	⇨ 交互营销
产品往往是同质化的，只是品牌个性不同，通过大规模广告建立独特的品牌形象	—品牌之路—	相信非同质化竞争，要给顾客独特的价值，把顾客当成玩家和参与者，在交互体验中逐渐形成了自己的品牌	
公众媒体 电视报纸户外电台杂志 及网站的编辑推荐	—媒体运用—	个人媒体 博客论坛社区短信IM个人空间 SNS及口碑传播	⇨ 交互营销
广告及冠名赞助 新闻报道及软文\活动	—营销形式—	自我传播 （非商业性的，传播平台难有收益）	
大媒体轰炸 终端拦截 促销	—关键行销—	游戏式参与 （传播平台设定游戏规划） 口碑传播扩散 顾客关系管理议价优惠	
基于传统营销基础上的互动整合营销，其实是在每个环节都花钱灌输，增大营销成本，用钱堆出互动效果	—整合营销方法差异—	基于交互营销基础上的互动整合营销，是以顾客关系为重心，重点突破，强调在要点上形成主动扩散，处处花钱	
创意是完成品，出品前花费大量时间人力保证不能出错	—创意特点—	创意是半成品，推出后花费大量时间人力让推广成为顾客共同参与的游戏	⇨ 交互营销
传播者 接收者	—角色差异—	组织者 参与者	
封闭	—企业特色—	开放	⇨ 交互营销
消费者基本在门外，属于被传播和被销售的对象	—产销链的差异变化—	消费者参与到设计\出品\传播\渠道\销售的各个环节	
领导策略能力 市场调研准确	—确保正确的方法—	消费者全程参与 市场及时修正改进	
企业不会实现网络化，网络只是发布的媒体	—与网络的关系—	企业紧密结合网络信息技术，特别是与顾客的关系网络化	

传统营销与交互营销的区别（参阅营销 2.0 的比较图表）

种传播接触具有极大的偶然性，也不具备固定性和公众性，几乎不包含任何技术性质，但是其影响力却毋庸置疑地存在。

媒体和传播形态的变化来自于信息技术以及市场的转型。市场的转型是一个深刻而又广泛的转换，它并不是单纯意义上的市场结构转换，而是社会结构和技术手段发生转换的一种反映。营销传播的转型与市场的转型是相伴发生的，市场的转型在本质上表现为市场控制力量的转移。营销系统的复杂化和不断裂变，使得传统的制造商驱动的市场逐渐发展为由分销商驱动，并且进一步趋向于由市场的需求终端即消费者驱动的市场。

在大多数比较成熟的市场上，形形色色的中间商也扮演着越来越重要的角色，诸如大卖场、加盟连锁、各种专业市场等，组成了一个完整而又严密的市场控制体系，这个体系不但进行营销控制，而且也进行营销传播，它在某种意义上已经使营销和传播相互统一。在这里传播渠道发生了明显的变化，以往制造商在传播渠道上主要依赖的是大众传媒，这种传播方式在渠道商驱动的市场传播中有所改变，一些有效的更加有利渠道商的传播手段开始受到注意并得到了快速发展。诸如商场的展示和出样、人员接触和口碑传播、电子信箱、直接邮寄、电话咨询、售后服务以及会员制等，这些既是惯用的营销手法，也是各具特色的接触点。生产商和渠道商为此做了大量投入，在信息技术支持下，一些相应的数据库和目标传播管理模式开始建立，这是建立在市场中各个部分对信息资源的共享之上的，各方在市场体系中所扮演的角色是平等的和对话式的。

市场转型也导致了营销商传播角色的转化。原始的传播者制造商已经不只是单纯承担商品生产者角色，他也负有和消费者进行直接沟通交流的任务；渠道商也不能简单地控制上下游沟通连接，他只是为了满足消费者多重需求和可以实现这种需求的多重选择中的一个角色。过去他们只是简单地制造信息并根据自己的需要把这些信息加以输出，现在他们还必须学会接受信息。在信息传输系统中，大家互为信源，互相接收信息。

从某种意义上讲，在这个新的营销传播体系中，来自消费者的信息是最重要的。传统的线性营销由于其封闭特征，只要开发出有价值的产品，将其信息传达给消费者即可以实现营销目的。但现在却必须首先学会在聆听中发现需求，根据需求进行开发，然后再将其传达给消费者，这样才有可能获得反馈。所以，新的交互式市场中的传播流是双向沟通的。恰恰是在这一点上，大众传媒表现出了它的天然不足。无论是从媒体的有效性、适应性，还是从媒体本身使用的成本价值来看，大众传媒的优势都不复存在，这必然导致营销传播中对媒体价值的重新评价。

所谓媒体价值评价，在这里必须遵循一个原则：媒体的任务不是简单地发布信息，而是要实现与顾客或者相关利益者的对话和交流。这就使营销传播中的媒体观念也发生了彻底改变，因为，营销沟通的首要任务就是选择最适合自己的传播沟通方式。而从成本和效果的角度来看，大众媒体传播运作未必是最佳手段。很多卓有成效的公司在营销传播媒体的选择上已经获得了相当大的成功，比如沃尔玛公司、微软公司、安利公司等，他们的基本沟通传播渠道显然都不是大众传媒和广告，但他们所取得的营销传播效果一点也不差。

交互营销时代，大众媒体不断走向精细化、碎片化：报纸细组、杂志化，电视频道专业化，栏目个性化……大众媒体玩起了“小众”传播，纷纷把出租车司机、学生、高尔夫爱好者等各色各样的“小众”作为目标受众专门化的传播。与此同时，楼宇电视、交通电视等无数的小众媒体如雨后春笋般诞生。大众传播转化为分众传播、小众传播。分众时代，传播必须升级为沟通。传播与沟通截然不同：传播信息的流动是单向的，体现的是传者的意志，是一对多点；沟通的信息流动是双向的，传者和受者是平等的，是一对一的交流。在信息如海、传播过载、消费者主观性增强的分众时代，传播必然升级为沟通。疾风骤雨式的、自说自话的营销传播，向润物细无声春风化雨式的平等互动化沟通转化成为必然。高成本的漫灌式传播在向精确制导的滴灌式传播转变。

营销的目标市场被不断细分，营销传播模式也要创新：高成本、全覆盖的传播必须向低成本、实效型、精确制导的传播模式转变；大水式、地毯式轰炸、机枪扫射式等营销传播模式已不合时宜，“一指禅”式、点射式、滴灌式的营销传播模式成为分众时代的必然选择；传者主导到“相信群众”“依靠群众”的路线转变成为一种趋势。分众传播要相信受众通过沟通与交流，其对产品质量与品牌力量有自己的判断，会作出正确的选择。相信最伟大的理解力产生于民众之中，受众可以实现营销传播作品的“二度创作”，相信在沟通中受众的素质不断提高，“用户忠诚度”也会不断提高。一句话，分众传播就要放弃传者主导，适应和尊重分众时代受众的主动选择，依靠受众的自我判断，走“相信群众，依靠群众”的传播路线。

这时，我们既要看媒体受众的数量，更要看媒体受众的质量。媒体受众质量的衡量，是一个包含购买力、影响力、消费的潮流与时尚性、对媒体的态度等多重指标组成的体系。媒体受众与企业聚焦的“目标市场”的重合度，媒体传播的时机、方式、风格、内容等是否符合目标受众的媒体接触习惯和信息需求，都是企业进行媒体投放需要认真考量的。分众时代媒体的精细化，不仅体现在媒体考量和选择精细化，媒体的组合、营销传播内容的创设也要精细化。

交互时代是人的本性得到无限释放，欲望、自由空前张扬，个性意志空前强大的时代。消费者对“大道理”越来越不“感冒”，越来越注重体验、感觉，越来越追求快乐。分众时代的营销传播，理性诉求的影响力逐渐弱化，感性诉求的影响力日渐强化，娱乐营销传播大行其道。传媒更“世俗”化，更“情绪”化，更“愉悦”化。娱乐将不再是一个特定的行业，因为所有的事情都可以换个角度或者方式来做，为人们提供娱乐，让人们快乐，在娱乐中实现营销传播。生动化的营销方式、娱乐化的营销传播策略越来越显示出它的威力，“快乐地赚钱”成为时尚。在信息膨胀、个性张扬的分众时代，深具特色、个性化、有趣的沟通方式深受欢迎，具有很强的穿透力和“腐蚀性”。个性化、有趣的沟通方式，不仅体现在广告作品和促销活动中，还包括沟通的渠道。个性化、有趣的沟通方式，依靠的是独特创意的运用。故事，不仅是创意的元素、载体、素材，也是诉求的方式、沟通的卖点。不仅个性化、有趣的沟通方式消费者喜爱，个性化、有趣的产品同样广受欢迎。交互时代，从广告、促销到产品，再到媒体运用，以至整个营销传播活动，都要个性化、有趣，都要靠独特的创意来实现。这是创意颠覆资本的时代。

交互时代是一个符号化消费的时代，不同的时代有不同的代表符号。战争年代，英雄成为时代的符号，成为人们崇拜的对象。和平年代，当人类进入经济过剩的消费时代，人们是靠消费来证明自己的，而在个性化凸现的分众时代，这种证明带有符号性。“小资”一族吃喝玩乐都要彰显小资与众不同的情趣格调。他们要的是一种态度，是用消费来证明自己与众不同的格调、品位和追求，带有明显的符号化特征。符号化的消费带动了符号化的传播，营销传播可以符号化暗示起“引导”作用，引发个体去关注自己有认同感、愉悦感的客观对象，从而自觉自愿加入到这个群体，以这个群体的标签式消费来证明自己。同时，这种证明又进一步强化了这个群体的特征，于是我们说，符号化颇具魔力。

交互时代，尤其是互联网出现并普及以后，“把关人”已不存在，传者和受者的界限已经模糊，受众改变了被动接受的地位，他们完全主动选择信息，对自己需要、感兴趣的信息努力搜索，对自己不需要、不感兴趣的信息会坚决拒绝。交互传播的特征是消费者的主动权、选择权、互动性。分众传播，就要把填鸭式的“灌输”与“教化”转变为自觉自醒式的思想交流。分众时代的到来，必然引发一场营销传播革命，这场革命就是交互营销时代的到来。

二、交互营销的作用

交互营销(Interactive Marketing)在实际营销工作中的作用也是很明显的。第一个作用是企业精准地锁定目标客户群,快速在消费者心中形成认知。这比硬性的传播作用要大得多。当我们看一个网络广告或者一个多媒体形式的产品演示时,可以根据自己的兴趣点击某个部分进行详细的研究,甚至可以改变各种图像的显示方式,还可以选择不同的背景音乐,或者根据自己的指令组合为新的产品模型,形成交互性很强的交流。

消费者可以实时参与,这种参与可以是有意识的询问、在一定程度上对原有顺序和内容进行改变,也可以是随机的、无意识的点击等行为。在网上,交互式广告、网络游戏、智能查询、在线实时服务等等都有不同程度的交互性,这些都成为交互营销的重要特色。

第二种作用是能提高顾客对品牌的忠诚度。与强制性相比,交互营销的强参与性,使得消费者与产品的距离感大大缩短,同时消费者回应的时间都是实时的,沟通手段也更加多样化,消费者可以随时随地了解交易的信息,消费者与被消费者互传信息是双向的,因此,消费者对品牌的理解也更深刻。

这种自足自给的消费方式可以完全满足消费者的需求。因为,它消除了生产者与消费者之间的界限,二者合二为一了。还有比这种情况更能满足消费者需求吗?肯定是没有的。

交互营销让消费者产生更大的主动性,让产品销售在消费者的主动需求中,变得实实在在,更能产生品牌记忆的效果。

第三种作用是形成口碑传播的力量,使客户的粘性大大增强。因为你的产品已经与消费者的需求融为一体了,与其说是更好地吸引,不如说是让消费者参与到了产品消费的游戏当中去了,这是过去传统营销方式不可能做到的。有了这样的互动，客户就是品牌的生产者之一。

第四种作用是低成本的品牌打造方式。有了交互性，顾客对品牌的认知更容易、更方便。如果客户对品牌认知了，品牌的建立也就非常容易了。

三、交互营销的形式

交互营销大部分情况是通过互联网的平台展开的，主要有以下三种形式：(1)文化娱乐的形式，如体育营销、娱乐营销、网络游戏等；(2)资讯互动的形式，如数据库营销、异业联合、文化植入和互动新媒介；(3)体验互动的形式，如网络购物、电视购物、无线营销、社区营销、博客营销等等。这三种方式集中体现了交互营销的表现样式和具体种类。在每个章节的方法和最终案例中，我们都作了具体介绍。当然交互营销的方法远远不只我们所罗列出的 12 种，它将随着数字技术的不断升级而增加和变迁。

交互营销核心的创新之处是它的接触点，即与消费者进行互动交流，传达信息，赢得竞争优势。那么，消费者接触形式有哪些呢？通过什么方式进行接触呢？前面我们已经说过，他们主要是基于互联网平台，通过利于互动的方式进行。娱乐性的东西总是充满着交流与互动，资讯性东西总是充满着分享与体验，创新性的消费方式总是充满着传播与交流。比如在娱乐节目的运用方面来看，选秀节目的冠名、品牌信息的植入、联合活动的举办，充分考虑消费者的全面参与性，有了全面的参与性才能形成较强互动，达到较好的营销效果。如：POLO 与 MSN SPACES 的活动营销，就是一次很好的互动营销方式。

交互营销的主要表现形式

交互营销	对谁说（分众的，更依赖数据库）	在哪说（跨传统线上线下终端平台）	怎么说（双向、并尽量成为二级传播源）	说什么（信息结论一致，过程中形式有裂变）
网络直销	Online、容易接受新事物的人	网络、终端	双向，部分留言评议成为二级传播源	形式不局限一种
电视直销	清闲（家庭主妇为主）	电视、终端	双向	形式有 HOME SHOPING 等形式
异业联合营销	双方共享资源	线上，公关、终端等	公关方式双向，部分成为二级	在对方品牌传播时形式不完全一致
数据库营销	精准目标受众	电话无线与终端或公关	双向传播、二级传播	核心一致、区别表现
娱乐营销	目标消费者与娱乐受众的交叉点	电视、网络平面与无线	双向、主动接受，主动传播	以娱乐为载体
体育营销	目标消费者与体育受众的交叉点	电视、网络平面与无线	互动、体验	品牌与体育的同质精神
社区营销	相同或相似消费行为受众	网络与公关或终端	病毒式传播	各有其理解，结论引导到一致
博客营销	直接目标消费者（信息需求者）	网络与公关或终端	低成本、软宣传、高效、主动性	各自体验，结论引导一致
互动媒介	找到精准的目标	跨线上线下	参与、互动	互动体验
文化植入营销	所传播文化同类人	线上与线下	植入、潜移默化	生活方式、理念态度
游戏植入营销	游戏受众	游戏平台、网络	植入，容易二极扩散	体验
无线营销	精准受众	手机、网络或线上	有效、双向、互动	软性、信息形式

该活动的目标是通过赞助中文 MSN SPACE 比赛，发布 POLO 劲情劲取上市的信息。在聚集人气关注的同时，传递品牌内涵于核心的潜在消费者。共在 7 个赛区就 6 大内容主题进行海选。他们把活动的宣传标语广告及文字链接出现在 MSN CHINA 首页及中文 MSN SPACE 的各个相关页面。在每个中文 SPACE 空间内开展对活动的报道。同时，活动的更新信息也以 TAB ICON 的方式，出现在每个 messenger 的用户端。“今日资讯”主页面上，同时，对活动进行高亮度

显示，所有的入口都直接连接到活动网站。在网站上，对于点击率最高的参赛选手和最新加入的选手有不同的区域显示他们的作品。3D动画片的制作和播放，增加了比赛的趣味性。对于比赛信息通过网络viral，提供有效的促进。而查询/留言/推荐功能的设置增强了比赛的互动性，增强了活动网站与参与者、关注者之间的黏着度。

据统计，该活动的效果远远超过预计，在1个月的时间内，超过16000个报名选手。3个半月的时间里，超过3.3亿的总点击数和超过545万独立IP访问。中文版spaces用户，在POLO劲情劲取网络营销活动的推动下，在2006年上半年成功突破1000万大关。

从交互营销的角度来看，交互营销的形式也很明显。比如：宝马“3系轿车”在无线互联网发布创新移动营销活动。该活动的目的是通过手机频道为消费者提供宝马视频广告和其他品牌内容的下载，并鼓动消费者试驾最新的3系轿车。宝马的标语广告和文章的链接则出现在中国移动的梦网和其他消费者能访问到的页面。当消费者点击标语时，他们将转到宝马3系轿车的手机网页。在网站上，利用可视化工具能让活动的参与者用手机自定义他们最喜欢的3系轿车的颜色和性能。消费者只需要点击宝马的号码就能轻松联系到宝马服务中心并安排试驾时间。最后，该活动统计的结果远远超过预计的参与人数，2个月超过500000位单一访问者，50000次品牌内容的下载和超过2百万宝马手机主页的浏览。这大大提高了消费者的参与热情，有效地促进了宝马车的销售。

大家知道，通常媒体有“海陆空”之说，“空军”是指电视、报纸、杂志、户外的传统四大媒体，“陆军”主要是指地面的促销活动，“海军”就是指网络上营销传播活动和网络富媒体广告。现在有新增加的“水军”之说。所谓“水军”是指透过门户网站的常规广告投放，深潜到网上各个论坛和博客之中，通过网络引导，进行互动式传播。社区营销的下一个层面是论坛营销，在论坛进行传播时，一般都要有些公立性的文章，如果是软文，也没法形成大规模的传播，有些产品通过发稿机器进行强行推广，效果就完全不一样了。此外，还是要形成一个传播源，并引发更多的传播源，让这个信息不断传播下去。如果能传播下去，就说明参与的人会越来越多，效果也是最好的。

当然，还有体育营销、电视直销、数据库等方式，相信后面的案例解说，会让我们更清楚地认知这一点。

四、交互营销的过程

刚才我们实际上也讲到这个问题。交互营销的过程是一个不断薪火相传的过程，是一级信息源点燃另一级信息源，不断挖掘潜在的消费者的过程。如下图所示，企业的产品信息通过跨媒体的介质传播，将产品信息通过上面提到的多种形式，植入消费者的活动当中，让消费者无感觉接受，并成为下一个传播的原点，形成次级传播源。不断形成一个消费者给另一个消费者，一个消费者给 n 个消费者不断传播的互动性的动态格局。口碑相传是传统的信息连接方式，在新的市场情境下，交互营销就是让这种口碑相传最大化，不形成商业气息，让人们在自动获取信息方面，产生一种天然的需求。

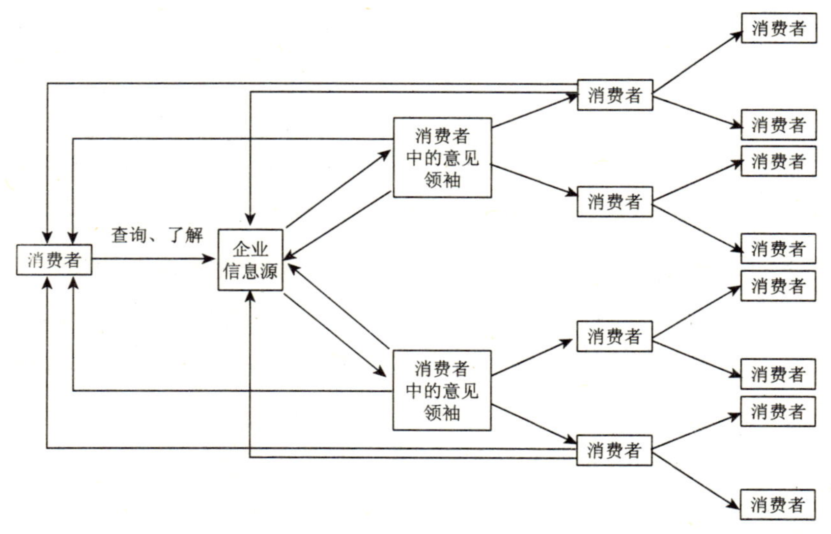

交互营销模型简单示意图

很多大品牌实际上也是运用这种方式进行营销的。你看这些大品牌几乎不做广告，那么，他们靠什么营销呢？靠的是一种氛围，靠企业文化与品牌尊崇，不断形成消费者的追赶形式，大部分情况下，产品是孤傲地站在那里，等着消费者去追求他，而且还可以不断地从消费者嘴里听到向产品示好的大量信息。

这些大品牌之所以成功，别的因素不谈，可能得益于消费者的这种高参与度，也就是互动性强。互动性强就是消费者的主动性多于被动性，主动性是消费者的核心动力，也是营销所达到的最好境界。有了这种主动性，消费者能从产品层面的参与，直接进入到品牌文化的参与当中，从而使企业的营销效果最大化。

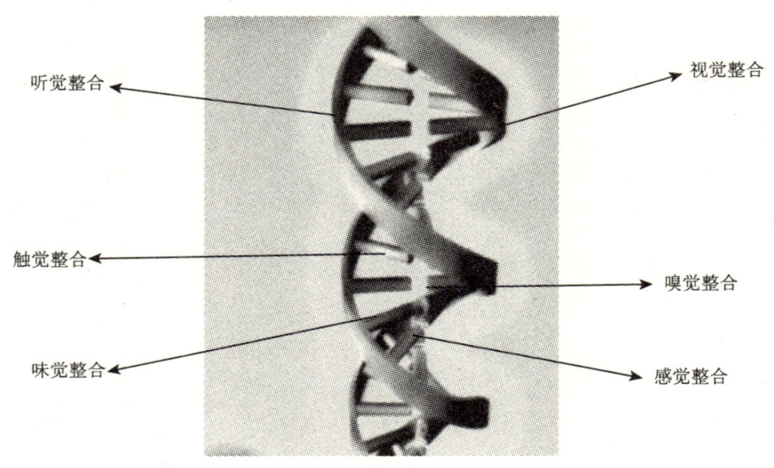

具体交互营销实施一定要突破传统营销以“视觉听觉”为主的整合。而以消费者的触点营销”六觉”系统为基础进行整合，在任何媒介或终端使用中，充分考虑其与消费者的交互性，将交互性发挥到最大程度，进行到底。低成本地、高效地形成品牌忠诚度。

交互营销的作用是让我们能找精准目标消费群，并根据消费者喜好确定品牌 DNA 及品牌定位和核心价值，当我们的品牌信息发出后，还能向消费者提出邀请，请消费者参与到我们体验活动或表达方式当中，引发消费者兴趣，提高消费者关注度，在引起共鸣时消费者会主动成为我们的传播源，最终企业综合消费者意见，将信息导向企业要传达的结果。

达到的效果是让消费者积极参与互动并成为二级传播者。信息在意见领袖（即二级传播者）传播的过程中，形式发生裂变，但信息最终结论一致。信息形式裂变的过程，同时也最能激发消费者的参与度，因此信息扩散效果也达到最大化，并且消费者口口相传的模式比企业告之更值得信赖。

营销启示：
交互营销是营销变革期的趋势

市场竞争越来越白热化，产品同质化竞争是一个普遍的特征，寻找差异化变得越来越难。单向的正面营销永远也跳不出同质化的厄运，从产品本质到消费本质，反映了营销的一个主要的特征。产品是满足一种需求，但针对不同层次的心理需求就应有不同的变化，可口可乐可以让消费者喝出激情，百事可乐可以让消费者喝出年轻、活力和动感。这些还只是传统营销的表现样式，新的传播必须建立在二级传播的基础上才可能实现，也就是消费者能感受得到，并充当传播源。

交互营销是一种营销趋势，是在消费者变化到来之前必然要走的阶段。诚如户外传媒，从压迫式硬性环境到氛围性沟通环境，再到双向沟通式的互动环境，这也是一种必然，因为，整个传播环境变了，过去是受众大，传播源小，而现在是传播源大，而受众小，没有互动性，就基本上没有什么传播了。所以，我们说，交互营销就是消费者利用商家的平台体验企业的商品或服务，然后通过消费者的口碑去传播商品或服务，实现商家和消费者互动双赢的一种营销方式。

这种方式一定是企业进行大营销的必然趋势。

交互营销第五法

游戏植入营销

前面我们说明了交互营销的多种形式与过程。现在我们来看看，互动营销在游戏植入方面的生动案例，以便于我们有较好的认知。

游戏植入是交互营销的重要表现形式之一，在很多知名的网络公司里面运用得很生动，取得了非常好的市场效果。网络游戏植入营销正在成为互联网广告领域的一项新兴业务。

在游戏内置广告中，广告可24小时发挥功效，且广告客户的接收者大部分是18～34岁年龄段的"黄金客户"。这些游戏内置广告模式类似电影中的无缝嵌入广告，玩家对广告的接收属互动形式，不是电视广告的强迫，而是有强烈的参与感。

微软以2亿美元的价格收购游戏广告先驱Massive公司，将游戏植入广告运用到极致。与此同时，Google也收购了互联网将广告发布至视频游戏技术的Adscape公司，数十万通过Google系统发布在线广告的广告商将因此通过视频游戏发布广告，取得广泛的参与受众。

国际著名品牌可口可乐曾与第九城市运营的《魔兽世界》合作，当时《魔兽世界》中出现了几个由可口可乐活动兑换积分的NPC(游戏内人物)。耐克体育休闲类网游《街头篮球》的广告内置也做的很好。耐克也因此赢得了非常好的市场反馈和传播效果,但因游戏内广告位是高定制化的静态广告位,游戏内部广告的更新频率常常赶不上耐克新产品的营销档期。同时,由于广告投放没有监测程序,不能将产品销售效果数据同游戏内广告实际浏览数据进行进一步比较分析,广告实际投放效果的评估还很有限。

时至今日,游戏植入广告的技术已具有较高的动态性,能随时改变游戏中的图像、音乐等内容,可以更好地满足游戏广告主的要求。国内从事网游植入广告业务的公司自主研发的游戏广告引擎,可帮助广告客户在网游产品中迅速部署、灵活植入多种形式的互动广告,在获取广告素材的一周内,即可完成进入相关网游内的部署并发布,使广告主的各类营销诉求能在最短时间内到达目标客户。

尽管国内优秀的网游内置广告服务商尚属凤毛麟角,但游戏植入广告技术的发展,已使竞争激烈的网游运营商从中受益。国内 150 多家网游运营商中,有 250 多款投入运营的网游,但真正赚钱的运营商不超过 15 家,真正赚钱的游戏也不超过 30 款,其余大部分造血(赢利)功能有限。网游内置广告服务商有可能给国内网游产业添加一个体外循环系统,使更庞大的传统广告市场为网游输血。

从网游业的发展趋势看,分工也将更为细化,网游运营商除了靠以往的点卡和道具销售外,正期待新的商业模式,而广大广告商也有这种需求,游戏内置广告正在成为一种创造新收入的手段。

一个有“小九寨”之称的凯恩飞石岭生态景区,位于遂昌县石练镇,距离遂昌县城 30 公里,景区属两山夹峙的峡谷地带,峡谷曲折清幽,纵深长达 10 公里,森林覆盖率达 90%,有着迷人的水域风光和原始阔叶林等生态景观。汤显祖曾以“朝日暮卷,云霞翠轩。雨丝风片,烟波画船”的诗句来描绘飞石岭的天然美景。

游戏公司利用三维多媒体网游技术,为飞石岭专门构建了一个全三维立体的飞石岭虚拟世界，把整个飞石岭景点逼真地植入民族网络游戏巨作《大唐风云》之中，从而让"游客"通过互联网获得身临其境般的旅游感受。

在驴友族、驾车旅游族不断涌现的今天，生态旅游已经成为都市人最时尚的选择。距杭州 2.5 小时车程，距上海 4.5 小时车程的飞石岭景区，其生态环境非常适合休闲旅游、探险旅游及汽车旅游。相应的，网络游戏最主要的用户是 40 岁以下的年轻人，而这些年轻人恰好是当前中国最具消费能力、引领着消费时尚的人群，是构成驴友族和驾车旅游族的主力。

飞石岭景区与网游《大唐风云》在目标群上的高度一致性，也产生双方在虚拟景区和现实景区相结合的全新互动玩法。借助《大唐风云》的消费群体和强势促销平台，《大唐风云》中 200 万在虚拟景区中游戏的玩家，在体验过网络旅游之后，往往渴望去体验实地旅游的快乐。而他们游戏账号和密码，能够在景区享受高折扣的优惠，也能够方便地借网游平台组织志同道合的驴友族、驾车旅游族玩家一起去飞石岭旅游。与此同时，飞石岭的旅游者在体验过实地旅游后，也希望去尝试一下网络旅游带给他们的全新感觉，而且可以在游戏中输入飞石岭门票上的编号，享受游戏官方提供的各种优惠和奖励。

这样的结果使得网游玩家与实地旅游者双向成倍增加，让游戏和景区的知名度双向成倍提高，真正实现共赢。而这样一种现实与虚拟互动的旅游与游戏结合在一起的娱乐方式，绝对又是世界首创的一种全新玩法。

另外，针对游戏，推出网络食品——"绿盛 QQ 能量枣"，并将"绿盛 QQ 能量枣"植入游戏中。结果，该产品一个月的出货量高达 2700 万元，是过去同类新品月销售额的 9 倍之多。

游戏公司还与大的方便面企业进行合作，推出了世界上首份由网络游戏名字命名的方便面——大唐风云香脆面，首批就销售 8000 万包。

具有中国原创精神的三国英雄史诗网游《三国传奇》更是开创了民族网游史上的“三个第一”：

第一个在游戏中“虚拟场景”对应的“实景古镇”所进行的首发仪式。龙门古镇是三国时期东吴大帝孙权故里，是著名的国家4A级景区，也是以三国文化为特色的千年古镇。将这一古镇置入游戏虚拟世界，成为游戏中的场景，可谓是一种完美融合。而《三国传奇》的首发仪式又放到了这一“虚拟”实景之中，并且把游戏中的虚拟任务搬到了现实场景中，其创意让人惊叹。

第一个以特型角色扮演历史人物登场的网游首发仪式。在首发仪式前，游戏公司通过媒体进行了一次三国特型人物的海选，从民间众多应征者中选出了刘备、关羽、张飞、曹操、孙权等特型人物，并在首发仪式现场着古装登场亮相，加之千年古镇的文化氛围，让人恍若回到了三国时代。

第一个完整进行电视和广播现场转播的网游首发仪式。游戏公司利用现场转播车、电视发射天线林立，杭州电视台和西湖之声广播电台对《三国传奇》首发仪式进行现场转播，让优秀的民族网游文化更加贴近了老百姓！

作为以三国题材为背景的网游巨制，《三国传奇》能以如此形式、规模、声势登上网游的历史舞台，正似古代大军校场点兵誓师出征的慷慨激扬之情景。不难想象，如此声遏流云的誓师背后，是无数激烈跳动着的火热的心，网络植入营销也达到了最高境界。

游客从检票口处出发，根据简单的任务简报，寻找打铁郎、货郎、店小二、士兵等四个真人NPC，从而完成全部实景任务。而最终的胜利者，还将获得企业准备的有经典纪念意义的超值大奖。

企业与景点合作，将古镇的全部格局被完整移植到了《三国传奇》游戏地图里。让玩家在踏遍龙门的每个角落、领略深厚的三国历史底蕴的同时，还可以亲身体会到网游世界中“做任务”的别样魅力，品尝到任务回报的欢乐欣喜。

随着时间的递进，游客可进入孙权家开宴席，全场尽欢。附之以深刻的三国历史寓意，令人一饱口福的同时还能一饱耳福。“三足鼎立”、“火烧赤壁”、“舌战群儒”等十二道用三国典故命名的精致菜肴，使得玩家流连忘返。

《三国传奇》游戏界面截图

这种由游戏公司首创的“R&V”模式，是一种现实与虚拟资源非竞争性战略关系，使合作双方（传统企业和游戏行业）互纳对方闲置资源，实现资源效用的最大化，达到高效率的交互营销新境界。

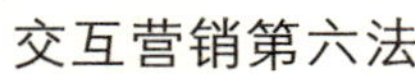

交互营销第六法

无线营销

2007年是手机媒体的兴起之年，无论是其产品形式还是市场规模都取得了重大突破和发展。以手机为载体的无线互联网、手机杂志、手机回铃音、手机MSN、手机网游和手机客户端软件等产品极大丰富的同时，也促进了无线营销市场的迅速增长。根据艾瑞最新发布的研究报告，2007年中国无线广告市场规模将达到7.8亿元，比上年猛增56%。随着3G网络的普及和手机产品的丰富，在奥运会和世博会的带动下，2010年中国无线营销市场规模预计将达到创记录的22亿元。

无线用户基本集中在18～35岁的时尚白领，该群体身处时尚前沿，接受新观念的能力较强，勇于尝试新产品。他们是最活跃的消费群体，对周边群体有较强影响力。

强大的市场基数和使用需求、快速增长的使用者数量、用户的使用习惯、移动技术的发展和应用以及终端的快速发展和普及，使手机成为有价值的新媒体。广告在这样一个有价值的新媒体上，对于客户和用户而言，是具有很大诱惑力的！

手机媒体的优势在于：

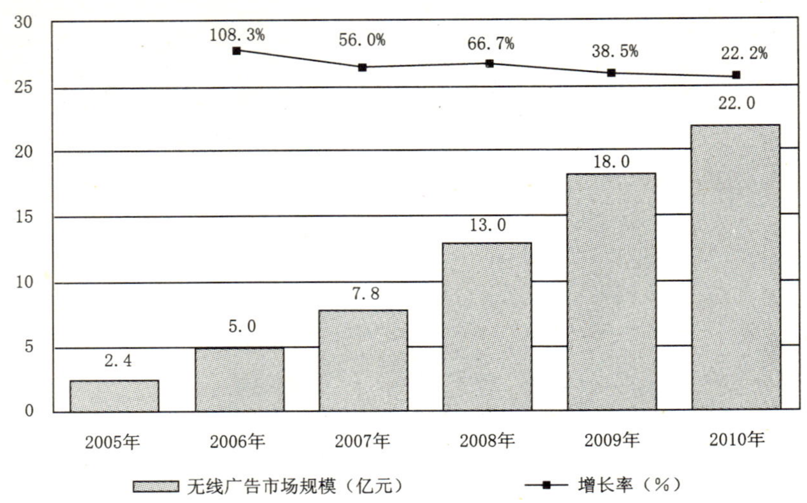

2005—2010 年中国无线广告市场规模及增长率图示

跨媒体，增加目标用户接触

定向传播，精准到达

支持浏览后行为（点击、在线拨出、提交、邮件等）

效果精确控制/计量

互动行销绝佳工具

每个人的专注媒体

愈来愈具冲击力的表现

高互动操作性

通过与大众媒体的连动起到相乘效果，随时随地、自由随身，快速转寄等特性，为常规媒体提供互动营销渠道，直达目标。

手机媒体的特性在于：

精准

即时

口碑

互动

手机媒体熟悉每一位用户，定向传播能力强，信息到达精准，通过跨媒体互动增加与目标用户接触的时间。根据每一特定用户的手机型号、号码品牌、所在区域等信息，可以掌握每一族群的消费习惯、生活形态、消费能力、购买意向，独立真实的 ID 可以保证广告的到达率真实有效。

可以按照广告主要求，定时、定向、按机型、按号码品牌、按消费者阅读偏好、按消费意向偏好等进行广告的制作及投放。

点对点的接收反馈、完整监控并纪录用户对每一条广告的接收状况，以及细分的 track 工具全面掌握 PV、Click、action，以及接收、打开、浏览时间、浏览主题、参与方式等，可以有效掌握每条广告接收的成功率。精确控制和计量不仅是媒介渠道，更是互动行销的绝佳工具，帮助广告客户选择更具优势的 CPA、CPC 等指标。

手机媒体的应用：

1. 市场调研——利用手机媒体的即时性，设计在线市场调研（会员招募、在线预定团购、短信答题等）、预订、问答环节，进行用户个人资料采集和产品基础调研，进而协助销售。

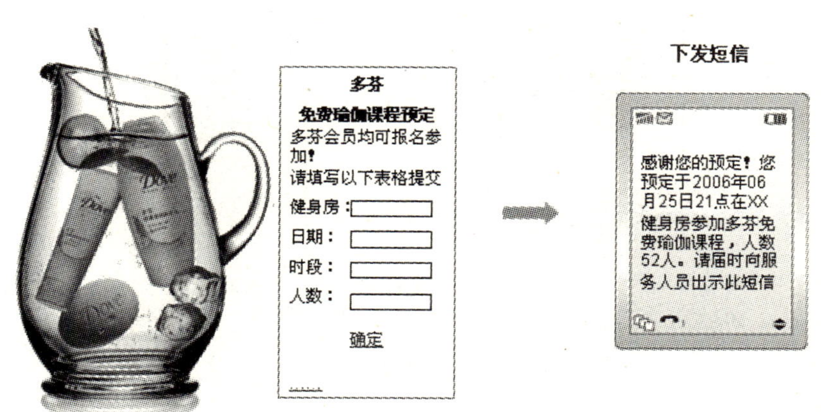

2. 品牌传播——通过建立 WAP 网站、发送彩信硬广告、冠名彩信电子杂志、手机视频等加强品牌传播，适用于品牌推广、新品宣传、市场预热等。

多芬minisite

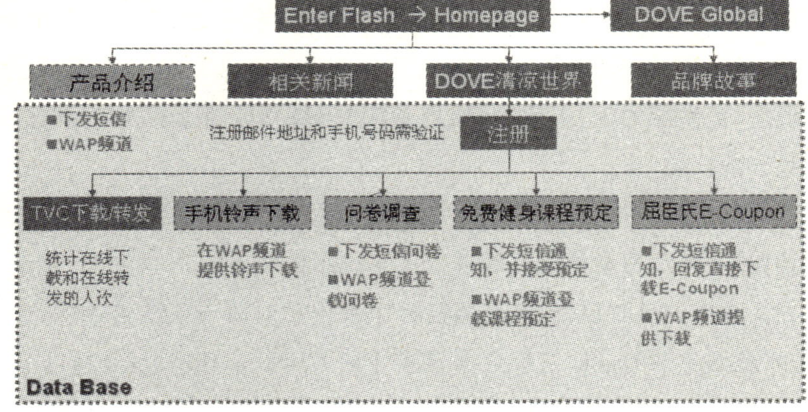

3. 公关——与传统媒体互动，传播信息，塑造企业形象。

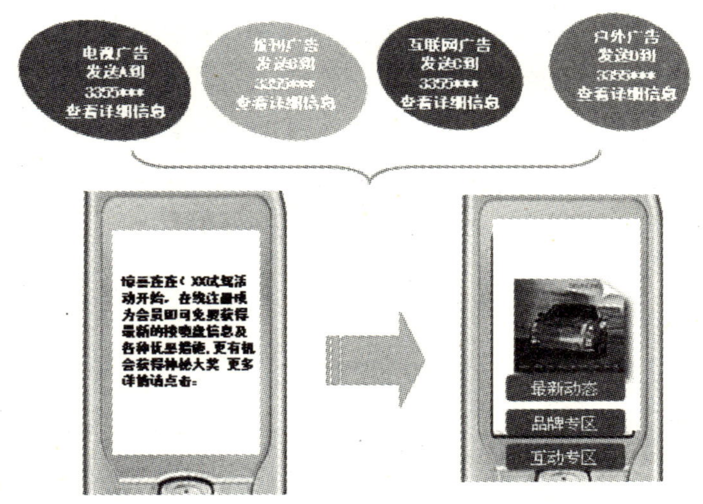

点击push地址直接进入企业专区

4. 促销——可根据用户所在城市、手机型号、手机号品牌等进行甄别，锁定广告客户核心人群，根据客户要求的频率、时间，直接把客户的短信、彩信等促销信息广告送到核心用户的眼前。

曼诗贝丹试用装解决方案

传统方式——聘请派发人员，在人流量大的地段，派发试用装。

缺点：开包率低，聘请派发人员需要成本，租用流量大的地段需要成本。

解决方案——向指定特征的人群发送短信，顾客回复短信即可获得试用装领取券，在曼诗贝丹各专柜凭此短信可领取试用装一份。

优点：

——消费者主动回复短信，希望获得试用装的顾客会试用的几率更大——试用装开包率高，促销效果好。

——不需要聘请派发人员，也不需要租用场地，立刻节省大笔预算。

5. 数据库营销——利用详细的用户数据库属性，锁定用户群，进行目标受众甄别，定期短信信息宣传、知识普及、节日问候等。

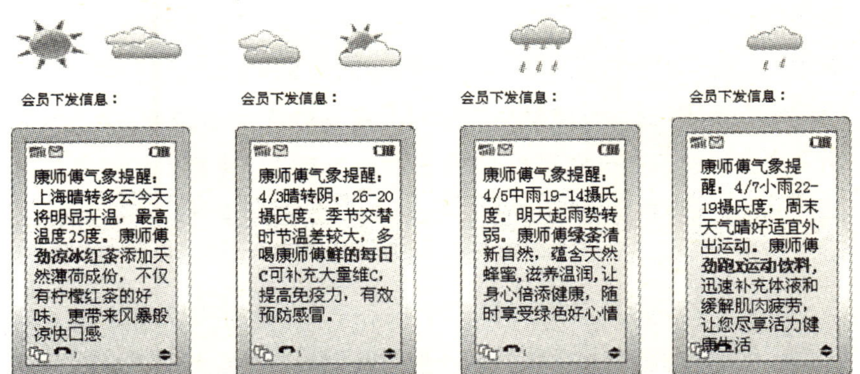

6. 数据监测、分析——短信上行、下行数量监测，数据分析及流量监测。

以移动增值案例来看：

目前，整体移动增值服务市场规模已达到 596.09 亿，其中 IVR 市场规模增长较快，其次是 JAVA 业务。值得指出的是这两项业务都是 2G 业务。JAVA 业务的增幅为 80.5%，居各个业务之首。但是由于业务的总体市场规模还非常小，业务对整体影响不大。目前，在所有移动增值服务收入当中，2G 服务占到整体收入比例的 84.98%，2.5G 服务仅占到整体收入比例的 15.01%。其中，短信服务，包括点对点和增值服务规模占到 68.35%，CRBT 服务市场规模占整体市场收入比例达到 10.48%，IVR 市场规模占 6.16%，WAP 市场占 11.7%。

2006 年各移动增值服务活跃用户数发展情况各不相同，其中 CRBT 的活跃用户规模达到 8061 万，同比增长 55.3%，较上一年的 151.73%明显下降。JAVA 业务的市场规模和用户规模在 2006 年均有大幅度的上升。IVR 业务由于大量采用了互动媒体的推广方式，使收入和用户都得到了大幅度的提高。

我们再以空中网为例来说明，根据艾瑞 2007 年 8 月的调研数据，空中网用户的个人月收入超过 2500 元，是同期网民平均收入水平的 1.78 倍，也高于同期国内居民的月均收入水平。用户的职业分布中，公司白领的比重超过 1/2，而大学以上学历的用户比重也接近 50%。高收入、高学历和白领用户集中的特点为广告价值的实现提供了可能。此次调研还显示，该类用户中对品牌有较高的忠诚度，78.1%的用户会坚持使用自己喜欢的品牌，理性消费者的比重高。相对于普通网民，该类用户有较高的消费能力，特别是对于汽车、房产、金融和电子产品有一定的需求。

用户访问频率高且时间长。空中网用户登陆空中网的频率达到 4.4 次/周，登陆的时长达到 7.8 小时/周。如此高的访问频率和时长说明，空中网已经成为该类用户获取新闻资讯和休闲娱乐服务不可或缺的媒体之一。空中网用户用手机上网的频率也非常高，75%的用户会每天用手机上网，42%的用户会每天登陆空中网。手机上网所具有的便捷性和随时性的优点正在吸引越来越多的用户，而且用户使用黏性呈现出不断提高的趋势。

不同类型短信和彩信广告接触率分析。庞大的用户群和优质的用户资源、高频次的访问频率以及较高的广告接触度，正在成为空中网无线营销的核心竞争力。

空中网用户电话调查

广告类型	收到	阅读	转发
移动促销/活动	83.8%	71.2%	12.6%
实用信息(机场、新到城市的机票、天气信息)	67.2%	54.3%	7.7%
商家过节祝福	65.9%	58.3%	25.8%
WAP-PUSH 短信	64.4%	45.5%	6.4%
笑话、搞笑	52.8%	48.5%	29.5%
会员促销/活动(银行、俱乐部的会员信息)	49.7%	40.5%	5.6%
商品促销/活动	36.9%	51.8%	7.1%
样本描述:N=1480;于 2008 年 8 月通过空中网用户电话调查获得			

据了解,这家公司的收入来源较为均衡,一是产品收入来源上的均衡,二是运营商收入来源上的均衡。根据他们发布的 2006 年第一季度财报,其彩信服务营收为 790 万美元,WAP 服务营收为 884 万美元,Java 营收为 114 万美元,短信服务营收为 816 万美元,交互语音应答服务营收为 118 万美元,彩铃服务营收为 66 万美元。与其他无线公司过分依赖一两种产品线收入不同,这种产品收入上的均衡是其他无线公司所不具备的。

无线互联网正在走上与互联网相同的发展轨迹,而增长速度更快;其全面整合产品与市场优势、探索"媒体式"广告盈利模式的发展方向将越来越清晰。

广告是媒体生存的基础,媒体与广告总是联系在一起,尤其当用户通过媒体获取免费信息时,必然以接收广告为交换。现在,新兴的手机媒体也出现了同样的特征。WAP 媒体特性开始显现,其拥有的巨大流量也就有了价值转换的可能。手机用户与网络媒体用户一样,为了免费获取需要的信息,可以忍受一定的广告,这为无线营销开辟了新的金矿。在手机免费接收带广告的内容与付费接收不带广告的内容两种选择中,消费者更倾向于前者。

在"广告—无线互联网—无线用户"组成的广告营销链中,核心问题莫过于用户的内容需求。目前,无线上网用户的需求更多体现在包括新闻、体育和财经在内的"大娱乐"功能上。这正是空中网相继推出证券板块、手机超女、无线本土内容、图文转播世界杯和与 NBA 合作的初衷。针对年轻的手机用户群提供相应的内容服务，这具有广阔的市场前景，无线广告营销的巨大空间，将会有更多的手机新浪、手机当当和手机百度存在。

尤其是在 SP(短信)监管力度加大后，业界普遍认为，运营商的直接介入使得 SP 产业的黄金时期远去。但不可否认，中国目前有 4.98 亿手机用户，通信产业规模达到几千亿元，而中国通信产业每年的移动无线增值业务收入已经接近千亿元，其中非短信类的无线增值业务也有几百亿元的规模。即使是当前的互联网门户，SP 业务也是其不愿放弃的一块蛋糕。对于广告业务尚处于培植期的无线互联网来说，SP 仍是国内大多数无线企业的核心盈利模式。

Chapter 4

第四章

新媒介让消费者互动起来

交互营销

绩效品牌打造必备十二法

一、媒体的革命

交互营销的产生是基于互联网平台，互联网是一种新的媒介形式，正是这种新的媒介形式，改变了与消费者的沟通形式和营销方式。

媒介好像无处不在，充斥于我们的一切公共信息中。你无知无觉中，自自然然地接收了这一切。我们对传统的电视或纸媒广告早已是熟视无睹，每天我们接触到无数的广告，可能一个也记不住，即使记住了广告，但却很可能想不起来产品的名称来。传统媒介的广告，成为新媒介革命的主要对象。

新媒介的产生也并不是仅限于互联网的平台，还可能在传统媒介中形成。过去，我们说新营销，很多是针对互联网而言的，现在的新营销，可能要全面地运用新媒介。比如说，电影是一种传统的娱乐形式，本与营销没有什么关系，但如果有意识地进行运用，却可以变成全新的媒介形式，并且能将媒介传播变成另一种营销的形式，这就是交互营销的新格局。

好的营销离不开媒介创新，更离不开新媒体的开发与运用。电影《天下无贼》就是一部纯娱乐电影，它的赢利模式与广告没有什么关系，和企业产品的营销好像关系也不大。但有眼光的企业，已经将电影当成了一种新媒介，已经运用到新的营销方式当中了。虽然这部电影已经放映很久了，但我们依然清楚地记得影片里的 BMW 轿车、HP

电脑、可旋转屏幕的 CANON 照片打印机、NOKIA 手机、淘宝网、ISUZU 卡车……

广告与娱乐信息紧紧地融为一体，成为影片的一部分，让消费者像记故事一样，记住里面的产品。由一部简单的娱乐电影，引发出一个深层次的问题：广告和媒体发展至今，怎样才能够获得最有效的传播效果？

电视广告和纸媒广告传播效果不好，问题的关键在于：传统媒体和传统的广告形式发展至此，遭遇到了一个巨大的瓶颈——资讯呈 N 次方倍数爆炸，单一媒介效率迅速降低，以往单靠一只广告片迅速占有市场的“好时光”一去不返。同时，受众的“媒介免疫能力”越来越强，他们能自动过滤掉很多自己不喜欢的硬广告信息。竞争的日益加剧，也导致企业要想超过对手，就必须掌握更多的媒介资源，大量的资金都用到媒介购买上，而传播效果却不尽如人意。

如此的市场现状，迫切需要一种崭新的传播思维。于是，“新媒体”的概念应运而生。

什么是新媒体呢？新媒体有什么特点？从宏观上来看，“新媒体”是一种在数字技术基础之上出现的媒体形态，是一个完全革新的媒介视角，打破了传统媒介的界限和个体性，并将世界上所有可以用来传播的东西统统纳入媒体的范畴中。从这个意义上来讲，新媒体能够史无前例地实现“所有人对所有人的传播”。因为在新媒体的框架下，人自身也是一个重要的媒体，而人的“媒体化”则使更多的即时互动传播成为可能。

落实到实际操作中的微观新媒体概念，则是指依靠新技术及新手段，和受众进行强烈深入的互动，这些沟通渠道避免了受众的排斥性，不仅使他们易于接受，而且还乐意参与到媒介中，通过信息的交流产生认同感。

前面提到的电影，有效利用便是新媒体的典型代表。电影是大众主动参与的娱乐项目，观众对它的信息接受是完全自愿的，这和电视广告的强迫性存在着本质的不同。所以，只要影片内容足够吸引人，大众都会将每一个情节、每一句经典台词牢牢记住，并互相传递。不经意间，产品信息便在人们脑海中烙下了一个深深的印记。电影作为媒介进行广告传播源自于美国，每一部经典的好莱坞电影，都有知名的品牌在里面充当“道具”。例如，几乎所有的美国战争片都配备了三样经典道具——万宝路香烟、百威啤酒和可口可乐，几乎每一个作为主角的美国大兵，在其特写镜头中至少会出现以上产品的一种。

新媒体的出现并非偶然，科技发展、经贸一体化，对其有直接的促进作用。可以说，新媒体是人类社会发展到一个全新阶段为适应市场变化的必然产物，它随着市场的演进而不断充实变化着。与其说新媒体是一个现状，不如说它是一个趋势，它代表了媒介发展的未来。

二、以互动为核心的新媒体

前面提到，并不是传统样式就是旧媒体，数字式的就是新媒体，我们主要看它是否具有互动性，没有互动性，即使是互联网平台的，我们也称之为旧媒体。现在是一个“泛媒介”的时代，我们的目的就是寻找具有超强互动性的交流平台。

市场的无数事实告诉我们，只有交互才能成就真正的交流，真正的交流才能达到营销的效果。

在荷兰，一家农场主把自己羊群的身躯全部作为广告位“出租”，这能算是“新媒体”吗？我们只能说是形式上的新，在交互性上还谈不上。但按照这位农场主的观点，一大群羊如果都印着广告走过道路和山坡，路过者不可能视而不见！注意力是有的，但互动性还不够。前面提到新媒体的一个革新意义，就在于可以和受众产生互动，而广告羊群只能从视觉上有一定的吸引力。

新媒体的互动性，在数字化技术上，在线上和线下都要有新突破。

2005 年底，随着电影《无极》的上映，上海一个名不见经传的小人物胡戈出名了。其通过网络传播的影片，一石激起千层浪，引得无数网民观看、讨论，获得了巨大的媒介价值，甚至有馒头厂商欲邀胡戈为其产品代言。这个事件说明，仅仅是一个私人性质的玩耍视频，通过互联网这个平台传播后，一下子变成了万人参与的营销事件，传播之广，远远超过了大众媒体的力量，且成本很低。之所以会这样，核心就在于互动性，接力式传播。如果此法用于产品或品牌的营销，就是一个典范式的交互营销的榜样。

在新的市场环境下，每件事物、每个人都是一个独立的媒介，通过信息的传递与他人达成互动，互动越强，其产生的效果就越大，传播价值就越高。

这是一个充满媒介的时代，“媒介”的范围早已超越了传统的媒体分类，延伸出了众多的崭新媒体：网络媒体、手机媒体、IPTV 媒体、数字电视、移动电视等。这些新媒体都具有一个共同的特点，就是互动性强。

可以预见，具备互动性的新媒体，在“互动营销”的新营销环境下，必将获得更远大的发展。未来的媒介格局，必然呈现出更深程度的多元化、互动性、沟通性趋势。

可以这样说，没有互动的媒体都不是新媒体，无论它的形态是线上还是线下。

三、网络媒介：速度的营销

以前，人们为了丰富自己的知识或者寻求问题的答案，都去书店和图书馆看书、查资料。如今，每个网民都可以通过全球在线知识社区“维基百科”，自由提问和回答问题。想解决自己的疑问，现在只需轻轻点一下，既方便又快捷。

2008 年春节期间，我国娱乐明星亲自“操刀”，向大众展现了互联网络无可比拟的速度：“艳照门”事件中的照片在短短几天内传遍大江南北。人民大众在欢度佳节的同时，也深深体会到了互联网的快捷。

时间就是金钱。在第一时间抓住有效信息，就可以快人一步走在前头。在这一点上，互联网的优势非常明显。

几年前的“伦敦爆炸案”中，市民威廉·达顿拍摄了手机照片，在博客上以近乎于图片直播的方式“报道”了灾难现场状况。这些照片很快进入各大电视网的新闻头条。在这次“报道”中，手机、博客、互联网以及“播客”密切配合，将“第一时间、第一现场”权力牢牢抓住，新的媒体形式与媒体工具的结合显示出了巨大威力。

COM Score 的数据显示：在广告商业活动中，49.6%的因特网用户看到了广告。网络媒介从单纯的门户网站，到功能强大的网络搜索，再到现在细分日趋严密的个性化平台，经历了从单一到多样化的深度演变。Yahoo 在 2005 年第三季度的收入达 13.3 亿美元，相比上一年同期的 9.07 亿美元上涨 47%；而 Google 的网络广告收入，更是从 8.06 亿美元增至 16 亿美元，利润从上一年同期的 5200 万美元一跃提高到 3.81 亿美元。在中国，类似的情景也在发生，主角就是新浪和百度。

很多人看好互联网经济，主要源于三点：(1)互联网传播快；(2)互联网互动性强；(3)互联网比传统媒体成本低。所以，很多品牌纷纷选用强势的互联网平台进行线上传播活动，进而带来高效的价值回报。

如今，互联网行业经过细分，已经将互动性的平台构建到了人们生活的各个领域。在在线购物领域，阿里巴巴网和它旗下的淘宝网分别占据着 B2B 和 C2C 网站的头把交椅；在网络娱乐领域，腾讯网建立起了中国最大、网民资源最多的娱乐门户；在网络生活社区方面，天涯和猫扑分别是侃人文和聊八卦的第一选择。不同领域的不同互动平台，为企业进行富有针对性的商业活动提供了精确保障。

巧妙借助网络媒体，迅速搭建企业和大众的沟通平台，从而开展有效传播。这样的例子现实生活中有很多。

油耗和内饰一直是时尚型轿车的主要卖点，而在一般的硬广告中，由于受限于媒介特性，这些卖点很难得到充分表达，标致 206 就遇到过这样的问题。后来，标致 206 在年轻网民经常登陆的“百度知道”网页上，订做了一期主题知识活动——“知道主题知识互动”，并针对消费者的需求，策划针对性的网民话题大讨论，依托“百度知道”与贴吧的良好互动性和超级人气，调动网民互动参与引爆话题，实现了强势互动传播。

标致 206 百度“知道主题知识互动”活动网页页面

可口可乐与中国知名门户网站腾讯联合举办的“在线火炬传递”活动，则契合了那些热爱运动、热爱祖国的年轻人的渴望。每一位腾讯 QQ 用户，都有机会抢到一个在线奥运传递的虚拟火炬，并传给自己的在线好友，抢火炬的动作则必须在可口可乐的官方网站 icoke.cn 中注册后操作。腾讯依托旗下的中文第一即时通讯软件 QQ，拥有庞大的新生代消费群体。可口可乐的主流消费者恰恰也是这一群体，结合这一活动，可口可乐有效地将充满活力的品牌和奥运赞助商的形象全面展现给消费者。

可口可乐与腾讯"在线火炬传递"活动网页页面

除此之外，由于互联网强大的后台可以对数据进行有效统计，从而能获得比电视的"收视率"更准确的点击率。

互联网的出现，刷新了媒介传递的最高速度记录。"速度"在现代互动营销中，占据着越来越重要的地位，因为互动营销是以"及时性"作为保障的，没有"及时性"就难以"互动"。在未来，互联网技术将逐渐完善，网络带宽将进一步提升，企业可以借助互联网平台开展结构更复杂、创造性更丰满、搭配更多元、互动性更强的营销活动。

四、IPTV：让观众自己"做节目"

当你正津津有味地看着电视剧，这一集却突然结束；当你看着早间新闻却到了上班时间；当老婆要看《金三顺》，儿子要看《奥特曼》，老妈对评剧《花为媒》很有期待，你的 F1 上海站……

其实，很多人都经历过以上的场景，他们或尴尬或无奈。于是这些人就应该是"IPTV"声援会成员。IPTV 用户,永远不会遇到上述那些尴尬的场景。

IPTV,又叫交互电视,它的系统结构主要包括流媒体服务、节目采编、存储及认证计费等子系统,主要存储及传送的内容是以 MP4 为编码核心的流媒体文件,基于 IP 网络传输,通常要在边缘设置内容分配服务节点,配置流媒体服务及存储设备,用户终端可以是 IP 机顶盒＋电视机,也可以是 PC。

通俗地将,IPTV 就是一种基于 IP 网络传输的数字电视信号,它是电视媒体发展到一个崭新阶段的产物。与其他新媒体一样,IPTV 拥有强大的互动性,这意味着观众可以获得更多的参与体验。

IPTV 广告拥有更加广泛的受众,它不仅涵盖了现有电视的用户群,还涵盖了 PC 和手机用户。这意味着观众不仅可以用家里的电视机看新闻,在地铁里、公车上,或者自驾出游,观众都可以利用笔记本电脑、手机或其他专用终端接收到同步的电视信号。利用 IPTV,观众可以随时点选自己喜欢的电视节目,不用在电视机旁被动地等待。而且,运营商会对观众作调查,以播放给观众最有价值的广告信息,观众不关注的产品广告不会再出现!同时,由于随时随地都能看到自己喜欢的电视节目,观众可以更好地安排自己的时间,做生活的主宰者。

由于先天的技术特征,IPTV 所具有的优势是传统电视媒体不可匹及的。对于观众这是好消息,对于商家同样是。由于 IPTV 的互动性很强,商家更能够以高参与度的节目吸引目标客户观看,引发互动。在这一点上,赌博业先行一步。英国 BSKYB 电视台拥有包含了博彩游戏、购物、信息、即时通信、增强电视、理财、星象算命等多项互动的 IPTV 节目,其中博彩游戏节目涵盖了 8 家博彩公司提供的包括体育博彩在内的游戏、彩票、123、轮盘、21 点等各种各样的互动节目,一方面,充实了 IPTV 的内容,另一方面,各品牌可与受众进行更深度的沟通。

除英国 BSKYB 以外,日本的 J-Com 和韩国的 Skylife 也都开设了 IPTV 业务，并以其丰富的互动性节目内容赢得了广大观众的喜爱。我国长三角地区也正在积极开设 IPTV 业务，上海文广集团(SMG)于 2005 年在上海市区内开通了 IPTV。

正如文广传媒分管广告经营业务的副总裁张大钟所说，IPTV 广告经营战略的重点在于“注重节目创新与广告内容的结合，强调多频道、跨媒体的整合营销”。目前国内外开设的 IPTV 中，电影、电视剧、体育节目等都已成为电视媒体新的收视增长点。而一些电视购物品牌则率先依托 IPTV 的收视调查数据，在一些时尚生活类栏目，面向一些高收入家庭进行高端家居用品的推广。

参与度较低的传统电视媒体，是无法参与到“互动营销”这个“新媒体”平台中来的。而 IPTV 的出现，则对传统电视媒体在本质特性上进行了升级，并使电视媒介成为“新媒介”平台中的一个重要组成部分。依托先进的数字技术，IPTV 拥有“随时看、随地看、随心看、自己决定”等传统电视和其他媒介都无法取得的优势。以高参与度的 IPTV 为依托，企业可以通过开展具有互动性的电视节目，以友善的态度(而不是强硬的广告)进入消费者的生活中。

五、户外媒介：创意无限的视听盛宴

有人说，户外媒介说不上交互性，还只是一个静止单向传播媒介。其实，这只是看到了问题的一面，户外广告经过有效的创意，就能变成具有互动特征的交互式媒体。下面这则户外广告就可以说明问题。这个广告很有效果，它非常吸引受众尤其是男性受众的眼球。雨后被水浸湿的 T 恤，会和路过的受众进行强烈的感官互动，让受众都不会忘记这是花花公子的广告。这就是问题的重点——通过富有创意的表现方式，户外广告也能产生极强的互动效应，为互动营销提供强势的媒介支撑。

据调查，人们每天有三分之一的时间是在户外度过，而近 40%的

花花公子户外广告

受访者表明会“主动观看户外广告”，这表明受众对富有创新的户外广告是具备互动的渴望的。通常有固定工作的人们，每天上下班的路线是不变的，于是同一区位的户外广告就对他们意义非凡——如果广告具有足够吸引力的话。比如你有辆车，每天要经过下面这个隧道，这种互动性便由然而生。

虽然户外媒体是传统媒体，但是由于其具有很强的创意延展性，即便时效性不及互联网，但它同样会成为优秀的互动媒介，而且在创意表现的尺度方面，户外媒介甚至拥有其他媒介无法比拟的震撼性，从而和目标群体达成深度的互动。欧洲最大的户外广告公司德高贝

富有创意的隧道入口平面广告

登的负责人曾说:“广告客户在过去数年中要求不断要有突破,因为在电视、报纸、杂志刊登广告有一定的局限,广告客户希望能打破传统的宣传手法,为消费者留下深刻的印象。而户外广告则弹性较高,更立体化,覆盖面更广。”

如今,随着科技的发展,户外广告在表现形式上也体现出与时俱进的多样性。液晶电视、LED 屏幕等高新技术在户外广告方面得到了广泛运用。这些新技术突破了户外媒介以往的“只能表现静态画面”的限制,具备了画面、视频、声光特效等全面的因素,获得了更加多元的互动效果,户外媒介一跃跨入新媒体的行列。

户外液晶屏幕广告

除了采用高新技术带来表现上的动感互动外，户外媒介还以其他交通工具为载体，以良好的可移动性扩展了其信息传递区域，在地理维度上扩大了自己的影响力。

突破空间局限的飞艇，便非常具有代表性。飞艇是一种有推进装置、可控制飞行的飞行器。飞艇广告以其醒目性、可移动性、庞大性受到了很多品牌的青睐。目前，国外在空中飞艇广告、节日庆典、飞行表演、航拍等方面对飞艇的使用非常多，甚至在现场直播、旅游观光等方面应用也比较广泛，效果也十分理想。

飞艇广告由于体积庞大，我国企业主要将它用于品牌形象的推广。2006 年，上海东方早报利用飞艇广告对自身品牌进行宣传，取得了不错的效果。其他一些知名品牌，如固特异轮胎、丰田轿车等都曾利用飞艇广告来展示自身品牌的雄厚实力。

户外媒介除了广泛地拓展了空中的传播空间外，在水上和陆地上也均有涉足，可谓“水陆空三栖”。在上海黄浦江上，每天都可看见装有 LED 液晶屏的大型游艇驶过，不仅很好地宣传了企业品牌，也为浦江两岸增色不少。每天大街上的公交车和视频媒体车，也以其精心设计的线路和富有创意的表现，对品牌进行了最大限度的传播。

飞艇广告

极具创意的户外广告

同时，户外媒介也开始针对不同的区域细分不同的受众群体。如飞机场内的户外广告，面向的是高水平生活人群；高速公路的户外媒介主要面向有外地业务的投资者；公交站牌的传播对象则以大众消费群体为主。在国内，TOM、唯珂庆余、白马等户外媒体集团，也在加大力度整合各种户外媒介资源。所有这些体现出了在“新媒体”格局下，户外媒介寻求挖掘自身强大互动性的渴望。

户外媒体的表现，并不一定仅仅要停留在平面上，可以把户外平面媒体当作它所处环境中的一员，通过与周围环境发生关系，结合品牌的特性以求产生独特的效果。作为一个充满活力的运动品牌，Nike就很擅长此道。在城市重点区域的Nike户外广告中，采用了震撼性的“大手笔”：平面广告中的运动员，将足球“踢”出，球很有力地“砸”坏了一辆BMW轿车。

NIKE 以勇往直前的运动精神赢得了一大批簇拥者，一句简单的“JUST DO IT”道尽了所有。而这次不惜以“砸坏名车”为代价诠释的运动精神，亦淋漓尽致地表达出了品牌“不要顾盼，尽管放胆去做”的核心诉求。

NIKE 广告

契合品牌理念的户外广告创意，由于其位居户外的空间感，对受众眼球的吸引能力非其他媒介所能及。ADIDAS 的广告语为“没有不可能”，结合 2008 年奥运会，他将跨栏、体操和举重等一系列的体育竞技项目立体化，以简洁而强烈的视觉手法进行表现，赋以“没有不能夺的金”的主题，既富有创意和震撼性，又与品牌精神一脉相承。

ADIDAS“没有不能夺的金”系列户外广告

在户外媒介的创意上，很多品牌更可以以公益广告为切入点，将自身形象与公益内容进行完美的融合。《星球大战》在机场的这次广告就很不错。

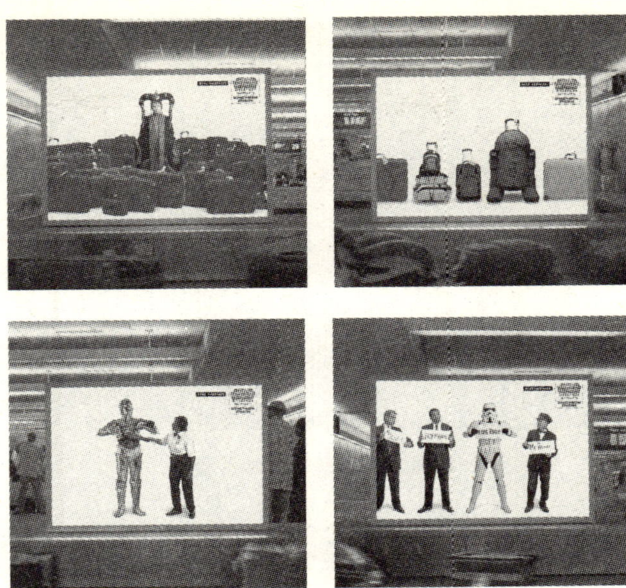

《星球大战》在机场的广告

即使没有广告牌，也可以进行宣传。只要是在户外，只要有块空地，不管是排污管井盖，还是马路旁边的站台，只要有创意哪里都可以加以利用。

不用广告牌的户外广告

户外媒体虽然受到一些由于安全问题带来的尺寸和规格的制约，但事实上它所受的限制要比电视和报刊等媒介小很多，把自身的限制作为创意的出发点，利用周围的一切来表现品牌的个性，这也是户外广告一个很大的优势。以下就是两则利用自身媒介“限制”的户外广告。

利用自身限制的户外广告

作为一种历史悠久的媒介种类，户外媒介总是应市场的发展而不断变化，在未来，将高科技（如大尺寸液晶面板、3D 立体显示系统、触摸屏等）和创造性相融合的户外广告，仍是新媒体互动营销环境下的一支重要力量。

六、移动车

2008 年 4 月 30 日至 5 月 1 日，江都市“长江国际花园”楼盘开盘推广活动在江都市举行，在这次推广活动中，一种新型推广工具投入使用。它由一块超大 LED 屏幕及牵引装置组成，我们将其称为移动车。

移动车的屏幕采用亮度高、性能稳定、耐冲击的全彩屏组成，画面立体逼真、清晰动感，并且装有光控系统，可根据室外光线调节屏幕的亮度，以防亮度过高或过低使眼睛受到伤害。移动车以其便捷、环保和灵活等特点，为江都市“长江国际花园”开盘推广作出重要贡献。巡游车所到之处，引来市民和过路行人的极大关注，在当地引起了很大的轰动效应，开发商对此次巡游活动相当满意，宣传效果大大超出了他们的预期。

移动车适合做一些活动的舞台背景，或演唱会、大型晚会、大型赛事馆外的直播平台，比如可给奥运赛事场外观众直播赛事，也可作为展示平台或广告发布平台等。

七、媒介运用新思维：精准表现，直指要穴

户外媒体的创意表现，让我们认识到：并不是越大的媒体效果就越好。如果企业把宝押在广告上，其最可靠的筹码就是创意。无论任何媒体，一个契合产品特点的创意，要比媒体的尺寸重要得多！比如下面这家瑜伽馆的“媒介运用”。

时钟的指针 360 度的摆动和习惯的大角度弯曲，与瑜伽运动带给消费者的柔韧性身躯结合得恰到好处。利用这样的媒介，费用较低，绝妙的创意又能与消费者产生强烈的互动，同时创意载体又是目标群

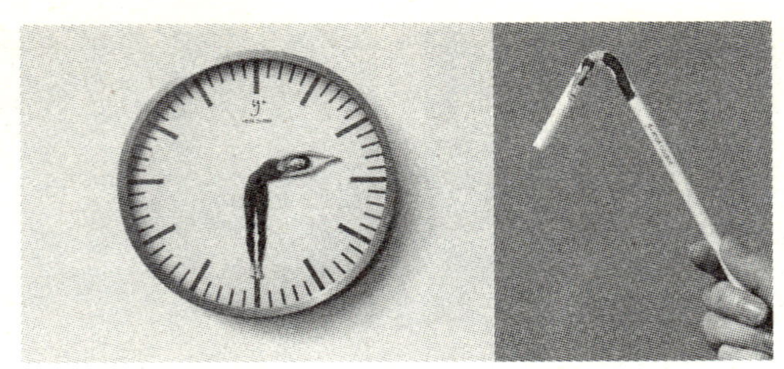

卖点与载体完美融合的新媒介广告

体所熟悉的，这样的结合可谓经典。

通过对媒介自身特点的挖掘，企业可以很巧妙地将自身的特点融入其中，以小投入，用创意让企业形象在受众脑海中深刻扎根。

八、多媒体技术：视界超乎想象

曾经和朋友们一起去看《变形金刚》电影版，华丽的 CG 特效引来观众阵阵掌声。在散场之时，朋友却摇摇头，我们问其原因，他言道："这分明就是部广告片嘛！"我们开始还不理解，后来恍然大悟：这部电影的最大赞助商是美国军方五角大楼，而片中"霸天虎"红蜘蛛所变身的战斗机，便是美国最先进的第五代战斗机 F22。五角大楼之所以掷重金在这部动画片改编的电影上，是因为当时正值伊战艰难时期。一方面国防部需要一个媒介宣传国家实力，引导民众继续支持对伊开战；另一方面，通过树立炫酷的军队形象，可以吸引更多年轻人入伍。五角大楼此举可谓一石二鸟，一箭双雕。

美国多媒体数字技术的发展，离不开电影的发展，其中，《星球大战》则是将好莱坞电影从剖析人性转向追求视觉感官的里程碑。卢卡斯执导的这一史诗科幻巨著，史无前例地向人们展现了数字技术的魅力。从此，多媒体数字技术开始了空前快速的发展，而民众对富有视觉冲击力的画面也越来越感兴趣。

多媒体数字技术的诞生，对世界消费市场产生了巨大的意义：在实用性经济市场逐渐饱和的情况下，“娱乐经济”成为新的利润增长点，并带动着全球经济的增长。《娱乐经济》作者沃尔夫说：“消费者不管买什么，都要在其中寻求娱乐。”而以多媒体数字技术开发出的娱乐产品，则是目前最好的娱乐消费载体。看看消费者手中的 IPOD 和 PSP，这些全球最流行的电子设备都是依托在多媒体数字技术基础上的。

波及广泛的娱乐经济延伸出全新的“体验式消费”行为，消费者通过参与整个娱乐活动，从而达到心理和生理的满足，而这种“体验消费”正是“交互营销”产生的本源。利用成熟而先进的多媒体技术，可以吸引大量的受众参与。具备多媒体技术的媒介平台，可以减少时间和费用，让广告的内容更为传神。富有吸引力的画面，可以降低受众的防备心理，让他们觉得这是一种邀请，而不是“进攻”。

在网页上出现的多媒体互动窗口，更具有操作简便、互动性强的优势，这使得企业可以很容易地进行诸如调研等诸多的互动营销活动。很多受众甚至会主动要求观看多媒体广告信息，而不是像看电视广告那样被动接受。

中国众多的在线视频网站，已经向我们传达了“多媒体技术相当受欢迎”的信息，而全国各大媒体纷纷举办的“DV 大赛”，则更将多媒体数字技术的运用延伸到了网络、手机、电视、移动电视等各类媒介平台。正如土豆网的广告语所说：每个人都是生活的导演。其实这句话还隐含着一层含义：在新媒体时代，以先进的多媒体技术为依托，每个人都可以是一个开放的媒介平台，把自己亲自导演的画面和别人分享。这是每个人的机会，同时也是每个企业的机会。

作为一种具有前瞻性的技术，多媒体数字技术的出现和演变，必将为新媒体格局下的各个媒体平台带来深远的影响。多媒体数字技术，将以人性化、虚拟化、亲身体验等诸多优势，丰富商业活动的“互动性”。

这些新媒介的运用，将原本并不具有交互性的媒体变成了具有交互性特征的新媒体，这也是新竞争环境下的变革结果。

营销启示：媒介交互化，分众，植入，数据化趋势

市场的发展趋势告诉我们，新技术带来的媒介既是信息的承载方，又是信息的发布方，还可能是信息的消费者。媒介与消费者之间的关系，似乎已经融为一体，已经进行了充分的交流。他们之间的商品交易或信息传递是在互动中完成的。没有双方的互动，可能这种交易就不存在。基于互联网平台下的新媒介，在这种互动的基础上，带来分众下的精准人群，把大众式传播带到一个新时代。分众是为了更加精准，分众是为了更加有效；通过有效的互动，将企业的产品植入公共信息的基础平台上，让它成为公共信息的一分子，成为消费者消费活动的一部分，这样的信息传递与沟通是最畅通的。有了畅通的信息渠道，再进行数据化的管理，目标受众人群就可以在企业的掌控之中，能随时随地地与之沟通交流，进而取得有效的营销效果。

交互营销第七法

媒介交互化营销

交互营销作为一种最新营销方式，并不是仅依赖于网络新媒介才能实现。传统媒体在交互化改造后也是非常有效的交互营销工具。如下面举例中的传统户外大屏幕、电视与电影在交互化创作后均可成为有效的交互营销工具。

在竞争越来越激烈的现代市场环境下，如何深入目标群体的内心与他们达成深度的认知和沟通，进而产生积极互动促成购买和维护忠诚度，就显得非常重要。通过互动，消费者会觉得品牌是他们自己的，进而会产生强烈的归属感。依托交互化媒体，品牌可以开展千变万化的互动营销。

1. 交互化媒体——赋予品牌无限增值

交互化媒介能带来客观的品牌增益。网络媒介、IPTV、交互的户外媒介以及手机媒体、移动电视等等，都属于交互化媒体的范畴。这些媒体通过一系列的创作和运作，判断用户感兴趣的是什么，或者正在做什么，打算参与什么样的活动等，来确定该用户是否属于品牌的潜在客户，从而实现广告的精确定向投放。

媒介交互化后就像精确制导的导弹一样，无论在打击面（受众广度）上、打击精度（受众群体）上、杀伤力（交互体验中传达视觉及卖点）上、信息反馈（数据及时回馈）及价格（按效果付费）上，都具备传统媒体无法比拟的巨大优势。

所以，依托交互化媒介组合，可以以最低的资金投入获得最高的实际增益。

2. 户外屏幕也交互——数码照片、纽约时代广场的屏幕、LEXUS新汽车

简单来说，就是你可以把自己拍的数码照片上传到时代广场的大屏幕上，照片可以被播出四秒，然后众多照片组成 LEXUS（雷克萨斯）的一部新车外型。一共有七万人参与了这一活动，并形成非常强的扩散传播效应。

为了更好地加强互动，每一位上传者都得到电子邮件通知，其照片将在何时能够出现在纽约时代广场的路透社大屏幕上，并运用了大量新的互动技术和 FLASH 技术来实现。

很多参与者实际上是在时代广场现场，用手机拍摄并上传照片的，所以这也是一次名副其实的跨各种新媒体和旧媒体的整合营销传播案，收到了极为轰动性的效果。LEXUS 不仅成功推广了新款汽车，其品牌印象亦得到很大加强。

这一招其实挺适合中国的，只要选一个非常著名的场所（类似时代广场），再加上手机、互联网、数码电子产品等各种新媒体和新技术的运用，结合用户的互动，一定能收到极大的效果回报。

3. 网络交互媒体——让消费者“自主”参与

早在 2007 年 9 月，上海大众汽车有限公司（下称上海大众）牵手猫扑网、MSN、腾讯 QQ 三大先锋网站，联合举办名为“POLOHAS”的白领生活博客大赛。“POLOHAS”是由 POLO 和 LOHAS 组合而成，意为 POLO 乐活精神，乐活精神倡导个性、关爱、乐观、健康，是当下年轻人追崇的一种理念。

为了吸引追求“乐活”的年轻购买群，上海大众精心选择了猫扑网、MSN、腾讯 QQ 这三家年轻人喜欢的网络博客社区，鼓励年轻受众以网络日志的形式抒发自己对“乐活”的理解，其中每个网站最受欢迎的前 50 名博客进入活动官方网站 MySVW. com，最后的冠军将赢得新款 POLO 轿车大奖。

其实，POLO“乐活”博客大赛并不是上海大众首次利用网络社区的力量进行品牌推广。早在 2006 年，上海大众就与 MSN 合作发起了“当 POLO 邂逅 MSN”博客大赛活动，这是国内企业最早利用网络日志的营销案例之一。

及时而深入的交互性，是以 WEB2. 0 为代表的互动媒体平台所具备的突出特点，所以，这类媒体又被我们称为“交互媒体”。与一般的互动性媒体“让消费者不完全参与”所不同的是，交互媒体通过对消费者需要和欲望的研究，给消费者搭建满足这种需要和欲望的舞台，让消费者自己充当媒介，“自主”地对品牌产生认知。

互联网营销专家冯英建说：“交互性的特征是用户可以实时参与，这种参与可以是有意识的询问和在一定程度上对原有顺序和内容的改变，也可以是随机的、无意识的点击等行为。”

再以 WEB2. 0 为例，它曾被学者们广泛评价为“草根文化”。“草根”一词，非常贴切地表现了这种新兴媒介平台的交互性——每个人都可以自立为一个独立的媒体，发表自己的看法。一向拍戏低调的徐静蕾，开博后创下日点击 30 万的记录，不仅与韩寒的博客互动，引得娱乐圈和文学界联合“互动”，更炒热了新浪网，并引发出“博客赚了钱怎么分”的社会焦点话题。正是缘于“交互”，开博者越来越多，随之而来的讨论热点也越来越多。如芙蓉姐姐、经济学家张五常，他们纷纷以自己主导的交互媒体平台为中心，不断施加着对互联网和现实社会的影响。

4. 交互媒体——电视 2. 0 时代的交互体验

TV2. 0 的概念最初由美国知名 IT 杂志《连线》(*Wired*)提出，其实是借用了近些年的热门词汇 Web2.0。对于 TV2.0 的概念，各家莫衷一是，但总结起来无外乎强调新电视时代个性化、参与式与分享性的传播特点。

知易行难，要将目前单向传播的传统电视引领进入 TV2.0 时代，需要从内容创作、沟通诉求、渠道传输和用户终端四个环节进行全方位的升级改造。TV2.0 的两个核心特性——个性化和分享性，实际是在两个不同的维度上延展了传统电视对用户传播需求的满足。个性化强调的是个人意识，分享性突出的则是集体体验。如何将个性化和分享性这一对看似矛盾的特征统一体现在 TV2.0 时代，正是传统电视从业者在互联网时代面临的重大挑战。

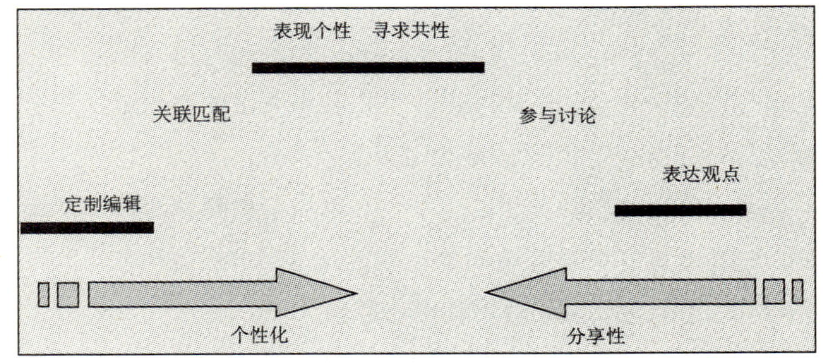

TV2.0 个性化与分享性的关系

个性化的第一阶段在于个人定制编目电视，即实现真正意义上的人机交互——用户提出个人偏好，电视按照用户指令呈现个人编目的结果。通过不断累积分析用户行为，运营商可以建立并不断充实用户数据库。在此基础之上，运营商以用户偏好为核心，提供关联信息，匹配用户编目，将传统电视时代千篇一律的视觉屏幕转变为极具特色的个人画面。

分享存在于集体之中，被动的听众或者单一的表达者都谈不上分享。因而分享的第一个层面在于群体环境中自我观点的表达，第二个层面则是参与讨论,倾听他人观点。分享的乐趣正是体现在这种共性寻求中。

由此可见,表现个性、寻求共性应当成为 TV2.0 的时代标志语。

具体到电视业运作的四大环节——内容创作、沟通诉求、渠道传输和用户终端,个性化和分享性对其有着不同的实践标准。

上海文广互动电视有限公司(Shanghai Interactive television Co. LTD,以下简称 SITV),作为全国最大的数字付费频道生产集成平台,自成立之初就以数字互动内容的开发设计作为工作重点,现已基于多渠道——宽带 IP 网络、地面数字电视网络和有线电视宽带网络,开发了不同的交互电视系统。鉴于其数字内容平台的定位,SITV 主要在内容创作和沟通诉求两个环节来主力打造 TV2.0。

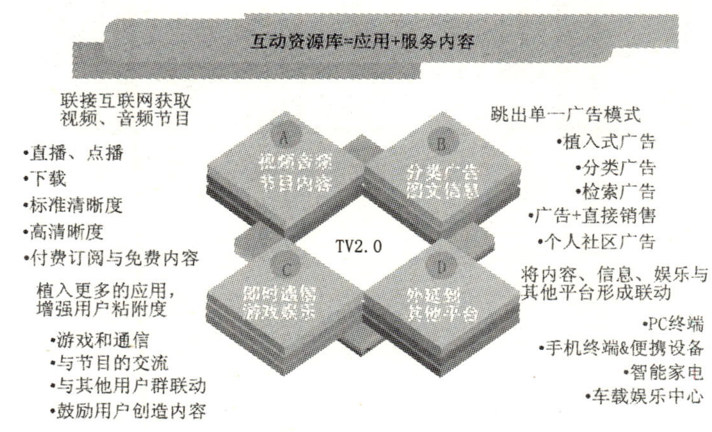

SITV 互动资源库的设计思路

内容创作方面,SITV 的交互电视平台建立了一个庞大的互动资源库,以传统视音频内容为基础,延伸多种应用和服务。

有了丰富的互动资源库为后盾,TV2.0 需要面临的另一个难题就是沟通诉求方式的确定。SITV 认为沟通诉求方式的关键在于交互电视用户界面的设计。传统电视时代,观众打开电视即是电视频道画面。TV2.0 阶段,除了由庞大的交互资源库作支撑外,电视个性化和共享性的特点相当程度上要由交互界面来实现。交互界面犹如用户漫步 TV2.0 时代的旅游地图，一方面指向个人兴趣偏好的目的地，另一方面标注共享参与的社区聚会地。因此，交互界面至少要由三大功能板块构成——个人定制、关联推荐和参与共享。

SITV 基于 IP 宽带网络的交互电视“炫视通”的开机界面

相对于前所未有的丰富的互动资源库，每一位用户实际使用的内容都是相当有限的。个人定制正是从用户的个性需求出发，将互动资源库划分为不同的内容和应用模块，由用户自行选择消费模块。TV2.0 的界面将由不同的模块组成，其间用户可以自由拖放伸缩。

关联推荐则是基于用户使用行为，通过应用数据挖掘、关键词匹配等技术，实现用户对互动内容的自动搜索，互动内容对视频节目的自动匹配，以及各种互动内容的自动分类。举例来说，当用户观看某场 NBA 球赛时，互动内容应当至少包括与这场球赛有相关性价值的球队、明星、同时进行的各场比赛赛况、赞助商、NBA 官网、评论以及实时的讨论社区，等等。其中上述内容应当实现非人工的智能化更新匹配和自动排版。

至于参与共享，其重在强化用户的社区交流、角色扮演和参与体

SITV 基于地面数字电视网络开发的交互高清电视界面初版——关联推荐

验。比如，当用户在观看韩剧时，在互动社区开辟群聊空间，好友们可以边看边评；也可以根据电视剧情节设置人气投票（包括眼泪指数等）。

SITV 基于地面数字电视网络开发的交互高清电视界面初版——参与投票

“雄关漫道真如铁，而今迈步从头越。”以丰富的互动资源库和友好的用户交互界面为切入点，SITV 踏上了 TV2.0 的时代征途。

交互营销第八法

文化植入营销

当你看到久未见面的孩子，在帽子、上衣、裤子、鞋子上全部都印有“咸蛋超人奥特曼”的卡通形象时，我们就不由地惊叹文化植入营销的“厉害”。

所谓文化植入营销，就是将品牌文化植入一个特定的互动媒体中，再通过媒体与受众的深层互动，将品牌文化深入植根于受众的脑海里，取得持久的品牌效应。文化植入营销的核心就是要发现并建立一种品牌与消费者在某一意识形态上能和谐共鸣的契合点，以“软”形式达成消费者的深度认知。

世界著名品牌 Louis Vuitton(LV)距今已有 154 年的历史。它从创立之初到成为世界顶级奢侈品牌，一路都有其忠实的消费追随者。在 LV 发展早期的 19 世纪 50 年代，LV 靠品质赢得了第一批消费者——皇宫贵族。对于第一批消费者来说，购买 LV 的理由很简单：方便。这个时期对于 LV 的目标消费者来说，LV 代表的是品质；严格意义上来讲，LV 倡导“旅行”概念的品牌内涵还没有完全成形。当时没有哪个消费者是因为 LV 倡导旅行的概念而购买 LV 的旅行箱，也很少有买不起 LV 的人用半年的积蓄购买 LV 来体现自己的价值。不过,路易·威登创造的 Triannongrey 旅行箱却为以后的 LV 品牌内涵的建立打下了基础,LV 倡导的旅行理念正是源自于历史悠久的旅行箱制作工艺。随着法国贵族旅行的足迹,LV 旅行箱传遍了整个欧洲,最初是在欧洲的宫廷之间,后来扩散到欧洲大陆的贵族们。这些人的传播在增加 LV 可信度的同时,也增加了 LV 的品牌质感和消费者群体的认同感。

LV 应消费者的需要,设计不同的箱包。在满足了消费者行为方式的需求后,LV 还努力满足消费者希望彰显其财富和贵族身份的心理需求。LV 通过特别订造服务,完美地将这两种需求结合在一起。特别订造服务完全为消费者的个人需求而设计,在使用的方便性上可以最大限度地满足消费者的需求。同时,每年只有数十件且价格昂贵的订造产品满足了目标消费者彰显贵族身份的心理需求。巧妙利用文化植入而成功的具体案例见第八章。

文化植入最早是国家意识层面的概念,在现代,文化植入已经演变为商业营销策略。

文化植入营销具有生活方式、消费理念和社会意识形态等多重方面的意义。

1. 生活方式。不同的文化驱动着不同形态的生活方式,利用不同的文化概念,企业可以对消费者进行潜移默化的教育,通过改变或顺从消费者的文化观念,促使其选择特定品牌或产品。美国是全球拥有知名品牌最多的国家,它将美国精神和美式生活方式注入产品中,通过对美国生活方式的“美化”,以引起消费者的深刻认同。可口可乐饮料、迪斯尼卡通、悍马轿车无一不是这种手法的成功演绎者。目前,在中国的房地产市场也充斥着将欧美生活方式引入楼盘,以引导消费者购买的现象。

2. 消费理念。通过文化植入营销,企业可以改变特定市场的主流消费理念,以提升产品的市场占有率。在我国婚戒市场仍以黄金占据统治地位之时,钻石品牌戴比尔斯勇敢进军我国,并通过“钻石恒久远，一颗永流传”的广告传播，改变了消费者的观念，将钻石推上人们结婚首选物的宝座。信用卡在我国的广泛运用也是通过改变消费理念实现的，因为在这个市场出现之前，国人没有“超前消费”的观念。

3. 社会意识形态。不同国家有不同的文化，同时也产生了不同的社会意识形态。拥有同一种社会意识形态的社会，其公民相互之间存在着强烈的认同感，从而对社会产生归属感。利益相关的国家之间经常采用文化植入活动来使对方产生认同，进而在文化上确立主导权，在政治博弈中占据主导地位，在经济上抢占更多的市场。近年来，地缘接近的中国和韩国在“申报世界文化遗产”中存在颇多摩擦和分歧，韩国将我国的端午等传统节日统统申报为自己的文化遗产，以增加自己“文化大国”的自信。我国通过国家文化的有力传播，使世界对本国产生较高的认同感，也使本国更好地融入国际社会。比如，利用奥运会和世界博览会这样的世界顶级盛事，中国吸引了全球的目光，这不仅是彰显国力和民族自信的契机，也是将中国悠久的历史文化向世界展示的绝佳时机。同时，中国也在各国开设“孔子学院”，为的就是将传统的儒家文化播撒到全世界，使中国文化在世界主流文化中博得话语权，以“软实力”凸显大国地位。

通过分析我们可以发现，“文化植入”作为一种意识范畴的“软实力”，可以达到很多“硬实力”难以达到的效果。通过有力的文化植入营销，品牌将在消费者脑海中形成深刻的印象，形成强势的品牌忠诚度。企业在进行交互营销推广的过程中，应当将品牌的文化与互动的媒介进行充分结合，让消费者心甘情愿地掏腰包消费。

从电影《变形金刚》中，我们更不难发现文化植入式营销的强大威力。“霸天虎”虽然是邪恶的象征，但全部由美国尖端武器变身而来的它们，完美诠释了美国文化中冒险激进精神和美国军方高科技的实力形象。事实上，历届好莱坞经典大片，无不在向人们灌输这种美国文化，厂商们也从不放弃其中的机会。《阿甘正传》中的“彭泉”汽水、《异形大战铁血战士》中的百事可乐、《007》中的欧米茄手表……处处都有文化植入营销的身影。

现在,文化植入营销风潮也逐渐在我国蔓延开来,本章开头的《天下无贼》便是经典一例。此外,还有一部电影堪称文化植入营销的经典,这就是《疯狂的石头》。影片中,可口可乐、BMW 轿车、尼康相机、班尼路服装、全聚德烤鸭、NOKIA 手机等品牌,在导演充满戏剧性的剧情安排下,获得了灵动的生命力,自然地深入到了观众的内心世界。

利用新媒体的互动平台进行文化植入营销,是交互营销带给我们的又一个思考空间。

当消费者不再是媒介的看客,而是以媒介的一部分甚至是媒介主人的身份,出现在品牌的营销活动中时,“品牌”二字对他们来说就有了新的意义。他们将通过与品牌的深层互动,对品牌的“性格”和特点产生深刻的认同。品牌不再是企业的,它真正的主人是消费者,这在大量采用高新技术的互动媒体共同构建的新媒体时代,得到了最佳的体现!

随着 2008 年北京奥运会的临近,以及 2010 上海世博会进入倒计时,中国的营销思想与世界更趋同步。我们相信,在以新媒体为主导传播平台的现代新经济格局下,交互营销将获得比以往任何营销时代都更全面、更深入、更科学、更国际化的突破性发展。交互营销,必将引领市场营销迈上新的高度!

Chapter 5

第五章

营销与品牌的交互

交互营销
绩效品牌打造必备十二法

一、传播与销售的复合

传播是为了销售，好的传播就有了好销售的基础，这样说也是可以成立的。所以，我们谈完媒介变革对营销的影响后，来看看传播与销售复合在一起的市场情况。现在流行一个新词叫“混搭”。这个词，最初来源于韩剧中人物的服饰穿着，是把不同颜色、材质、风格的衣服层层叠叠地穿在身上，看似漫不经心，实则出奇制胜。虽然是多种元素共存，但不代表乱搭一气，混搭是否成功，关键还是要确定一个“基调”，以一种风格为主线，其他风格做点缀，分出轻重，有主有次。

从4P到4C，从全方位营销到整合营销，如今营销传播也迎来了一个新纪元——一体化的混搭时代，即传播与销售的复合关系。

事实上，传播是企业产品营销必不可少的一环，没有传播是不可想象的。我们习惯于把传播当成空中拉力，把销售当成地面上的推力，这两者在营销中缺一不可，有时候要传播强一点，有时候要销售强一点，但大部分情况下，两者是分开用力的。传播与销售是两码事，在营销学上，也是这么说的。但是，在今天，在我们谈的交互营销的新格局下，传播与销售混搭在一起了，有时候，你分不清主次，分不清彼此的权重关系。为什么会形成这样的格局呢？完全是在新营销环境下，交互营销的要求使然。你不能想象，你用一个线上平台进行传播时附Call Center（电话购买热线），或网上支付平台的联接。此时，这是传播还是营销，因为，你在传播的同时，也在销售产品，空中与地面的概念合二为一了。传播的平台就是销售的平台，销售的平台也是传播的平台。

反向沟通、互动体验、口水传播、病毒相传、精准传达、焦点渗透等，这样传播的特征，你很难说它不是销售。它们离目标人群越来越近，营销方式也越来越精准。

当前，消费人群的主力军已大部分转移到线上活动，人们生活工作空间早已转到线上。线上有足够的注意力，让你的产品得到最大的传播与销售。此外，线上营销的产品形式，一转眼间也和线下的一样，多如牛毛，而且个个看起来都精准无比。更何况，线上营销的互动性与可控性是线下媒体无法比的，销售的效果也相应的会大不一样。

同时，我们也看到，早一步运用线上营销方式的银行、电信、B2B电子商务等类型的企业，就抓住了“渠道”转型的机会，取得较好的市场效果，而且线上销售已经成为这些企业必不可少的销售手段。事实上，无论是服务性产品、快速消费产品还是耐用消费产品，线上的销售方法，完全是复合性的。

要细分起来，可能有两种。一种是基于网上广告位置的类型，如竞价排名、文章上下左右相关的广告等。当顾客在寻找某一信息时，就可能看到你的广告，这是一种相关信息的营销推广方式，Google、百度、雅虎都在做这种业务，他们看起来，完全是传播类的。

另一种是基于线上与电信平台的组合，辅以客户数据库的服务。针对不同行业，用网上 DM（Direct Mail）、传真、电子邮件、折扣券等形式，通过你的定制，由服务商们的渠道向终端传播。实际上，这是我们常见的一些线下发信公司的线上版。还有一些是基于短信、彩信、WAP 进行的个性化的沟通，它们与移动、联通、电信、网通、小灵通这些传输平台合作，让短信发送变成广告和营销（如报价、爱心提示、通知、问候之类的销售方式服务类别），从而达到对客户无微不至的销售提醒效果。这种服务目前银行用得较多，如信用卡费用的查询、消费通知等都是此类。这一类，我们就可以看成是销售类。但你仔细观察，他们都有一定的复合性。

以上两大类形式，精准的线上传播类似于手机网址与800电话一样，方便及时，已经演变成一个线上产品销售公司必备的常用工具。目前，大部分网络营销提供商都建立了即时通讯、门户、游戏、个人空间相组合而成的精准营销平台，无论是搜索、娱乐还是BLOG、RSS（用户产生内容自动分发、定阅）、SNS（博客加人与人之间链接）、SIKI（用户共建一个百科全书）都在显示出极强的交互性，每个人都在贡献内容或者次序。消费者的工作时间在线上，娱乐休闲在线上，以至于生活也在线上。

所以，在此种情况下，传播即销售，销售即传播。

二、跨界传播

说营销与品牌的交互，和讲销售与传播的大概念一样，是基于这样一种动态情况下的传播细分。很多情况下，为了有更好的传播效果，在传播上也有很多“捞过界”的行为。在传统的营销领域进行跨空间（线上、线下、终端的跨界）、跨时间（知名、认知、美誉、忠诚的跨界）、跨领域（行业、领域中的跨界等等）的传播行为，我们称之为跨界传播。

跨界传播具体表现如下：

1. 空间：主要是产品信息在线上、线下跨终端的传播方式

传统的线上为电视户外报纸杂志等，线下为公关促销等手段，再有独立销售终端为产生销售的地方。

随着数字技术的提升，消费者选择的多元性，要抓住消费的心智，我们必须使用线上、线下工具让消费者发生互动、体验。因此如前面提到的媒介互动化中的案例：凌志车在户外大屏下进行手机互动。在线上发布的同时进行线下公关。电视购物即线上传播，又同步完成了终端销售。

包括经常提及的终端媒介化、终端体验化、终端公园化和终端舞台化也充分说明终端本身就是一个好的媒介载体，特别是终端视频网络，终端也复合了线上电视功能。

随着数字时代的到来，线上的传播渐渐直逼线下的传播，跨空间的传播与跨行业、跨品类的传播日益普遍，也必将产生奇异的效果。

2. 领域：为实现差异化定位，传播领域场所跨界

跨界指的是两个或两个以上不同领域之间的合作。随着市场竞争的日益加剧和行业与行业之间的相互渗透与融合，跨界的风潮愈演愈烈。现在更多的时候，跨界代表一种新锐的生活态度和审美方式的融合。跨界合作对于一个品牌最大的益处是让原本毫不相干的元素，相互渗透相互融会，从而给品牌带来一种立体感和纵深感。

跨领域传播自然是指两个或两个以上的不同领域之间，为了达成相同的目标而共同投入资源，通过营销信息的共享、扩散、互动、整合，结合产品的某些部分而形成合作伙伴关系。将两个不同的产品，放在不同的环境与层级进行消费沟通，形成跨领域传播的可能性。

一个矿泉水产品可以放到服装店里去传播，一个房地产产品可以放到网络游戏里去传播，同样的螨亭化妆品可以放到药店里传播，一个保健品也可以放到食品店里去传播。

跨领域传播将不同消费层的严格规定打乱了，将消费者的消费错乱感紧紧抓住，借错乱的卖场环境，给消费者以适合的感受觉悟。以前，我们以为可以常看见目标消费群的地方，现在看不见或者说是看不清楚目标消费群了，而在另一些表面上看不到消费者的地方，却成为了产品销售的重要场所。

为了更好地找到消费者，一群在另一个层面与环境中的消费者，实施跨界传播达到的效果是最好的。不要老在同一类别的环境中寻找消费者，而是要换一个环境去寻找消费者，反而效果更好，这就是跨界传播的主要动因。

当然，跨界传播也要注意另一领地的文化规范要求。比如进行文化传播时要注意当地文化习惯，不能与当地文化有冲突，这是在进行跨界传播时必须注意的。

2004年耐克篮球鞋广告片“恐惧斗室”就在进行跨文化传播上犯了致命的错误。

第一个场景：大厅内有一个擂台，台阶两旁立着两只石狮子。从空中落下一位身穿长袍的中国老者，与NBA球星詹姆斯开始较量，而后詹姆斯神奇地从背后将篮球扔出，篮球经柱子反弹将老者击倒后飞入篮筐。

第二个场景：房间里到处飘着美钞和敦煌壁画中飞天造型的女人。这些女子暧昧地向主人公展开双臂，但詹姆斯丝毫不为美色所动，跃身扣碎了篮板，于是“飞天形象”也随之粉碎。

第三个场景：篮板旁出现了两条中国龙，龙嘴里吐出烟雾和妖魔，阻碍詹姆斯前进，而詹姆斯运用几个灵活机智的动作晃过所有障碍，投篮得分。

耐克“恐惧斗室”的广告对中国传统文化符号的误用，无疑在中国消费者心目中留下了极其不好的印象，使消费者立刻对这个外来品牌产生了一定的抵触心理。避免产生文化冲突的关键在于深入调研和分析所处市场地域文化的特点和目标受众的特性。地域文化是目标消费群体解读品牌的背景因素，而且当品牌成为目标消费者个性体现的一部分的时候，这一特性同样需要和目标消费者身上的其他特性相协调，避免重新注入的元素与消费者的其他特性产生冲突。

和跨界传播密不可分的一个关键词是品牌体验。当消费者对某一个品牌的理解与融合超越了产品甚至品牌带来的体验之后，就转化为了一种符号的消费。符号是消费体验的一种暗示和诱因，也成为了一种生活方式的彰显。同时，从表现形式上看，体验消费是内在的，而符号消费是外在的。

一个优秀的品牌，通常会通过讲述一个故事、提炼一段历史或者通过不懈努力演绎一个传奇，来赋予品牌特别的文化寓意。事实上，这就是一个品牌体验制造的过程。这种品牌体验，再现为一个鲜活的场景，或者是现实的，或者是虚拟的，顾客置身其中就完成了一次体验消费的过程。体验消费有别于其他消费形态的主要区别在于，消费者能置身其中，是在一个互动的场景中实现与品牌的融合。

精于此道的品牌人士喜欢借助娱乐和影视传媒制造和传导品牌体验，包括电影中的植入式广告，例如宝马之于007；还有各种线下的活动赛事，例如耐克之于NBA篮球，等等。品牌的特质与目标消费者不同，方式也各不相同。综合的、全方位的整合品牌传播，被认为是打造品牌体验和形成符号识别的有效战略。

3. 时间：传统品牌打造过程各个阶段性也在跨界

传统品牌打造的要素包括知名度、品质认知、美誉度、忠诚度。但在数字化时代有时变的一气呵成，如网络购物中品牌告之销售与体验在很短阶段就完成，几乎没有时间去犯错与调整。因此对于营销人员系统性挑战也更大，对于品牌考验也更大，网络销售、电视购物中昙花一现的产品与品牌比比皆是。

导致这种结果的关键原因就是品牌打造的各个阶段性的跨界和模糊化。

三、跨界营销

跨界营销，就是将两种以上具有相同诉求的行业结合起来进行捆绑营销的模式。随着市场格局的不断演变，市场竞争的日益加剧，行业与行业的渗透、企业与企业的合作、品牌与品牌的联姻……跨界营销大有愈演愈烈之势，我们已经很难明确地界定一个企业或者品牌的“属性”，跨界营销已经成为国际最潮流的字眼。从传统到现代，从东方到西方，跨界是精彩的，跨界是诱惑的。

首先，跨界营销意味着需要打破传统的营销思维模式，避免单独作战，寻求非业内的合作伙伴，发挥不同类别品牌的协同效应。因为当营销遭遇跨界，需要的是实现对多个品牌从不同角度诠释同一个用户特征。

其次，跨界营销策略中寻找合作伙伴的依据是用户体验的互补，而非简单的功能性互补。可以肯定，跨界营销与近年来逐渐盛行的以用户为中心的营销理念的暗合并非偶然。

其三，跨界营销面向的是相同或类似的消费群体，因此企业在思考跨界营销活动时，需要对目标消费群体做详细深入的市场调研，深入分析其消费习惯和品牌使用习惯，作为营销和传播工作的依据。

其四，跨界营销对相互合作的企业而言，在营销能力上提出了更多的挑战。以往企业的营销战略，只需要考虑如何使用好企业自身的资源。而联合之后，企业需要考虑如何通过战略上的修正，在与合作伙伴的互动中，获得资源利用上的协同效应。

最后，需要注意的是，当品牌成为目标消费者个性体现的一部分的时候，这一特性同样需要和目标消费者身上的其他特性相协调，避免重新注入的元素与消费者的其他特性产生冲突，造成品牌印象的混乱。

可口可乐一直是跨界营销模式的热衷倡导者，它与时尚服装品牌班尼路展开新合作。再者，国际时装品牌阿玛尼与奔驰在 CLK500 敞篷车推广中的成功合作，再次为跨界营销模式加分，说明绑在一起就是力量。

百事通过其敏锐的洞察力和大胆的作风，为年轻人带来不同寻常的体验，它总是走在流行的最前沿。通过百事球王争霸赛等年度运动赛事，百事更为青少年提供了一个展示自我的平台。而 Kappa 作为运动时尚界的引领者，一向以“时尚、运动、性感”的品牌个性赢得年轻人的喜爱，其所倡导的运动时尚理念更令运动界充满时尚气息。百事与 Kappa 两大品牌联手的跨界合作，用运动和时尚擦出完美的火花，收到了良好的传播效果。

一个个跨界营销的中国版本也在反复演绎，在热得发烫的奥运营销浪潮中，运动品牌乔丹与 IT 业的联想集团宣布联手进行市场推广。乔丹负责人表示，他们此次与联想的合作主要体现在双方市场推广中互相借用对方的产品及媒体等资源，相互促进品牌信息的传播。

目前，跨界营销分为以下三种营销模式。

水平跨界营销：不同行业、不同品类之间，根据目标一致性，实现优势互补、创造竞争优势的营销手段。

例如五粮液联手章光 101 合力开发名为“千寻”的保健酒以及眼下盛传的五粮液与巨人集团的跨界联姻；TCL 冰箱和农夫山泉饮料跨渠道开发、跨界传播推广；家电与房产的跨界营销；酒水企业投资酒店开发商，冠名某某大酒店等等。

五粮液、茅台集团各自都在以不同方式向保健酒、葡萄酒涉足与延伸，目的就是为了巩固与增强自身品牌价值在“酒”行业的“龙头”地位，采取的是一种水平跨界营销手段。

跨界营销模式是一种战略营销联盟，一种双赢或者多赢的战略运作手段。水平跨界营销对企业来说，是对迥然不同的事物的搭配或者延伸，但是水平跨界营销的核心是跨界的事物必须拥有同等价值的力量与影响力，从而共同创造出集合性的整体优势。

纵向跨界营销：厂家与商家两个不同的个体连成一线，共同投入市场、共同建设渠道、共同服务消费者，实现利益共享，合力打天下，实现厂商之间的战略联盟。如：经销商持股厂家、厂家与经销商跨界成立营销公司、经销商买断品牌经营、经销商从厂家贴牌经营等等，都是厂商之间根据各自的经营优势进行的联合。

泸州老窖 2006 年为了加强与经销商的关系，分别向分布在华北、华东和华南的大区域经销商增发股份。2007 年上半年，泸州老窖营业收入 12.94 亿，同比增长 27.58%，取得如此辉煌的业绩，经销商功不可没。

陕西太白酒业集团也是采取厂商跨界营销模式，把区域市场大经销商吸引为公司的股东，甚至成为董事会成员，最终形成战略联盟关系，双方的资源、品牌、利润空间与支持都能得到充分的发挥。

所以，纵向跨界营销的核心在于厂商合作的双方一定是建立在战略目标一致、思想理念一致、行为动作一致的基础上，双方才能在跨界营销的合作过程中，达成默契，实现双赢，否则，很容易在合作过程中产生歧义，造成合作的夭折。

交叉跨界营销：企业、合作单位、消费者之间形成三位一体的联动式关系，企业、合作对象、消费者共同享受到各自所需的价值与利益。

玩转交叉跨界营销的高手应该是可口可乐了，可口可乐在体育营销、餐饮营销、游戏营销甚至音乐营销等方面的精湛表现，无不渗透着交叉营销的精髓。可口可乐与加拿大两大音乐公司 mymusic 与 MuchMusic 的交叉跨界营销就是一个经典案例。在合作日程中，可口可乐专门生产一批容量为 600 毫升的可口可乐、雪碧等，在产品标识下面，藏有价值 5 美元的代金券。整个活动中，代金券总金额累计达到 1.35 亿美元。消费者既可以用这些代金券来购买 mymusic 网站的任何 CD，还有机会立即获得包括 MuchMusic 公司 BigShinyTunes 乐队在内的三场音乐之旅。

在酒水行业，青岛啤酒曾跨界某冰柜企业、酒店，开展“奥运门票抽奖”活动，这也是交叉跨界营销的一种尝试。

不过，交叉跨界营销的主角是消费者，而企业、合作对象只是规则的制订者、操作者，但在整个营销过程中，三者却是融为一体的共赢者。

由于跨界营销是基于品牌本身与目标消费群体特征的联系而形成的一种整体营销传播，因此，企业在运作的过程中，需要注意如下几点：

一是围绕互补。无论是产品开发还是品牌联盟，两者之间一定要有效地互补，不仅是功能的互补，而且是基于体验的互补。因为，当一个文化符号还无法诠释一种生活方式或者再现一种综合消费体验时，就需要几种文化符号联合起来进行诠释和再现，而这些文化符号的载体，就是不同的品牌。与此同时，对于相互合作的企业而言，这些企业需要有效协调，通过一个互补性的品牌，通过多个方面对目标群体特征进行诠释，进而在消费者心中形成整体的品牌印象，产生更具张力的品牌联想。互补性品牌之间也更容易产生品牌联想，如从单纯地卖酒水转向“销售”一种生活方式或引导一种潮流。

二是围绕体验。围绕目标消费群体的知觉、思维、行为、情感等来开展体验，如对于酒水企业来说，可以推广健康饮酒活动或者是普及宣传活动；可以倡导健康的生活方式；可以将酒水和系列公益活动联系起来，如围绕亲情、友情和爱情等来开展相关活动等等。可以建立“跨界”关系的不同品牌，一定是互补性而非竞争性的品牌。这里所说的互补，并非功能上的互补，而是用户体验上的互补。根据西方经济学对商品互补性的界定，其通常是指在功能上互为补充关系的，比如相机和胶卷、计算机硬件与软件等。而“跨界”营销行为所需要界定的互补关系，不再是基于产品功能上的互补关系，而是基于用户体验的互补关系，在营销思维模式上，实现了由产品中心向用户中心的转移，真正确保了以用户为中心的营销理念。以别克和耐克的跨界营销为例，频繁出现在各大财经杂志上的别克林荫大道（Park Avenue）车型平面媒体广告，如果不是加以图片文字说明，消费者可能很难分辨出到底这是别克的广告还是耐克的广告，或者是两家企业联合推出的广告：在一辆豪华的别克林荫大道车旁，作为代言人的泰格·伍兹（Tiger Woods），头上戴着带有耐克对勾标志的太阳帽，身上穿着同样带有耐克对勾标志的短袖T恤，左手拿的是他的标志性身份象征——高尔夫球杆，脸上是友善而亲和的笑容。别克和耐克在功能上并没有任何互补关系，它们分别属于完全不同的产品类别。但是从用户体验上来看，两者却具备了明显的互补性：别克林荫大道车型诠释了用户对驾驶车辆方面的特征，耐克服装则诠释了用户对着装方面的特征。再配以高尔夫球杆，一个很鲜明的用户体验情景就跃然纸上，三种元素组合了一个比较完整的用户体验。不难想象，除了别克和耐克，再添加其他品牌的元素作为补充也并非不可。事实上，泰格·伍兹同时还是豪雅表的代言人，只是在该广告作品中，豪雅表并未介入。

古诗云：不识庐山真面目，只缘身在此山中。而跨界营销，必须跳出"庐山"——即需要"跳出产品看产品、跳出行业看行业"，颠覆传统思维，实行"无边际"运作，大胆借鉴、嫁接其他产品、行业的思想、模式、资源和方法，为我所用，超越过去，获得突破，并实现多赢！

最后，我们想说明的是，跨界营销是销售的组合，跨界传播是品牌的组合，一个是地面上的方法，一个是空中的方法。这两点是有区别的。

四、终端的"四化"

在营销界出现了线上和线下的说法之后，终端营销的概念也被提出。

近十多年来终端营销在中国市场上，随着市场化程度的不断提高，日趋成熟。成熟的三个标志为：(1)从单一广告转向系统推广(如20世纪90年代的健力宝、娃哈哈、太阳神、乐百氏以及全山东的酒等)。(2)从粗放操作转向精益运作(如20世纪初的广东"流通"产品，或几大行业的降低促销)。(3)从普泛模式转向差异策略(如产品同质化及推广方式、渠道方式、管理方式的大同小异)。在营销日趋成熟的过程中——也就是在以上"三个标志"的具体内涵中，几乎同时在一个环节上越来越凸现——这个环节即"终端"！

所谓终端，即产品销售通路(渠道)的末端，就是产品直接到达消费者(或使用者)手中的环节。现代销售终端主要有以下四种形式：

(1)多环节终端——或曰“普通终端”,指各类零售店;(2)消费地终端——或曰“即时消费终端”,如餐厅、酒吧(包括在餐厅销售饮品之类);(3)零距离终端——或曰“客户终端”,如直销一些大宗设备或原料销售;(4)起点式终端——或曰“虚拟终端”,指网上销售。

家具行业一直喊“终端为王、决胜终端”的口号,近几年来企业搞好终端变得更迫在眉睫。从 2006 年开始,几乎所有的厂家将把最重要的资源投放在终端,终端争夺战愈演愈烈。从专卖店、形象店,到终端情景展示,厂家在销售终端上纷纷做足功夫抢夺客户资源,提高单店赢利能力。就算传统上以广告拉动的日化、牛奶行业,终端竞争也很激烈。在国内日化业做终端的开山鼻祖是“丝宝”,当年它通过创作日化行业独一无二的终端策略,将企业迅速从 5 个亿拉到 20 个亿。之后此终端策略被“隆力奇”等企业发扬光大。而今,日化终端营销已经成为每一个日化企业不得不修的专业课,日化行业的终端培训市场也因此而日益红火。而中国乳业界的传奇“蒙牛”,打破了传统的商超、派送等渠道,从 2006 年初就开始了自建终端的尝试,如今正在火热地向全国推广。

着实,现在媒体多了,人们视线分散了,单个媒体的影响力在减弱;信息多了,人们对信息接受的难度变大了,我们很难通过大众传播去准确地捕捉他们。于是,传统广告的风险成本在不断增加,而终端营销所面对的是最有可能给自己带来产品销售、最有传播价值的客户。做终端虽然辛苦,但总是能帮助自己实实在在地实现销量、树立形象、创造价值。抛开一夜暴富的梦想,抛开营销的喧哗与浮躁,对于立志做大、做长久的大品牌,务实做终端已经逐渐成为营销的潮流与方向。

终端对于企业产品的展示、品牌形象的塑造、竞争产品的区隔和打压、差异卖点的突出、促销活动的开展等等都起到很难替代的作用,所以企业的终端市场营销格局越来越朝着“渠道终端化、终端品牌化、终端规模化、终端交互化”的“四化”方向发展。

第一，渠道终端化。

渠道的扁平化必定是一种大势所趋，如宜家家居、ZARA、H&M的成功就很大程度依赖渠道扁平化及渠道终端化。

第二，终端品牌化。

终端品牌化、媒介化着重强调终端市场的“商品展示”和“商品零售”两大功能。终端策略从本质上讲，是通过对企业的产品和宣传品的集中陈列和展示，突出自身产品独特的卖点，并且展示良好的企业形象，从而建立起与消费者之间非常畅通的信息沟通，使得消费者对产品和企业产生积极的信息捕获和愉悦感受，从而最终达到实现销售的目的。不难看出，终端策略的基础是产品和产品形象，方式则是要在消费者和企业的产品、企业的形象之间建立起积极的沟通桥梁，目标则是要让消费者产生积极的联想，最终实现产品的销售。而这一切效果，都是传统渠道很难实现的，而渠道终端化就是渠道扁平化之后的结果。

第三，终端规模化。

产品的销量，必定来自于销售。特别是对于那些在零售市场上相对自由竞争的品类，如何让产品直接进入消费者手中，而不仅仅是从经销商到零售商那里的转移？以市场人员协助代理经销商进行销售、划定核心区域作重点推广、从点突破到面的拓展、一对一式的服务终端推广等等，都是常规的销售方式。企业营销模式同质化越来越严重，独特的销售模式何在？这让不少企业感到困惑。

对于中小企业而言，它们没有更多的成本去开发终端资源，进入终端的渠道不通畅成为影响销售的一个重要因素。小品种无法成长为大品种，与销售渠道不通畅也有很大的关系。而对于大企业来说，无法实现销量上的大幅提升，原因主要在于产品进入零售终端后，并没有与终端形成良好的沟通与互动，处于被动销售的地位。

那么，产品零售终端销售的突破点在哪里？如何才能快速地、规模化地实现产品的销售？企业应该如何去应对这种销售不利的局面？

大部分的企业把自己的市场划分为重点和非重点市场，在重点市场又主抓一些销售终端。但由于精力和成本的原因，能够在较短时间内突破各个零售终端的企业很少。对于很多大型终端来讲，单店店面规模的大小直接关系着店面人气的高低，因为这是店面是否红火的最直观的体现。

常言道“不怕不挣钱，就怕货不全”。如果店面很小，想要达到“货全”显然是很难的。即使店面大了，货全了，问题还是有的。首先是直接成本，如店面租金、样品成本、人员成本、仓储成本、物流成本、安保成本、防损成本等都会上升，然后还有隐性的成本，如管理成本和培训成本等。所以，这时候就需要将单店的店面规模转向单店数量的规模，也就是连锁规模，进而达到规模经济和规模效应。

同样从连锁零售商来看：规模效应产生之后，大型终端可以节省很多成本，更重要的是还可以拿自己的规模优势来要求厂家和供应商缴纳各种费用，如进场费、陈列费、堆头费、促销费、节庆费、导购员管理费、导购员培训费等等。此举不但可以有效弥补店面规模扩张之后的成本，甚至还可以成为部分终端靠开店来融资的有效工具。所以，最近两年有很多大型连锁终端都在疯狂地构建自己的连锁网络。

第四，终端交互化。

终端让消费者充分体验、充分互动，而阻截消费者的流动性是最好的“决胜终端”方式。宜家的成功就依赖此。为了更好与消费者互动，常提到“终端体验化、终端舞台化、终端娱乐化、终端互动化”均为终端交互化的形式之一。

营销规模化与横向化趋势越来越明显。

第一，规模扩张化。

有了规模就一定要扩张吗?

其实并不难理解。一个永恒的真理就是：资本爱效率。单纯静态的规模会导致规模不经济。有了以上理论的指导，我们可以明白地看到：资本逐利的天然意志决定了零售规模必须要不断扩张，直到达到一个动态平衡的临界点为止。

福田汽车的低成本规模化扩张就是一个最好的例子。提起福田汽车，业内人士大多用“黑马”来形容它。的确，正式进入汽车行业仅3年时间，福田就实现产销汽车10万辆，稳居全国轻卡榜首，并向轻客、重卡、皮卡领域发起进攻，其速度之快令人惊叹。福田汽车的奇迹，是在市场竞争空前激烈的情况下创造的，福田进入汽车业时如此，其发展壮大也是如此。但令人不解的是，在技术含量相差无几的情况下，福田汽车总能超越竞争对手，以优越的“性能价格比”吸引消费者。福田的特殊手段是什么？著名经济学家厉以宁把福田汽车的“天然”优势模式归结为“福田模式”的资本运作。通过资产重组实现低成本规模化扩张，从而高效发展。福田汽车的资产重组具有鲜明的自我烙印：凡是可利用的市场资源，都可不拘一格地拿来为己所用，既可跨地区、跨行业，也可以跨所有制。纵观福田汽车5年多的资本运营史，3次大的资产重组，使公司的资产总额扩张了近40倍，其迅猛的资产增长幅度为中国企业所罕见。

第二，营销横向化。

诸如市场细分、目标锁定、定位，这些能产生竞争优势进而转化成商业机遇的机制，已经为大多数营销人员所掌握。几乎每一位营销人员张口闭口都会谈到定位。事实上，市场细分和定位策略确实也已经为一个又一个产品和品牌找到了适合自己的生存发展空间。

在牛奶市场，有原味的、各种果味的、低糖的、无糖的、低脂的、脱脂的、添加各种微量元素的；在啤酒市场，有普通啤酒、淡啤、生啤、冰啤、黑啤，以及瓶装的、罐装的、散装的；在洗发水市场，有去屑的、营养的、柔顺的、防脱发的；牙膏也有美白的、坚固牙齿的、防蛀牙的、防过敏的、防上火的、清新口气的，甚至还有竹盐咸口味的；化妆品就更多了，论功能，有滋润的、美白的、祛斑的、防皱的；论用途，有面霜、眼霜、手霜、足霜、体霜等；论形态，又有喷雾、花露水、精华液、乳液、膏体，还有膜的。如此这般将市场进行深耕再深耕的细分，从而为产品和品牌找到一个相对独一无二的市场空间的营销方式，被称为纵向营销。

当一个大市场被不断地瓜分变成无数的小市场时，要找到有利可图的细分市场就变得相当困难。菲利浦·科特勒在《水平营销》一书中曾经指出：市场细分与定位策略的不断运用尽管扩大规模，最终会导致市场的饱和与极度细分。从长远看，市场细分弊大于利，会降低产品的成功率。因为市场的过度零碎化与饱和状态使得利润来源越来越小，几乎不足以支撑一个产品和品牌的成长。而与此同时，由于市场的极度细分，各细分市场之间的差异性越来越模糊，导致产品与产品、品牌与品牌之间愈来愈相似。创新能力在下降，没有根本的变化，只是同一体系内的微调。这种细分的作用，只是对原有市场进行深入挖掘，将一些潜在消费者转化为现实消费者，并没有真正拓展出全新的市场空间。

随着更多新产品、新品牌的产生，企业想要让自己的产品吸引消费者注意变得越来越困难。感冒药货架上有 100 多个长的方的盒子可供选择，消费者能记得的又有多少？一方面消费者选择越来越多，选择的时间却越来越少；另一方面新的媒体不断涌现，资讯泛滥，传播成本越来越高，传播效果却急剧下降。没有让人眼睛一亮的创新，根本不可能吸引消费者的注意，更毋须谈什么现代营销竞争。市场对创新的要求从未像今天这么迫切过。

企业的生存，首先是市场和竞争对手的选择，然后是营销思维的选择。一旦选定了市场和竞争对手，那么就必须在营销思维上和竞争对手“反着走”。不是试图做得比竞争对手好，而是要区别于它。于是横向营销的思维应运而生，它要求打破产品类别界限，打破产品功能界限，打破目标消费群界限，打破使用方法界限，打破使用场合界限，打破渠道界限，打破价格界限，打破营销组合方式界限……营销的过程充满了无限的可能性，只是人们是否相信这种可能，并且愿意为了一个看似不可能的目标付出行动，直至将不可能变为可能！设立一个不可能的目标，然后运用创造力与想象力将不可能变为可能，这就是横向营销思维。

横向营销探索的是对产品、市场及营销组合要素在广度上的创新;纵向营销更多的是对产品及市场深度的挖掘。横向营销的方向是不确定的、扩散的;纵向营销的方向却是确定的。纵向营销创新的成功率很高,但在成熟细分的市场中,其新增销售额却很低。通常情况下,这种创新的成效不大。相反,横向营销创新一旦成功,其将获得喜人的销售业绩。

横向营销的口号是:为什么不可以?相信创造力与想象力!行动就有可能!

目前竞争环境下营销规模化与横向化是营销趋势!终端的"四化"——渠道终端化、终端品牌化、终端规模化、终端交互化则是真正取得成功的手段。

营销启示：品牌与销售的复合化

品牌与销售的一体化，不是表面上说说，而是实实在在的现实。打造品牌与销售只是市场营销行为的不同角度，其结果都是为了将产品给卖出去，前者是持久的卖出去，后者是暂时的卖出去；复合化的意思是说，品牌是一种较大的销售力，是一种持久的销售力，而销售是支持品牌建立的基础。特别是在数字化时代，随着传播与营销的交互，跨界传播（线上线下终端的复合化，传播领域与场所的跨界，传统品牌打造的阶段的跨界的趋势），终端也越来越往媒介化、体验化方向发展。这使得品牌与销售捆绑越来越紧密。所以说，随着品牌与销售之间的复合化，相互促进作用更紧密，将品牌与销售不割裂的系统考虑都能产生更巨大、更高效、更快捷的作用。

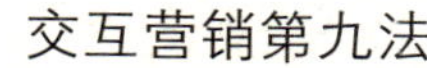

交互营销第九法

异业联合营销

利乐包，葡萄酒，看起来没有什么关系，但它们也可以进行联合营销。

一说到利乐包通常会想到液态牛奶，一说到葡萄酒通常会想到明晃晃的玻璃杯或者结结实实的酒瓶。两者会发生什么关系呢？

利乐的“砖型包”和“枕型包”，是大家常见的牛奶和饮料纸包装，它们可是适度包装的经典之作。2004 年 9 月在纽约现代艺术馆的“朴素经典之作”展览上，利乐包被誉为“充满设计灵感的，让生活变得更简单、更方便、更安全”的适度包装的杰作。小小利乐包，凝聚着不少科技和智慧，简约而不奢华，给我们的生活带来了不小的变化。我国北方大草原的优质牛奶，就是依靠利乐无菌包，才得以方便地送到千里之外的千家万户。

利乐包在保护功能和满足情感需求之间找到了很好的平衡点。与塑料瓶、玻璃瓶相比，砖型和枕型的利乐包容积率相对较大，而且这种包装形状更易于装箱、运输和存储。如果从技术角度来看，利乐包是由纸、铝、塑组成的六层复合纸包装，能够有效阻隔空气和光线。因此，小小利乐包，让牛奶和饮料的消费更加方便而安全，而且保质期更长，实现了较高的包装效率。

当然，利乐包也完全做到了“朴实有华”。首先，它的形状简约而大气，外层纸片可以根据不同产品的诉求，方便地印刷不同的设计，或鲜艳、或清新、或卡通，完全可以因产品而异，因消费者而异。利乐还在“利乐砖”的基础上，在尽量节约成本的前提下，进行创新地变异，推出了手感好、有金属质感、更显高档和时尚的“利乐砖”包装，比如市场流行的“雅哈”咖啡包装，充分体现了年轻时尚的气息。

接着再来看一看葡萄酒包装的演变和现状。

随着葡萄酒产业的不断发展，其包装形式也在不断演变和发展。

葡萄酒瓶塞不再是传统的软木塞。澳大利亚富隆酒业创作设计总监岑俭强介绍了他们获得专利的包装产品，其瓶塞不是软木塞，而是采用特殊材料制成，上面有很多肉眼看不见的小孔，能让葡萄酒自然呼吸。专家预测，这种瓶塞是新世纪葡萄酒企业突破传统的创新，由于其众多的优点，将会在市场上出现更多的类似产品。

一些企业推出了无缝易拉罐装的葡萄酒，特殊材料制成的带有龙头的拧式盒装葡萄酒等，都是易于开启的产品。香港和记酒业更是在包装上大做文章，提出“革命性包装，将新鲜保持到最后一杯”的口号。和记酒业采用了一种独特的瓶胆设计，包装在开启后能隔断与空气的接触，采用水龙头的开启方式，能保证每次开启之后，及时密闭，保持葡萄酒的口感新鲜。

美国加州索诺玛县的包装设计公司 ToyRatlmagery 成立了一个铝瓶联合体，预计不久将向市场推出一个崭新的葡萄酒包装概念——铝制葡萄酒瓶。铝曾被认为是一种低档包装材料，但铝包装却在啤酒行业中大行其道，迄今为止世界上还没有出现用铝做的葡萄酒瓶。

ToyRatlmagery 公司的一位主管相信，他们的铝制葡萄酒瓶肯定会在葡萄酒行业引起不小的震动。新的铝制造技术已经可以把铝制成任何大小和形状。未来的铝制葡萄酒瓶质地不会像许多苏打罐那样有轻薄感，是一种可以替代塑料、纸盒等另类包装的高档产品。当然，与玻璃瓶比较，铝瓶的最大好处是不易破碎。目前这家公司正在与各路专家合作，首先开发标准瓶形和大小的铝制葡萄酒瓶。

近年来，纸盒装葡萄酒市场发展迅速。聚酯瓶包装的葡萄酒越来越多地出现在欧洲市场上，并且已经得到部分消费者的认同。加拿大西桥公司（WESTBRIDGE）是一个专业的聚酯瓶生产商，他们对用聚酯瓶包装葡萄酒的市场前景信心十足。该公司2公升包装的葡萄酒试销一年来，各方面的反映都超出了预料。测试证实，在一年左右的保存时间里，聚酯瓶基本上是防止氧气透过的。2升瓶子的试验证实，一年时间里，在所控制的货架中检测到只有不到10ppm的氧气透过率，这个数值远远小于正常存放条件下的500ppm。另外，生产小批量的玻璃瓶的模具费用几乎是聚酯瓶的10倍，商家对不同产品的包装，很少有瓶形和颜色的选择余地。而聚酯瓶可以在5万只这样的小批量起定量的情况下进行加工，如果年加工几百万只，模具成本就非常低（总计1万～1.3万美元）。玻璃瓶包装的葡萄酒有着很多自身难以克服的“短板”，比如携带不便、易碎等，如果采用聚酯瓶包装就没有这方面的烦恼。

国内一家企业推出了葡萄酒冰桶包装。葡萄酒冰桶是由塑料加工而成的，采用先进的工艺流程进行加工与组装，既是礼品包装，又是可以收藏的装饰品、工艺品。冰桶，顾名思义，就是用来冷却那些需要在冰爽状态下品尝的葡萄酒的。当葡萄酒的温度在最佳饮用温度之上时，冰桶在数分钟内就能够把葡萄酒的温度降至最佳。其使用方法非常简单，将冰和冷水放入冰桶中至酒瓶瓶肩处，冰桶能够迅速将葡萄酒的温度降至饮用的最佳温度，并且丝毫无损葡萄酒的品质和风味。由于葡萄酒冰桶包装能够迅速将葡萄酒降至饮用的最佳温度，不仅能够品尝出葡萄酒独特的美味，而且也更有利于人们的健康，同时，它又能够使葡萄酒显得更高贵典雅，更能体现出人们的生活品位。

2006年，加拿大航空公司的一个"新奇"招数吸引了众多媒体的关注。据加拿大《环球邮报》报道，加航已经把一些国际航班上提供的葡萄酒由玻璃瓶装改为利乐纸盒包装，仅此更改包装一项，能使每架国际航班的飞机重量减轻50公斤。按照每减轻一公斤负重，每架班机的燃油费一年可以节省150加元测算，减轻50公斤就可以节省7500加元。如按500架班机推算，加航一年就可以节省375万加元，折合人民币约2600多万元！利乐包葡萄酒在一定程度上可以解决携带不便的问题，并且利乐包葡萄酒也有着广阔的市场，在澳大利亚这种包装形式能占到10%。虽然这里面有消费者对葡萄酒认知度较高的原因，但是，这毕竟迎合了葡萄酒作为一种快速消费品的定位。

把葡萄酒灌进利乐包来卖，两个看似毫无关系的产品就这样碰撞在一起，诞生了一件新产品，并产生如此显著的经济效益，这是大多数人都没有预料到的。这就是异业联合的魅力！

异业联合是指两个或两个以上的企业通过分享市场营销中的资源，降低成本、提高效率、增强市场竞争力的一种营销策略。异业联合能让企业对自己的资源价值重新审视和评价，通过将现有资源对应外部资源进行"外包"和"嫁接"，让自己的核心竞争优势更为强化，获得竞争对手难以模仿和企及的营销效果。

按照企业所结盟企业性质的不同，可以分为同业结盟策略和异业结盟策略。所谓同业结盟策略是指本行业的少数几个企业为了共同的竞争对手而结盟；异业结盟策略则是不同行业的企业为了共同的竞争对手而采取的一种策略。一般而言，企业之间的结盟有以下几种情况：

——借助同盟的力量，为本企业的目标客户提供更好、更及时的产品和服务以及传播和流通渠道。如麦当劳(MCDONALDS)和中国移动动感地带品牌(M-ZONE)的合作就是旨在向两企业共同的目标顾客提供更优的服务。

——寻求在技术、资金、渠道等资源上的优势互补。比如大连大商和上海百联集团之间的合作，就是典型的市场与资金的合作，有很强的互补性。而国内很多本土家电企业与外资家电企业结盟的初衷则是市场与技术的合作，如波导(BIRD)手机与西门子(SIEMENS)手机之间的战略合作。

——借助联盟的名义表达企业的意志。比如前些年几大彩电巨头的峰会，比如空调厂家曾试图通过业内品牌的联合涨价来抵制终端损害厂家利益的降价。

当然，企业通过结盟获取自身利益最大化的途径并不限于以上几种，但无论采取什么样的途径，企业结盟策略通常都是为了达到两个目的：一是提升本企业的自身竞争能力；二是来打压竞争对手。理论上而言，虽然企业结盟策略对本企业的利益是显而易见的，但事实上，由于所采取的结盟形式不一样，企业结盟的效果也有着天壤之别。

与以往简单的交叉促销或捆绑销售的方式不同，现在的异业联合有更多战略结盟的色彩，可以说不只是营销工具上的突破，更是营销思想上的创新。任何一种营销举措，都是为了达到特定的营销目的。异业间的整合，不管是交叉促销、渠道捆绑还是异业结盟，都是源于合作各方的一个共同的愿景——降低成本，提高效率。

由于异业厂家之间不存在竞争关系，相互间的行业资源就有了交换共享的基础，这是异业合作产生的根本原因。异业营销可以使各方共生共荣，创新盈利模式。一个新生的市场，有时单个企业难以推动，异业营销则可以共同开发战略市场，降低市场催熟成本。利乐包与葡萄酒的合作就是基于共同的终端消费者、共同的销售渠道和模式的全方位对接，双方不仅有产品和产品的合作，还有线上、线下促销以及卖场等多种合作，而这些合作的最终效果就是强化双方在已有市场和新生市场的有利地位。

相对于交叉促销和渠道捆绑来说，异业联合在合作程度上已经远远超出了促销和渠道层面的合作，它更多地表现为一种技术、战略或扩大市场边界的联合。利乐包和葡萄酒携手共推一个市场，倡导了一种全新的生活模式——从原本喝牛奶的包装袋里喝葡萄酒。这是一种全新的消费体验，当这个市场的边界扩大的时候，受益的就不仅仅是其中的某一方，而是双方都受益。并且，异业联合是基于各方的长期互助，而不是短期的利益往来。利乐包和葡萄酒的“联姻”就不仅仅限于促销层面，在战略规划、营销策略、市场调查、产品研发、内部管理、企业文化等各个层面上，企业双方都有深度的沟通，这种沟通已经超脱了简单的利益层面，追求的是双方的长远发展。

当然，异业联合也并非一定成功，虽然是出于取长补短或者强强联合的目的走到一起来的，但毕竟是两个不同的行业和企业，当双方的价值取向发生偏差，难免会黯然分手。异业营销的实质是将分散的各大利益主体共置在一个公共的平台上，在这个平台上，各方均能在共同愿景的达成中实现自己的利益。而在整合形成的利益平台上，如果任何一方利益受损，都会导致合作的平台倾斜。成功的异业联合形式，能使自身品牌形象更加清晰，资源配置更加合理，促销活动也更加声势浩大，从而起到 $1+1>2$ 的效果。把葡萄酒装在利乐包里，节约的同时也不能以牺牲质量为前提，事实证明，利乐包的选择不仅能够减重，还带来了很多增值收益。例如，利乐包特殊的六层纸、铝、塑复合包装，可以隔绝空气、光线和细菌，完美保留葡萄酒的香醇品质；利乐包的长方体外形便于存放，同样空间，同样价钱，可以多放33%的葡萄酒；纸盒包装质地轻便，搬运和拿取方便，不像玻璃瓶那样易碎、伤人；利乐包用后还可以压扁，节约存放空间，并且可以100%回收利用。高明的异业联合形式有助于完善品牌生存的生态系统，利乐包与葡萄酒的合作，都是以消费者洞察为起点，提供符合他们心理需求的“有利乐的生活”。利乐是一个品牌形象、一个概念，它不是以单一产品或企业形象来迎合个人嗜好，而是以利乐的品牌概念及其展现的风格来匹配消费者的生活形态或协助生活者规划整体生活。

因此，各行业在考虑异业联合时，首先需要考虑到目标市场是否一致的问题，包括考虑共有的目标市场具有怎样的承受能力，然后再设计和提供合适的产品和服务向消费者市场靠近，并进一步导入合适的整合手法，为他们提供更大的利益价值。总之，要想让“异想”能够“天开”，既要有天才的想象力，也要有极强的执行力！

只有将我们品牌A的理念彻底渗透到联合品牌B的消费人群中时，才能达到效果最大化。也就是A品牌与B品牌消费者充分互动、充分交互；或B品牌与A品牌的消费人群充分交互就能使营销效果最大化。

交互营销第十法

数据库营销

在美国和欧洲已经发展近30年的数据库营销，近年在中国也悄然兴起。罗维互动、新华信、微码营销、China LOOP（强人路）、Made for China等一批数据库营销公司，如雨后春笋般纷纷破土而出。

作为中国市场上一种新的营销利器，数据库营销正在悄然改变着市场竞争格局。和以“广而告之”为特征的传统大众营销不同，数据库营销是企业通过管理客户信息，实施批量个性化的客户沟通策略，从而提升客户价值和企业盈利水平的新一代营销方式。

随着数据库营销在中国的兴起，许多企业更愿意把钱投入到具有精益效果的数据库营销上来。2004年中国广告市场总量为1200亿元人民币，数据库营销广告市场不足总量的2%，约20亿元人民币。预计2008年中国广告市场总量将达到2000亿元人民币，数据库营销广告市场将占到其中的5%左右，即达到100亿元人民币。可见，在国外已广为应用并创造了巨大商业价值的数据库营销模式在中国具有巨大的发展空间。

时代杂志（*TIMES*）预测：数据库营销将是21世纪最热门的五大

新兴行业之一。目前,数据库营销在中国已是许多传统企业和国内外投资者高度关注和准备进入的“百亿蓝海”。所有注重客户的企业都在从事数据库营销,不掌握客户信息的企业、不会分析和利用客户信息的企业,都将在新一轮的市场竞争中消失。这并不是危言耸听,因为在网络经济时代,传统的营销规则正在被改写……

数据库营销一改粗放型营销的种种劣势。

粗放型营销的主要特点是:借助大规模的广告、促销活动和庞大的分销系统,向目标市场大量倾销同质化产品,追求较高的市场占有率和规模收益,以达到增加盈利和挤压竞争对手的目的。由此极易导致企业在营销时不计成本,非理性地片面追求销量的增长,以销量牺牲效益,甚至是牺牲企业的未来。这样做导致的后果是,企业往往拥有众多客户,而这些客户给公司带来的价值却有着很大的差别,如果针对所有客户采用统一的服务标准或营销策略,必然会导致营销效率的不平衡:高价值客户只能被动地接受统一的服务标准和推广方式,其满意度会不断降低,客户价值难以被提升;那些低价值客户则享受着超值服务。这样,营销资源就白白浪费掉了。随着市场的饱和、竞争的加剧,这种传统的盈利模式容易导致企业长期失血,使企业缺乏能力进行新产品与新技术的研发投入,最终步入产品与营销同质化、低价竞争的恶性循环中。对于粗放型营销而言,企业的大部分营销活动还无法精确到个体,所能做到的只是将特定信息传递给一群具有共同特质的消费群体。数据库营销的关键则在于数据分析,并在此基础上进行销售机会的深度挖掘。

数据库营销的目的主要有三个方面:客户开发、客户保留和客户价值的最大化。数据库营销帮助企业准确找到目标客户,降低营销成本,提高营销效率,使消费者成为企业长期、忠诚的用户,保证企业掌握稳定的客户群、为营销和新产品开发提供准确的信息。

在完成营销数据库的构建之后,更重要的是使用好营销数据库。营销数据库的应用主要是运用数据进行市场预测和营销活动设计,并且获得营销活动和客户的实时响应。营销部门应用营销数据库来设计市场营销活动，以建立客户忠诚度或是增加产品销售。根据客户的行为和价值，将客户划分成不同的细分客户群，并且针对不同的客户细分群设计营销活动。营销活动的结果也经常可以记录在营销数据库中，营销人员和客户管理人员能够清楚地看到每一次营销活动的客户响应情况和投资回报率。营销人员应用客户数据库的资料，应用数据分析技术在潜在客户数据中发现和识别赢利机会。基于客户的年龄、性别、人口统计数据等，对客户购买某一特定产品或服务的可能性进行预测，帮助企业决策和设计适销的产品和服务，并且设计和制定合适的价格体系。通过市场、销售和服务等一线人员获得的客户反馈，并把相关的市场调查资料整合，定期对市场的客户信息和反馈进行分析，帮助产品和服务在功能和销售方式上改进；也可以帮助产品设计和研发部门作出前瞻性的分析和预测；也可以根据市场上的实时信息及时调整生产原材料的采购，或者调整生产的产品型号，控制和优化库存等等。

网络经济时代利用数据库营销模式，可以帮助广大企业实现精准营销。

目前市面上网络营销的工具比比皆是，但数据质量却参差不齐，使得反馈信息的价值也大相径庭。而网络的快速和便捷对数据维护和更新的能力提出了更高的要求。因此，要做好网络数据库营销，除了提升数据库质量外，进行企业自身的定位和制定客户发展规划也非常重要。

曾经的数据库营销服务，主要是通过高质量的企业和个人数据库资源，帮助企业客户精准定位其目标客户并传递个性化信息，从而实现市场投入价值的最大化。

今天，数据库营销通过信息技术这个载体，改变了传统的工作方式，使得寻找客户更加轻松、容易、快捷。找客户不再局限于拨打陌生电话、朋友和熟人介绍、参加展览会等传统模式，通过互联网找到客户已成为现实。针对当今的网络化趋势，基于多年累积的 B2B 和 B2C 数据库资源，有的企业推出了“直复通”这样一个客户搜索引擎。它集精准的数据库名录、客户关系管理以及各种直复营销工具于一身，为企业提供一站式直复营销解决方案，可方便、快捷地把企业的信息直接送达目标客户。

在传统的数据库营销中，无论是获取新的顾客资料，还是对顾客反应的跟踪都需要较长时间，而且反馈率较低，收集到的反馈信息还需要繁琐的人工录入，因而数据库更新效率低、更新周期长，造成过期、无效的数据记录比例较高，数据库维护成本较大。而数据库营销可以充分利用网络的优势，具有数据量大、易于修改、能实现动态数据更新、便于远程维护等多种优点，还可以实现顾客资料的自我更新。而且“直复通”即将推出顾客资料自我更新这样一个功能，鼓励用户帮助更新资料，用户自己也可以从中获得利益。网络数据库的动态更新功能不仅使企业节约了大量的时间和资金，同时也更加精确地实现了营销定位，有助于改善营销效果。

当然，除了对现有资料不断更新维护之外，还需要不断挖掘潜在顾客的资料，这也是数据库营销的重要内容。大家都有这样感受，在没有互联网的情况下，寻找潜在顾客的信息一般比较难，需投入大量资金和人力，而且受地理区域的限制，覆盖范围非常有限。因此，一个好的平台，能让顾客主动提供数据库信息，不仅控制了成本，也保证了质量。这对于公司的健康发展是非常重要的。

顾客服务是企业留住顾客的重要手段。在电子商务领域，顾客服务同样是取得成功的重要因素。我们始终坚信，一个优秀的顾客数据库是网络营销取得成功的重要保障。在互联网上，顾客希望得到更多个性化的服务。根据顾客个人需求提供针对性的服务，是网络数据库营销的基本职能，网络数据库营销是改善顾客与企业关系最有效的工具。

网络数据库由于其独特的功能而在网络营销中占据重要地位。

网络数据库营销通常不是孤立的，应当从规划阶段开始考虑，把它列为网络营销的重要内容。另外，数据库营销与个性化营销、一对一营销有着密切的关系，顾客数据库资料是顾客服务和顾客关系管理的重要基础。

直复营销更多研究的是客户沟通的手段，客户关系管理更多的是一种理念，而数据库营销将这种理念和营销技术落到实处。当然，数据库营销也会遇到难题，不是客户的满意度不够而是客户的忠诚度很低。许多满意的消费者也可能换公司，并从竞争者那里购买产品，即使只是为了交换，和为了“获得新的印象”或引入点新花样。所以，一个公司在营造客户满意度的同时需要系统性、计划性地赢得消费者忠诚，提高忠诚度，不能坐等消费者上门。

消费者忠诚度是指消费者对公司有积极的态度，表达了再次向公司购买的愿望，并事实上再次向公司购买，而不是向竞争者购买。这意味着不仅要了解消费者对企业机构的忠诚度，还要了解消费者是哪种感情类型的忠诚，按照依赖程度和交易程度大致划分为零度忠诚、惯性忠诚、隐形忠诚和高度忠诚。此外，还要更多地追踪消费者现在的“状态”。这样，一旦情况变坏，企业能立即作出反应。加强 360 度的客户关系管理，具体分以下几个方面：

1. 基于产品的关怀。针对产品本身应用、售后等方面的关怀。

2. 基于客户的关怀。基于客户生活、工作、家庭等个人的关怀，例如，当特殊事件发生时，给他最及时的问候与帮助等。

3. 基于产品的提醒或建议。分析产品具体使用原因及应用状况，提供相关的建议和提醒。

4. 基于客户的提醒或建议。针对客户不同生活阶段的个人提醒或建议。例如，当客户享有积点兑换时，特别提醒他等。

5. 追踪产品变动趋势。掌握产品本身的更新升级等变动以及客户消费产品的变动趋势。例如，券商必须掌握每一个客户在不同时间下单的总金额、次数，及最近是否有一段时间没下单，把握其显著变动。

6. 追踪客户变动趋势。掌握客户生活、工作等关联方面的变动趋势。例如，职位的变迁、生活的变化等。

有效的数据库管理必须是客户关系营销的一部分。数据库管理是管理消费者关系的起点，只有那些能恰当处理和维护足够消费者信息的公司，才是能够和消费者建立长期关系的公司。如果能够成功地实施所有关系营销的工具，关系营销将有利于这个过程中的所有人。消费者得益于更好的产品和服务、消费者俱乐部的好处和增加流动性；商家感谢消费者忠诚度的增加，从而增加利润；最后，公司从关系营销带来的品牌忠诚度的增长中受益。

数据库营销是因为我们掌握了目标人群的数据，才会有更多互动的可能，这种方法也能创造更多交互性。

Chapter 6

第六章

交互为品牌忠诚的必备

交互营销

绩效品牌打造必备十二法

交互是一种动态的过程，其中就有认可的意思在里面。一个品牌的建立少不了交互性的动因在里面。一个品牌没有交互性是不可能有忠诚度的。一个品牌不仅有观赏性和表演性，还要有体验性和互动性，在与消费公众的互动过程中，通过消费者自身的体验参与，使得品牌不仅有效地实现了营销突围和传播突围，更成功地获取了消费者的肯定与忠诚。

“我知道我的广告费有一半被浪费掉了，但我不知道是哪一半。”这句名言让每一个广告主感同身受。营销专家菲利普·科特勒对中国传统广告的评价更加悲观：“中国的广告投放只有20%在起作用，但是大家却不知道是哪20%在起作用。”

这样的结果，完全是单向传播造成的。

没有交互性的品牌传播，这种浪费是肯定的。通过这种传播不仅实现不了销售目标，更谈不上建立什么品牌忠诚度。一些有很大名气的企业，只拥有一定的消费注意力，却没有持久性，原因就在于它没有实现品牌应有的内在交互性，交互性能让品牌不断与现有的消费者和隐藏的消费者进行持久的交流，此时，消费者不仅是品牌的消费者，而且是品牌的塑造者，并且交互性让塑造者的内容更多一些。其实，我们仔细研究消费者对品牌形成忠诚度的原因，核心因素就在于交互性在起作用，这也是我们极力强调的。

一、交互体验使品牌活化

交互让品牌不仅是可以消费的，而且还是可以进一步体验的。这就是从产品交流到品牌体验的至关重要的环节。美国营销专家伯恩德·H.施密特在《体验式营销》一书中认为，所谓“体验营销”是站在消费者的感官、情感、思考、行动和联想等五个方面，重新设计、定义的一种营销方法，旨在突破传统上“理性消费者”的假设，是消费者理性与感性的结合状态，其消费前、消费中和消费后的“体验”是购买行为与消费品牌的关键。

如果说交互是消费前、中、后的过程，那么，品牌体验就是消费后的一种状态，这种状态是交互的进一步发展。在品牌体验的情型下，消费者更加注重在消费过程中所获取的“美好体验”。消费者乐意为这类体验付费，原因在于体验是美好的、不可复制的。那么，什么是用户体验？所谓“体验”，即企业在市场中与顾客发生服务与被服务关系的过程。

凡是受众在市场上主动或被动地接受到能够代表企业的一切事物或活动后，所产生的对企业的第一印象的这个过程就叫“体验”。换而言之，用户体验是一种纯主观的在用户使用产品或服务的过程中建立起来的心理感受。体验产生的结果即第一印象，又叫客户感受，这也是企业品牌塑造的关键所在。客户体验的深浅，即互动的效果，已成为当今衡量企业营销是否成功的标准，这也是企业为什么非常重视品牌形象的建立和维护的原因之一。

体验营销的本质就在于，将消费者关注的重点从传统的商品本身属性，转移到消费者从事消费行为过程的一连串事件当中。“产品”是一个实体，而“体验”是一连串事件。商家注重对用户消费体验方面的营销，不仅是一种人性化的关怀，更是其自身的一种深远的竞争力。

体验营销是一种感性营销模式，不是从理论上去说服客户购买，而是通过亲身体验后的感性共鸣引发客户的购买欲望。很明显，这是一种消费者参与性很强的方式，美国学者派恩和吉尔摩在文章《体验经济时代来临》中写道："随着新消费时代的到来，人们从注重产品的实用性，到从情感出发，更加注重感官体验和心理认同。"在产品差异化越来越难实现的新消费时代，人们只感兴趣哪个品牌能提供更多的精神价值。消费就是体验，体验到的就是品牌的精神气质。

企业以产品或服务为道具，为消费者提供可以参与的活动，在消费者参与的过程中，通过美好、独特的过程体验，让消费者形象生动地感受品牌，进而对企业产品或服务留下良好印象。当消费者进入迪斯尼主题公园，面对人物造型栩栩如生的魔幻世界和迪斯尼产品及服务时，如何能拒绝呢？消费者享受娱乐、体验欢乐的过程就是体验产品或服务质量的过程，这种亲历感受比任何动听的劝服性话语都更具说服力。

雀巢属于食品饮料类行业，在快消品日趋同质化的今天，在产品创新收效甚微、消费者对直白式广告反应平淡的大环境下，雀巢也面临着同业竞争和产品推广策略的挑战。如何才能创造性地抓住消费者的心，再建客户的忠诚？雀巢选择了与可乐吧携手采用"网络＋娱乐＋营销"的推广方式。清华同方可乐吧为雀巢专门定制了以品牌形象为主的休闲娱乐游戏，在游戏中，客户可以加入自己的广告并随意更换。将雀巢的品牌形象加以专业的策划和设计嵌入可乐吧娱乐营销平台，相当于把雀巢的品牌形象概念深深植入用户的网络生活之中，在娱乐互动中让消费者主动了解品牌，在娱乐互动中彰显品牌的鲜明个性。

从实际效果看，可乐吧的休闲游戏定制把品牌和网络产品巧妙结合，形成了与用户的良好互动。对用户来讲，它亲切无害，承载着品牌所要宣传的重点，这些重点将通过最自然轻松的方式与用户进行沟通，并有机会留住他们对品牌的深度关注。事实证明，雀巢的品牌信息有效避开了传统网络广告对用户的强行灌注，而是潜移默化地向用户传达，并深入人心。

交互是客户对产品认知认同的过程，体验是让品牌留下烙印的主要途径，也是让品牌活化的重要方法。

二、交互让产品动起来

“交互”是体验式营销最显著的特点，只有深刻的交互才能让产品活灵活现，加深消费者对品牌与产品的了解和喜爱。

“互动”有广义和狭义之分。狭义的“互动”专指以设备所载屏幕为沟通界面的人机互动或人人互动；广义的“互动”则是指各种因素之间相互影响、相互促进、互为因果的作用和关系。无论是狭义的互动还是广义的互动，“体验”的目的都是通过互动的手段搭建企业与消费者之间进行“对话”的桥梁，形成真正人性化的客户界面。“超级女声”成功的关键之一就是把观众从推销的对立面拉进参与的合作方，各分站比赛的冠亚季军完全由观众短信投票产生，这种充分“放权”的做法，从一开始就聚集了大量人气，牢牢抓住了受众的心，因而长时间保持了傲人的收视率。

“亮嗓”是江中制药2002年新推出的具有清咽润喉功效的保健食品，其目标群体主要是年轻时尚一族。然而，作为制药企业的江中给人的第一印象是严肃，如何打造一个时尚化、年轻化的“亮嗓”品牌，并把这一品牌信息传达给目标群体呢？第一要务就是要解决企业与资源平台之间的理念结合问题。江中认为，直接参与“红楼梦中人”选秀的人群都是一些致力于“show”出来的冲动人群，如果说传统的价值观是“伯乐发现千里马”的话，那么，选秀节目则为冲动性人群提供了“千里马，亮出来”的自我表现机会。通过“红楼梦中人”选秀节目，江中成功地完成了“亮嗓”品牌价值与节目属性的信息对接，达到了良好的传播效果。据资料显示，自“红楼梦中人”选秀节目播出以来，“亮嗓”在全国的品牌认知度达 40%以上，在红楼选秀海选赛区的城市认知度更高达 80%。

随着互联网 Web2.0 商业模式的不断发展，正在全球营销界掀起一场新的数字革命。2006 年，日本游戏和玩具厂商 KONAMI 推出了其史上第一款能够与互联网主题社区联动的模型玩具；而到了 2007 年，美国风靡世界的玩具产品“芭比娃娃”也开通了其专属的 Web2.0 社区网站，供众多的“芭比迷”们登录使用。

由于互联网的交互性，让一个个产品生动起来，让产品的销售不断增长、发展。

通过互联网络建立客户的在线社群，不仅是一种商业潮流，也更是一种体验营销的实际需要。在 Web2.0 模式出现之前，用户社群在各种媒介中都是一种隐性的存在。而随着信息网络的发展，商家通过构建用户注册、在线登录、在线讨论、用户推荐等互动机制，将可以使这个神秘的用户群体在数字空间得以显性化，并且商家可以与他们建立起更加深入的联系。通过这种方式，产品在交流中销售，在销售中交流。

三、交互创造新的传播源

前面我们提到，交互是第二传播源的主要方法，是形成不断传播的核心制动力。这种动力源，在体验互动的情景下，比传统硬广告更具亲和力和易传播性，尤其是娱乐营销利用或制造媒体和公众普遍关注的事件、话题，更是企业实现营销突围的有效武器之一。

交互性平台的选择，使创造第二传播源的机会越来越大，娱乐和体育本身即是人们注意力的焦点，这类信息一方面是人们需求的公共信息，另一方面很容易成为新的传播源，因为，它们具有极强的交互性。在广告传播越来越失效的情况下，盲目地遵从广告的诱导的购买行为越来越少，而听从朋友或他人的建议情况则越来越多，这说明单向的沟通越来越困难，第一传播源越来越不管用，只有第二传播源才能形成较大的营销效果，而要达到这一点，就是基于交互性平台的搭建。只有建立了这样的平台，才能产生第三或第四个传播源，营造丰富诱人的用户体验，并将这种用户体验的良好口碑在目标社群中形成病毒式传播。

《一个馒头引发的血案》在网络上掀起了轩然大波，数百万网友争相点击下载，就是第二传播源建立产生的威力。有了第二传播源，各路新闻媒体纷纷报道、转载、评论，于是就形成了第三、第四传播源。随着短片《一个馒头引发的血案》以光速在网络上猛烈地蔓延，传播片中的两个贴片广告也在短时间内昭示天下。其之所以可以创造这样的奇迹，就源于交互性传播源的制造。

有一部票房很高的美国喜剧片，影片推出时，在电影的网站上提供了很多婚礼剧照，并提供技术让人们可以将自己的照片贴上来，使自己能出现在影片的婚礼中，结果将原有的电影宣传照片改得面目全非，“残酷”地“摧毁”和“改造”了电影。

从效果上看：人们主动设计的婚礼剧照超过300万个，而且人们纷纷将自己改造后的剧照发给朋友，等于是免费做了广告，这一创意至少波及了过千万人。

这种方式近几年在国外层出不穷，有些很奏效，有些悄无声息。成败的关键还是取决于两点：第一是让人参与的事件本身是否真的好玩，第二是传播的产品本身的体验性要很好。从这个事例我们可以看出，前者说明交互性很强，后者说明有体验，有次级传播源的存在。

因此，我们看一个营销是不是交互性的，关键在于有没有第二传播源的存在。

四、交互让终端生动化

终端氛围生动化是交互性环境必不可少的。没有终端的生动化，不可能带来任何氛围效果。很多厂家为了更生动地展示产品，一般都会将产品展氛围做的很足，以拉近与消费者的距离，让更多的消费者参与产品交流与互动。没有互动，任何产品的终端都没法生动，而生动化是指产品销售与互动的核心因素之一。终端生动化是这个销售的重要环节，有氛围才能影响消费者的心智，才能形成互动。

终端生动化不能仅停留在表面，而应上升到互动的层面上来，这样效果比大规模的广告投放要有效的多。关于这一点，对于快消品牌的作用非常明显。

比如饮料属于冲动性消费和弹性消费品，即对消费者的刺激越多，销售越多，而且销售量不会下滑，在终端做的越好、越生动，越能产生积极的效果。对于饮料这种产品，交互式的、参与式的、体验式的生动化表现，能让终端的销售大幅度增长。

交互式终端最大的好处是，促进了产品的大幅度销售，不仅在情景上，在交互性上的表现也很明显。

让产品更生动地展示于消费者面前，使之更容易被消费者识别，吸引消费者的注意，从而获得更多的被购买机会，只是生动化的表层，生动化的深层意义是产生交互性的销售。

一般的终端生动化，主要表现在以下几点上。

1. 从货架陈列上找生动化

比如在数量上，增加陈列面的数量将强化视觉冲击力、营造商品丰富之感，以增加销量；在集中上，将所有本企业的系列产品集中陈列，可获得关联性、整体性的品牌联想和影响力。在颜色上，醒目的颜色和得宜的颜色搭配，可给消费者留下产品丰富、选择性强、企业很具实力的印象和陈列效果。在照明方面，借助恰当的光照射，可以强化商品的色彩度，加深商品精致、高贵的美感效果，并营造出如浪漫、热情、清爽等预期的展示效果和购物氛围，此外，还能吸引购买者的注意力并增加对商品的亲和力。在主导产品布局上，销量最大的主导产品应占有最大的陈列空间；关键品牌产品应陈列于最佳位置，即与视线平行的位置。其次，在货架陈列位的选择上，也要精心选择，因为，同一种商品在同一卖场，由于货架的位置不同，会引起销量的巨大变化。货架的黄金位是：60～160cm 平视可见，伸手可得，出货率占 50%以上；次位置在 160cm～180cm、30cm～60cm，出货率占 30%；上下端的在 180cm 以上、30cm 以下，出货率占 15%。另外，还要始终坚守产品固定的陈列位，防止竞争对手挤占。同时，消费者在卖场的行走方向，如果是单向行走，很少人会在一个卖场的一个通道里来回走动，这就需要另有安排才行。东方人方向感绝大多数偏右，会对右手的商品更加留意，所以，同一个通道，往往是人流方向右边的货架要比左边的好。还有更细的考量，比如货架的几种高度：与视线平行、直视可至、伸手可及、齐膝，等等，货架不同高度对销量的影响是：

(1)货架从伸手可取的高度换到齐膝的高度，销量会下降 15%；

(2)从齐膝的高度换到伸手可及的高度，上升 20%；

(3)从伸手可及的高度上升到直视可见的高度，上升 30%～50%；

(4)从直视可见的高度换到齐膝的高度，下降 30%～60%；

(5)从直视可见的高度换到伸手可及的高度，下降 15%。

如此严格的规定与要求，其实就是要与消费者形成互动，方便他们购买。

2. 对货架陈列的要求

(1)公司产品垂直陈列，同一规格包装在同一层货架上水平陈列。每种规格至少三个排面，而且排面愈大愈好——销量几乎和排面成正比。

(2)畅销规格或公司着力推广的规格、公司利润较高的规格在中间最好的货架上，或定期更换规格陈列在最好的货架上。

(3)在条件允许的情况下，充分利用公司的价目卡、插条、摇摇卡、吊旗、气球等生动化物品。同一货架商品的正面应统一朝向顾客。并在排列整齐的产品中抽走几袋，借此显示商品的良好售卖情况。

(4)产品要明码标价，切切注意标价不要张冠李戴。

(5)把生产日期早的产品摆在最前面尽快销售，避免产品滞留过期。

(6)所有产品中文标识朝外。

(7)将重的、大的商品摆在下面，小的、轻的商品摆在上面，以方便消费者取拿，也符合人们通常的审美习惯。

(8)在推广新品期间，要保证新品占1/3以上的陈列空间。

(9)摆在同类最畅销的产品旁边“借光”。

以上是形式与功能上的生动化，如果将互动也加进去，就可以带动更多产品的销售。

一个产品刚刚进入卖场，一般不大可能一下子就卖得很好，那么在卖场该如何选择陈列位呢？除以上要求外，最重要的是要选择在旺销产品旁边的位置，对新产品来讲也是最好的推广位置。

我们知道，消费者在卖场闲逛时，一分钟可以经过100～200种产品，被消费者关注的产品会占用消费者5秒钟的时间，这就是所谓“卖场5秒钟广告”。所有商家在卖场的“肉搏”，其实都是在争取到这5秒钟的关注。但是消费者几乎平均不到0.5秒就会经过一个商品，如何要让你的产品在100～200种产品中跳出来，受到关注？

旺销产品往往陈列于人流量最大的位置，消费者在其停留时间也长，受到注意、被购买的机会自然就更多。有资料表明：紧临旺销产品陈列的商品，受到消费者关注的程度要远远高于其他产品。

3. 借旺销产品陈列产品要注意以下两个问题

(1)如果你的产品和旺销产品在品质、包装、价格等方面有明显弱势，务必要远离旺销产品，否则你的产品将成为别人的陪衬，更暴露你的缺陷。

(2)务必要展示你的产品与旺销产品的不同个性，突出你的产品与旺销产品的不同，你的产品才能和旺销产品站在同一高度竞争。产品生动化是体现个性的最好手段。

4. 货架外的陈列

(1)端架陈列

①一定要陈列促销的商品规格,并有明显的促销信息标志,如“特价”、“奖”等。

②端架上的产品应保持丰满,每个端架最多陈列两个单品,最好是一个单品。

③端架上陈列的产品必须是公司的大规格包装。

④在条件允许的情况下,充分利用公司生动化用品。

(2)地堆陈列

①陈列位置选择消费者最常走的路线。

②堆箱陈列法:注意垫底的稳固性,可以使用交叉堆法,POP及产品包装正面均应面对消费者,高度适宜,容易拿取。

割箱陈列法:在无固定、特制的堆头及陈列架情况下,将成箱产品按箱体结构和商标印刷格式合理切割,一般以正面梯形剖至下腰部,既可使产品充分展示,又可利用箱体进行简易陈列。

③堆箱陈列分类:

岛形落地陈列:位于客流主通道中央,可以从四个方向拿到产品,除最下面一层外全部割箱且要露出商标。

梯形落地陈列:背靠墙壁,可以从三面拿产品,除最下面一层外,全部割箱,层层缩进。

金字塔陈列:四方型,下大上小,一圈一圈多层陈列。

④补充产品时应遵循着由后向前,由上向下的原则。

⑤陈列最好为一个产品规格,且为大包装。堆头的高度应以方便消费者拿取为准。

⑥地堆上一定要有明显的促销信息或价格常标识。

⑦地堆四周一定要有公司的围幔或贴上POP。

以上所讲的是终端常用的“商超陈列法则”。实际上,我们在进行商超陈列布置时要受到店方的自身规定、竞品与本品在该店的销量基础及客情等诸多因素的制约，不可能完全按照自己的想法进行陈列，只有在有限制的条件下，寻求更多交互式、生动式的陈列方法。

交互式思维将使终端更生动，更能与消费者互动起来，更重要的是让产品“跑”起来。以上这种终端生动化的方法，就是充分考虑与消费者的交互性策略的结果，没有这种交互性思维，就不可能有这种生动化。

五、交互让品牌成为生活的一部分

大家知道，只有被消费者认可的品牌才能真正地称为品牌。品牌不应只是浮在产品销售的表面上，只是表现在广告的拉动上，而是应该融入消费者的生活当中，成为他们消费生活的一种道具，是其生活的一部分。如果一个品牌只是有了广告才有销售，那就不叫一个品牌，充其量只是一个名牌。我们这里说让品牌成为消费者生活的一部分，是想让一个品牌成为消费者生活的构件，是不可或缺的生活组成部分。

现在我们研究消费者，不是看一个面，而是看他的整个生活轨迹，或者生活形态。看透消费者的生活形态，就能紧紧抓住他的心里欲求，也就能很好地满足他，创造品牌依赖。

让品牌成为生活的一部分不是一句空话，而是真实地将产品嵌入消费者的生活当中，不离不弃，是生活中的伴侣。

品牌和消费者之间存在一种情感利益。产品和消费者之间存在着功能利益的关系，企业做出产品来是为了赚取产品的利润，而品牌是为了赚取情感因素所带来的利润。产品是制造出来的，而品牌是塑造出来的，产品可以很快生产出来，但品牌塑造需要一定的时间，因为它是对消费者的一种生活方式的塑造。

让品牌成为一种生活方式，就是营销的一个终极目标，谁达到这个目标谁就取得了成功。我们这里谈的交互营销是希望以一种非常人性化的、无障碍的沟通方式，让消费者成为品牌的主人，让品牌信息与他们的消费行为融为一体，品牌不再是消费的对象而是消费者生活的一部分，品牌的每一个消费接触点都红心闪闪，成为消费者生活形态的主要构件。

交互营销让品牌得以速成，不仅使企业获得长久的利益回报，而且是抓住消费者的主要方式。如果能用交互营销方式做品牌，成功的可能性非常大。

在实际的消费生活当中，消费者接触品牌的层面有很多，每一个层次的体验都会有所不同，要让这些不同变成一种核心利益的共同感受，就是品牌接触点管理的中心内容，也是交互营销达到的最高境界。

品牌接触点的三个层次

第一个层次是虚幻景象：消费者只能看和听，还接触不到。这个层面的品牌大部分都是通过企业一个单一角度传播出来的产品信息，他们往往把品牌所有特点，用夸张的描述传达给消费者，然后让消费者去想象，去体会，去迎合。

第二种层次是产品的实质接触阶段。消费者带着品牌传播出来的种种梦幻要素去实际体验这种场景，大部分消费者在消费时，会体验到企业宣传时的品牌意境，有时也有可能没有体会到，但只要差距不大，消费者在见到实质产品时，就会沉醉于企业在传播品牌时的灿烂景象，并迷惑其中热情地消费。

第三个层面是当消费者有了第一次消费和第二次消费时，如果感觉与品牌传播的幻境差别不大，功能口味又符合喜好，这就会形成连续消费。这个时候，起核心作用的不一定是物质功能的产品，而是消费者对品牌的联想，也就是品牌的幻象。

我们一直认为，品牌表面上是一种幻象，实际上是一种体验，核心是一种关系，最终体现为消费者的消费行为。

那么，在这样一种相对漫长的消费习惯形成过程中，企业的品牌有千千万万个与消费者的接触点，任何一个接触点出现了问题，都会对一个品牌带来诸多不利影响。

实际上，所有的企业都希望在与目标消费群的接触当中，在市场给予的每一次机会当中，都“毫不留情”地让自己的品牌神彩奕奕，并融入到消费者的日常生活中去。

很多企业大都做不到这一点，致使他们的品牌一直无法真正建立，总处在拆东墙补西墙的状态之中。

因此，我们强调企业品牌管理当中的细致入微，小心翼翼，就是强调建立企业品牌应有的态度与责任感，这个责任感是什么呢？就是真诚互动，形成交互式环境。没有真诚的交互式环境这个前提，品牌很难得到快速的认同。

交互营销还体现在消费者对每个细节的认知。一般消费者对品牌的了解大部分是通过看企业怎么说，没有多少分辨能力。在某个品牌接触点上，消费者正在通过产品认知某一品牌的含义，此时的接触点对企业是最重要的，必须精心管理。

而对于利用品牌含义获取暴利的企业，他们常常用在媒体上的传播力打压消费者的认知，并使其就犯，结果形成不自然的品牌认同。如果消费者一旦在消费的行为当中，认知到了产品与品牌传播的不符，企业的品牌灾难就会马上来临。

这种强制式的营销与传播显然已经过时了。成功大品牌的建立是靠有效的营销，也就是交互式的营销方式，再加上本身良好的服务作支撑。

麦当劳、肯德基的品牌是靠服务来不断支撑的，消费者无论是在媒介广告上看到他们的产品还是到店里去消费他们的产品，或者是通过一些公益活动去感受他们的服务之心，在所有这些消费接触点上，消费者的感受都是一致的。如此建立起来的品牌才能恒久不倒，赢得长久的未来。

IBM也在一直强调，在全球任何地方、任何环境，他们的任何产品在与消费者进行接触时，都是保持高度一致。他们的品质是一样的，他们的服务是一样的，他们的价格是一样的，他们的口号与形象是一样的。

哪一家企业能做到这一点，哪一家企业的品牌就具有了持久性，也可以说他们在品牌接触点管理上是成功的。

实际上，大品牌也不可能在每一个接触点上都那么高度一致。所以，他们必定要损耗一部分顾客。宝马、奔驰的投诉也不少，这一定是某个接触点上出现了问题，比如沟通问题、服务问题，致使一个整体品牌管理管道上出现水管暴裂、水花四溢的状况。

从这个意义上来说，品牌接触点管理必须从细节做起。

大部分品牌出现问题不是产品质量有问题，而是在接触点上的沟通有障碍，从而使问题不断放大，形成品牌管理的黄河缺口，毕竟这个世界没有完美的产品。

一个品牌通过产品传递到消费者手中，要经过很多环节，其中经销商与终端店服务。就最真切地表现了企业品牌管理的真功夫。而大部分企业都是形象传播美仑美奂，都与其经销商与终端店的服务体现形成巨大反差，于是我们说，品牌形象就是这样被破坏的，品牌管理就是这样失败的。

在我们的消费体验中，招商银行的服务电话始终是可以打通的。而对于有些的网络服务商，你可能永远找不到负责人，消费者会像祥林嫂一样不断地向一个又一个的被编了码的接线员讲述消费问题，而问题始终无法有效解决。企业用不同号码来管理员工，他们倒是方便了，消费者却一头雾水，你要问他们服务人员的姓名，他们都不能回答，请问这样的品牌还有什么诚心吗？他们都不想认识他们的顾客？而消费者这边，有了问题，再投诉，连上次接洽的人都说不清是谁，于是又要重复讲述问题的来由，待几个来回之后，消费者就干脆了事。

有多少 IT 服务商是这样鬼鬼祟祟对消费者进行服务的，我们还无法统计，但可以肯定，这些服务商们根本就没有品牌意识，他们把唯一一次与消费者沟通的机会给毁掉了。

我们认为，品牌商们要永远怀着对顾客的感恩之心，“战战兢兢，如履薄冰”式地服务于他们的顾客，让顾客从内心到外表都表达对该品牌的深深满足感。

海尔可以做到这一点，是因为它的品牌接触点管理是最优秀的，他们是最懂品牌接触点管理的。

在全球任何一个市场，海尔不光是在标识上统一，着装上统一，而且在服务上也统一。他们不喝消费者的水，他们穿着鞋套走进消费者的家里工作，并且在工作完成后清理工作现场，事后，他们还再三地打电话，询问服务的好坏，诚心倾听消费者的感受，所有这些行为就是在细节上与消费者进行真诚沟通，让消费者学会感谢，学会感激。

搞好交互环境下的品牌接触点管理，让品牌始终星光灿灿，增加了品牌的弹性，使品牌延伸成为可能。这就如一个健康的人，才可能有健康的后代一样，品牌接触点管理就是企业的品牌健康管理。

营销启示：品牌忠诚是靠交互性建立的

消费者从产品消费转到品牌消费，是一个听、看、用、感的全过程。这样一个过程，实际上是认知品牌、体验品牌的重要过程。消费者只有经历了这样一个过程，才能加深对品牌的理解与认同。否则，所有的认知都是表面的。消费者一旦对产品有了体验，就有了沟通的需求，有了沟通的需求，就能更深入的认知品牌，从而对品牌产生忠诚。

体验让消费者把品牌看个透，把产品功能用个透，如果效果与感受是好的，消费者很有可能进行二次消费。一两次还不算是忠诚的，持续不断的长久的消费，才是品牌忠诚度的最佳体现。所有的企业在进行品牌营销时，都需要进行体验式的营销，只有通过这种方式才能建立品牌忠诚度。

只是在数字化时代，将传统品牌打造四阶段复合化后，要求我们在消费者接触的每个触点均做到交互，尽早进入忠诚度的形成阶段。这也是交互营销被日益推崇的原因。

交互营销第十一法

娱乐营销

娱乐本身就有极强交互性，是参与性极强的节目样式，把它和营销结合在一起，就是娱乐营销。如“蒙牛酸酸乳超级女声”、“江中亮嗓红楼梦中人”、“纽曼梦想中国”等大型娱乐选秀节目都是这样的例子。而“仁和闪亮快乐男声”，让“快男”继“超女”之后再度火耀荧屏，红遍南北。从前期筹备到活动结束只有短短3个月的“仁和闪亮快乐男声”，以一场快速高效的闪电娱乐战，创造了可圈可点的市场奇迹。

我们来解析这个案例。闪亮的品牌属性3C(个性、创意、快乐)与“快乐男声”节目本身的性质十分相近，也与参赛选手们的人格特征相同，这就是双方核心契合的突破点。在“我最响亮”的基础上，一句极易传播且契合度很高的口号“想唱就唱，我最闪亮”得到市场普遍认可。

这个娱乐节目前后用3个多月的时间实施了“闪亮新看点”、“闪亮新势力”、“闪亮新猜想”、“闪亮新人生”的四“新”战略，用于支持“我最闪亮”的品牌表达。

“闪亮新看点”：为了让闪亮“快男”出炉后立即赢得众多关注，活动开始之初，企业从“仁和与湖南卫视合作内幕”、“超女变快男的秘密”、“上海与湖南周杰伦之争”、“快乐节目精神与闪亮精神”等角度，制造了诸多非节目本身的新闻热点，既丰富了节目的可看性，又增加了很多仁和品牌的信息传达，可谓一举两得。

“闪亮新势力”：“新势力”指所有具有 3C 特征的群体，他们既有参赛选手，也有热情的粉丝，都是富有个性的快乐阳光少年。在活动过程中，借助信息的传播和“快男”的桥梁作用，随时传导并赋予信息接收者一种“族群概念”，一种“聚焦效应”。为了扩大这一效应的影响力，还为选手和粉丝们特别开通了“ISHANLIANG(爱闪亮)”专题网站社区，使得所有关注“快男”的群体、关注闪亮的群体有一个互动交流的平台，能够随时参与活动，倾诉感情。于是，闪亮品牌就自然而然地笼络了这一族群，并成为这一族群的辨析特征。仁和为他们起了一个名字——闪亮一族。仁和还组织“快男”选手和这些“闪亮一族”粉丝们，在 2007 年 6 月 6 日爱眼日当天发起了“闪亮爱眼宣言”公益活动，倡导人们都要热爱眼睛、保护眼睛。于是，“快男”在引来镁光灯的同时，也赢得了更多的社会赞许，而闪亮品牌也同样赢得了更多的传播价值。

“闪亮新猜想”：在“快男”进入决赛阶段，最吸引人的莫过于冠军花落谁家。于是，围绕比赛选手、湖南卫视、仁和闪亮展开了“赢家大猜想”的主题传播，并通过“冠军实力分析”、“闪亮新版广告片主角之争”、“仁和新品牌战略猜想”等具体话题制造比赛悬念，让仁和品牌与节目进展随时结合，最大化地制造品牌聚焦。

“闪亮新人生”：随着节目进入尾声，无论湖南卫视、仁和闪亮还是“快乐男声”，都将面对一种新的境界，展开一段新的历程。对于耗费重资打造“快男”的仁和而言，如何最大化地延续“快男”价值，延续活动热度，成了后期营销活动的关键。于是，仁和发起了“品牌裂变”和“圈定选手”两招。闪亮通过“快男”的操作，赢得广泛的知名度和美誉度，经过深入的战略磋商，仁和决定趁“快男”如日中天之际推出“闪亮牙洁素”，扩大自身产品线，向日化行业进军，力争将“闪亮”在3至5年内塑造成一个完全具有独立个性的时尚品牌。为配合“闪亮牙洁素”的上市，仁和锁定“快男”选手、评委(即十三强选手陆虎、“快男”主持汪涵、“超女”谭维维)作为品牌代言人，迅速让“闪亮牙洁素”品牌家喻户晓，为产品的渠道工作奠定了良好的基础。活动结束后，又通过对2007年娱乐节目、营销行为的透视，为“仁和闪亮快乐男声”进行了深度分析和高度总结，放大了一次赞助行为的社会价值与意义。

整个“快乐男声”活动3个月期间，共有上百篇平面稿件在全国各平面媒体广泛发布，传播量超过了100万字，除都市类媒体的新闻报道外，还包含财经、行业类媒体的深度分析，以及各类报纸的专题合作。经传播学数据计算评估，至少有一亿五千万名读者阅读到了仁和闪亮的信息，良好的传播效果使“仁和闪亮”与“快乐男声”的结合更加紧密。

“快乐男声”的成功，在于它取得了超过2005年“超级女声”的高收视率、高投票率；“闪亮”的成功，在于它用最短的时间取得了滴眼液行业最高的知名度以及80%的市场增长率。整个营销事件最终得到了客户的认可，2007“仁和闪亮快乐男声”这场营销战，也最终划上圆满的句号。

娱乐营销就是通过多种多样、生动有趣的执行手段，使广告凭借创意手法的运用或把娱乐元素(游戏、影视剧、小品、歌唱比赛等)融入产品或服务，让资讯承载的消费者在主动参与娱乐信息的过程中，接受产品或服务的信息，并产生消费行为。其中既包括产品本身的娱乐互动功能和形式，也包括诸如公关、终端促销等传统营销传播手段对“娱乐”因素的强化，还包括直接与娱乐节目的合作。随着科技的进步和营销实践的发展，娱乐营销的表现形式日益丰富和成熟，娱乐营销的舞台和场所，也由电视、报纸、杂志延伸到了网络、影剧院、KTV、卖场终端、球场……

娱乐是使人身心放松的一剂良药，人类的秉性是好娱乐喜的，娱乐是人与生俱来的一种生理需求和情感需要。归根到底，娱乐反映的是人类的天性，折射出的是亘古以来的普遍人性。正是这种普遍而通俗的娱乐品质和精神，让消费者为之动容，兴高采烈地参与其中，也让众多企业和商家从中嗅到了商机。越来越多的商品和服务，在这种娱乐浪潮的导向和推动下，或提供娱乐功能，或与娱乐元素或娱乐活动相结合。

中国人民大学社会学系教授周孝正认为，日常的娱乐是人类社会一个不可或缺的社会功能，能帮助人们调节紧张的神经，帮助社会释放压力，因此，娱乐营销传播的产生与发展，正是人类快乐天性回归的反映。产品娱乐，消费者就愿意用；品牌娱乐，消费者就乐意亲近。国内体育企业李宁在 2005 年推出了飞甲、羽甲、神鼎三个系列篮球鞋，为了配合产品营销，李宁与网易携手举办了“东方的·看我的”篮球英雄招募活动，请爱好者把对篮球绝技的理解创作成东方特色作品，视频、平面、FLASH 都可以，并在活动网站上提供大量创作素材。同时，还设立了武林论坛，借助社群优势交流心得。通过这些数字娱乐营销，李宁努力打造出自己品牌充满东方魅力、积极向上的时尚形象。

传统营销利用大众传媒广告和新闻报道，以“媒体—受众”的单向传播方式对消费者进行强行灌输，但是在信息过剩的今天，这种仅靠传统广告和公关的行为效率越来越低，耗费越来越高。一旦娱乐营销与数字媒体相结合，数字交互式媒体则为娱乐营销提供了一种全方位的视角，将传统的单向传播方式更新为“受众—受众”的双向乃至多向传播方式。它不依赖于某一维的传播，可以非常灵活地根据不同环境和不同目标选择最有效的传播维度。在数字信息时代，每个人都是媒介，都是传播者。就像 BT 下载一样，任何一个下载者的电脑都当成服务器，下载者越多，速度越快；传播者越多，成本越低，当超过一个临界线时，基本上就是完全的零成本，这可以从百度的网络小电影看出来。

百度的《刀客唐伯虎》广告片没有花一分钱的媒介费，没有发过一篇新闻稿，从一些百度员工发电子邮件给朋友和在一些小网站挂出链接开始，至 2005 年 12 月已经有近 2000 万人观看并传播了此片，还不包括邮件及 QQ、MSN 的传播。所有的观看者都是在不受任何其他广告干扰的情况下观看的，观看次数不受限制，其深度传播程度亦远非传统电视广告可比。2005 年互联网新名词 Web2.0 迅速传播，以博客网络社区为主要形式的新兴网站如雨后春笋般成长起来，一时间社会名人匆匆开博，百姓纷纷灌水，网络社区“猫扑网”获得第一笔风险投资，徐静蕾博客百日之内竟达千万点击率。Web2.0 的核心本质是对等传播，就是一种以多点对多点、而非一点对多点的传播，因为视每个人为一个媒介，所以其传播的滚雪球效应是极大的。《后 30 秒电视广告时代的生活》作者约瑟夫·杰夫，在个人博客上投放了一支以泰格·伍兹为形象代言的耐克广告，短短 5 天内吸引了 12.5 万人访问。他们在博客中表达了他们对耐克鞋或泰格·伍兹的感受，口碑传播的影响力通过互联网络、电脑通信技术和数字交互式媒介得到多倍放大，将极大改变传统营销理念与营销方式。

娱乐营销不是自娱自乐，而是由娱乐产品制作方、媒体、企业（广告客户）以及专业的娱乐代理机构等多方共同合作开展的营销活动。只有充分了解娱乐营销特点和娱乐营销传播方式，策划出的营销活动才能展现娱乐营销的魅力。具体而言，开展娱乐营销需要注意以下几点：

1. 把握娱乐内容，切合品牌核心价值

“体验”这个动词的主语是用户，而企业和商家则需要通过各种手段对用户的主观选择进行合理诱导，达到促进消费的目的。所以，当今企业需要充分运用各种精准定位和数据挖掘技术，对不同的用户进行高度细分，以实施有针对性的营销策略。

娱乐事件与产品品牌的协调融合是娱乐营销得以成功的基础，企业娱乐营销所选取的娱乐内容及形式不能脱离企业品牌的核心理念，企业应该对当前娱乐事件保持高度的主动性和敏感性，找准娱乐事件与企业品牌的关联性，创造娱乐营销的机会。娱乐元素与品牌存在自然顺畅的联系时，消费者对产品或服务的娱乐体验和感受，能够顺利地转移到产品或服务上。为了使娱乐与品牌不脱节，整个娱乐营销过程各环节要紧紧围绕并服务于品牌的长远规划和核心价值。蒙牛酸酸乳是一种“带情绪”的形象产品，与“超级女声”活动有很强的关联性，一方面针对了目标人群——不将价格作为购物第一要素，只强调“我就喜欢”、“这就是我”；另一方面又将“超级女声”节目的品牌印象注入了蒙牛酸酸乳的产品之中，突出产品的青春色彩。所以，从这个角度而言，蒙牛酸酸乳从产品设计、目标群的锁定上，都考虑到品牌核心价值，都力求各方面信息一致。

2. 整合优势资源，实现多方共赢

为了取得最大的营销传播效果，企业要懂得“整合”。“整合”可以合理优化配置资源，还可以扩大娱乐营销传播的影响力。这里所说的“整合”，不仅止于充分调动从中央到地方各级媒体的参与和跟进，也不仅限于电视、广播、报刊、户外、网络、终端、手机等海陆空所有媒体大军的全方位造势和炒作，更是指企业要懂得整合包括媒体、技术、人力、信息、营销传播手段等各方面资源，将品牌的思想和声音放大、再放大，以取得最大的营销力和传播力。从这个意义讲，娱乐营销实质上是一种整合营销，只是借了“娱乐”的名义而已。蒙牛酸酸乳的产品定位是“酸酸甜甜”，这与超女的特点非常吻合。从预赛、初赛到决赛，再到超女开巡回演唱会，电视、手机短信、互联网、报纸等几乎所有媒介都参与其中，同时还包括区域的宣传表演、当地赞助商的配合等，整个节目持续了一整年。“超女”用一年的时间为蒙牛酸酸乳传播，极大地提高了蒙牛品牌的知名度。

3. 经济效益和社会效益双丰收

经济效益指标主要是销售额、市场占有率、市场竞争力、利润等指标；社会效益指标主要是社会认可度、社会支持率、社会和谐度等指标。一个有远见的企业，在进行市场推广和宣传时，绝不会为了眼前经济利益的增长，不惜损害社会公众利益。“社会营销”成为新时代全球企业的营销发展取向，这要求娱乐营销传播一方面不能仅限于传播目标的达成和经济收益的增长，同时还要考虑到社会和公众，为企业的长远发展与品牌建设营造良好的社会环境和公众基础。一个心系社会和公众的有责任的企业，必然会赢得社会的认可和信任。

有效利用娱乐营销，将与消费者交互过程做到彻底，交互传播的扩散效应会远远高于传统硬媒介。

交互营销第十二法

体育营销

“体育营销”这一概念最早出现在1978年美国的《广告时代》(*Advertising Age*)杂志,却一直没有统一的明确的定义。比较普遍的说法是,体育营销是依托于体育活动进行的营销活动,以树立形象、刺激需求、推广品牌为目的。体育营销既包括把体育作为商品销售的体育产业营销,还包括企业通过体育来进行的市场营销。其中,后者需要将企业产品与体育相结合,把体育文化与品牌文化相融合,以形成独特企业文化的系统工程,借助于体育赞助、体育广告、体育公益活动等形式表现出来。现在很多厂商都具有了体育营销的意识,认识到了体育背后蕴藏着无限商机,认识到了体育赛事是品牌最好的广告载体,他们投资体育产业以获得名利双收的效果。可以说,体育营销最集中地体现了品牌推广手段的所有优越性,因而也最具魅力、最受厂商的欢迎。

随着现代通信网络的发展,大众传播媒介大大加快了体育信息的传播速度,体育成为世界的焦点,受到越来越多人的关注,体育营销独特的传播效能日益凸显,它能将观众的热情与产品的信息融合在一起，是一个很好的互动媒体。

体育营销的效果自然，易于被观众接受。对于体育赞助来说，实质上是一种软广告，但是由于广告并不单独出现，因而商业性及功利性不像硬广告那么明显。其次，体育赞助沟通面广，量大，有针对性。在重大比赛现场，观众成千上万，媒体受众更是不计其数。即使一些地方性的赛事，只要组织得好，观众也会十分踊跃，因此，非常有利于企业与目标对象进行有效的沟通，达到事半功倍的效果。第三，体育营销最大的特点就是公益性。体育是人类共同的事业，赞助体育、进行体育营销的市场运作，其作用是普通广告所不能达到的。

我国已经有许多企业开始了建立国际化品牌的征程。牵手体育赛事，通过体育营销实现这一目标是一大捷径。据美国一项调查显示，“一个企业要想在世界范围内提高自己的品牌认知度，每提高 1%，就需要 2000 万美元的广告费，而通过大型体育比赛如奥运会、世界杯等体育营销活动，这种认知度可提高到 10%，同时还能获得很好的经济效益。”我国著名营销学家卢泰宏也曾这样讲：“借助体育营销实现品牌国际化是一种重要的营销手段，也是一种更加高明的办法。”联想不惜巨资赞助奥运，成为我国首家 TOP 计划成员，其目的就是为了让联想品牌国际化。三星以赞助奥运会为核心的体育营销事例已经表明，借助体育营销，企业可以塑造并巩固国际强势品牌的地位。我国企业通过赞助奥运会等体育营销活动，不仅代表了我国民族企业跻身于国际顶尖品牌之列，更能通过奥运展现自身的实力，从而在国际舞台打出“中国品牌”的大旗。

曼德拉曾说过这样一句话：“体育，拥有改变世界的力量！”奥运会是一个在全世界享有极高认知度的传播平台，大量的研究表明，当企业的品牌精神与奥运精神存在着某种共鸣的时候，它们的联动将创造巨大的社会价值。2008 年北京奥运会、2010 年亚运会、2007 年女足世界杯、ATP 网球大师赛以及 2004—2010 年国际汽车联合会一级方程式上海站的比赛等，为我国企业树立品牌形象提供了一个个国际化的传播平台。国内一些知名企业已经注意到这一点，借助东道主优势大力推行体育营销。如联想加入TOP计划成功，中石化签订了我国企业有史以来首次赞助F1赛事的合同，在我国体育营销史上，这些都具有里程碑式的意义。

将体育营销纳入企业品牌战略，这包括三层含义：一是将体育营销纳入企业战略之中。体育营销只是企业通过品牌战略实现经营目标的一种手段。只有融合了公司战略所要求的方向开展奥运营销活动，才可以体现奥运营销的真正价值。只有把奥运营销的"支点"安置在企业的战略管理方格中，才能使其和企业战略核心"同频共振"，促进企业长远战略的实现。二是要将体育营销体现在企业的管理系统中。以赞助奥运为核心的体育营销是一种市场活动，其目的在于通过体育营销不断增强企业的品牌力和营销力，它和企业的文化力、产品力、研发力、信息管理能力、财务管理能力、危机管理能力等等紧密相连，因此它不能游离于企业管理系统之外，而应该与之相互协作、相互融合、共同提升。三是将体育营销并入整合营销传播的主干线上。在体育营销活动中，应贯彻整合营销传播的理念，把体育营销传播置于公司整合营销传播的主干线上。以奥运等体育赛事活动为平台，以消费者为核心，综合协调地使用各种传播方式，以统一的目标和形象传播一致的产品信息和品牌信息，实现与消费者的双向沟通，迅速树立产品和品牌在消费者心目中的地位，更有效地达到营销传播和产品行销的目的。针对我国企业实力整体不强的现实，企业可以学习三星制定出一个包含广告、公关、促销、社交和营销在内的全面的杠杆策略，实施多种配套营销措施。

宣传的形式应具有多样性和创造性，更好地契合体育精神。1998年法国世界杯时，国内的厂商也纷纷看好了这一时机，一时间各行各业五花八门的"世界杯"促销纷至沓来，在竞争异常激烈的中国彩电业更是好"戏"连台：康佳的"世界杯康佳劲奖谢球迷"、创维的"刮刮股"、TCL王牌的"世界杯惊喜尽在TCL王牌"、长虹的"98世界杯重奖贯长虹”，等等。2006 年，许多商家也打出了买 XX 送世界杯门票的标语。汹涌的促销潮反映出竞争的激烈，同时也反映出厂商的浮躁。仔细分析上述厂家的推广活动我们会发现，无论活动标题怎样变换，实际上都是在促销，都是通过降价或炒作来吸引消费。短期内虽然提高了销售额，扩大了市场占有率，但却忽略了体育营销的内涵，这对企业自身长远发展及品牌的树立并无任何益处。

所以，我们要说明的是，体育营销决不是赞助个球队、挂个标志这么简单，体育是传统活动中最能带动人们参与积极性的重要形式，我们搞体育营销就是看重它的这种互动性，以提高企业的品牌影响力和产品的销售力。

Chapter 7

第七章

交互营销：未来营销的重要发展阶段

一、交互营销是新营销环境下的必然选择
二、交互营销能创造全新的市场空间
三、交互营销是打造品牌的新动力

交互营销

绩效品牌打造必备十二法

营销的基础理论 4P(Product,产品;Price,价格;Place,渠道;Promotion,促销)理论使我们对营销有了一个直观的认识。随着服务业在 20 世纪 70 年代的迅速发展,传统"4P"的组合不能很好地适应服务业的需要,于是有学者又增加了第 5 个"P",即"人"(PEOPLE);又因为包装在包装消费品营销中的重要意义,而使"包装"(PACKAGING)成为又一个"P";在 20 世纪 70 年代,科特勒强调"大营销"的时候,又提出了两个"P",即公共关系(Public Relations)和政治(Politics)。

1. 20 世纪 50 年代——产品时代

20 世纪 50 年代初雷斯提出 USP 理论,要求向消费者说一个"独特的销售主张"(Unique Sales Proposition),而且这个主张是竞争者所没法做到的。但到了 20 世纪 50 年代末 60 年代初,随着科技的进步,各种替代品和仿制品不断涌现,寻找 USP 变得愈益困难。

2. 20 世纪 60 年代——形象时代

大卫·奥格威提出品牌形象论,认为在产品功能利益点越来越小的情况下,消费者购买时看重的是产品价值与心理利益,而形象化的品牌能带给消费者心理利益。广告界刮起了"品牌形象论"的旋风。

3. 20 世纪 70 年代——定位时代

定位论强调随着竞争激化,同质化、相似化的日益严重,所以需要创造心理差异、个性差异。主张从传播对象——消费者角度出发,由外向内在传播对象心目中占据一个有利位置。

在此前阶段品牌打造经历了产品时代、形象时代与定位时代。

与此同时，在20世纪70年代，当营销战略计划变得重要的时候，科特勒又提出了战略计划中的"4P"过程，即研究(Probing)、划分(Partitioning)、细分(Segmen-tation)、优先(Prioritizing)、定位(Positioning)。其中细分理论与定位理论对市场的影响巨大，在这之前，差异化是公司营销中的一大焦点，营销大师先后提出了三种有效的理论和策略。

20世纪80年代提出了整合营销传播是一个业务战略过程，它用于计划、制定、执行和评估可衡量的、协调一致的、有说服力的品牌传播方案；它以消费者、顾客、潜在顾客以及其他内部和外部的相关目标为受众。

此时，理论界开始把营销和传播紧密结合在一起进行研究，4C理论成为整合营销的支撑点和核心理念。整合营销传播开始强调营销即传播，运作应摆脱粗放的、单一的状态，走向高效、系统和整体。美国营销传播学专家特伦希·希姆普甚至提出"90年代的营销是传播，传播亦是营销，两者不可分割"的理论。随着消费者个性化日益突出，加之媒体分化，信息过载，传统"4P"渐被"4C"所挑战。

随着整合营销传播理论的发展，逐渐产生了一种更成熟、更全面和彻底的观点，即把消费者视为现行关系中的伙伴，把他们作为参照对象，理解整个传播体系的重要性，并接受他们与企业或品牌保持联系的多种方法。科罗拉多大学整合营销传播研究生项目主任汤姆·邓肯引入了"关系利益人"的概念来研究整合营销传播，他认为整合营销传播指企业或品牌通过发展与协调战略传播活动，使自己借助各种媒介或其他接触方式与员工、顾客、投资者、普通公众等关系利益人建立建设性的关系，从而建立和加强他们之间的互利关系的过程。

而在YOU时代，由于互联网特性及社区的形成，与消费者之间反馈通道的逐步完善，企业会发现消费者的形象日渐清晰，消费者的特征鲜明，甚至消费者之间的共通性导致某个品牌会自发形成消费者族群，也就是我们通常所说的社区。由于消费者之间互相建立的联系，这种团队的力量导致消费者的话语权更大，比如由于一辆车的一个出厂故障，会引起几十位同一品牌型号车的车主和企业对簿公堂，这已屡见不鲜。

现在我们也可以看到，有众多的品牌，特别是针对“Y 一代”的动感地带、瞄准年轻消费人群的各类时尚数码产品，如 iPod，都在利用品牌社区来强化品牌的凝聚力。

过去和现在最大的不同是：过去的消费者是被动接受者，今天的消费者是主动参与者。过去企业判断出来的消费者可能只有 50%正确几率，今天的消费者是主动举手的，或者他们暂时无能力成为某品牌的消费者，但他们是忠实的品牌拥护者、品牌消费的建议者、品牌建设的参与者和评判者。

现在的消费者不仅已经具有了产品的选择权，而且已经具备了对任何品牌的评价和推广的权利。这些消费者之所以主动参与，是因为市场已经进入到一个交互营销的新时代，或者说是一个重要的阶段。

消费者具有主动性、参与性、评判性，交互营销是建立在数据库以及分众目标上与消费者对话和沟通，是基于跨平台的传播途径，与传播目标达到有效的互动和双向沟通，使他们成为信息的二级传播源，以此形成不断互动传播的关系链。

一、交互营销是新营销环境下的必然选择

传统营销主要基于品牌传播、营销渠道、销售促销这样三个层面展开，是从企业的角度出发，从产品推广的角度出发，从品牌接受的角度出发，身处的环境也只是新经济到来之前的旧环境，所以，它不可能在此基础上有什么根本性的改变，因为，平台的局限性使然。

现在不一样了，互联网改变了消费者的消费环境与沟通环境，将过去单一的被动沟通变成主动沟通、双向沟通，这都是基于消费环境

的变化。这种变化，让交往互动、口碑和社群关系成为传播与营销的主流。在基于互联平台的新社会型态里，让每个人、每个社群都可能成为传播的渠道，从主动的兴趣到互动的体验，再到传播源不断繁衍，就像水中涟漪一样，一环扣一环不断地传播下去。

在这样的新营销环境下，交互性是主动的特征，有时反映在传播上，有时反映在营销上。个人传播、社区互动、品牌互动呈现出一种交互式的状态。

在传统的营销环境里，就是产品与消费者想互动也比较难，因为他们没有互动的工具与平台，而互联网提供了这种工具与平台。这些网络工具平台，不仅让产品与消费者形成互动，而且让传播与营销形成一体。

在网络时代，消费者正被无数个通讯网点所包围，大众传播时代传统的信息沟通模式被打破，交互式的沟通模式正流行。我们从对网络公司的调查也可以看出，广告收入是硬性的，而来自即时通讯平台的收入是软性的，且占很大的比例。

交互营销的新趋势，即是这种沟通中的营销结果。今后，浮于产品表面、品牌表面的营销，与消费者没有直接互动交流的营销，其影响力会越来越弱，真正有竞争力的品牌是在交互中建立的品牌。

二、交互营销能创造全新的市场空间

中国的营销人从来不乏锐意进取者和创新者，他们敏锐地发现并捕捉市场机会，以开发出新产品，表达新诉求，为顾客提供新价值，但这些办法，更多的是让他们从“先驱”变成“先烈”。很多中国式营销现在看来都是一种陷阱。比如说广告制动模式、渠道制胜模式、终端为王模式、价格战模式等都是一种单一营销模式。在如今市场如此成熟的情况下，这种单一模式越来越不能适应市场的需要了。

那些具有“中国特色”的营销方式，即使有不同凡响的产品概念、密集的传播、频繁的促销、细化的通路结构、庞大的销售队伍、复杂的营销组织和军事化的运作方式在如今也不能创造新奇迹了。它以消费者及受众文化程度较低、消费心理不成熟，以及营销劳动力丰富、报酬低，社会就业竞争异常激烈为背景，以组织动力、组织能量为依托，以强力营销挖掘市场潜力为逻辑，以短期销量及利润最大化为目标，在国内市场尤其农村市场掀起阵阵狂风，但潮起潮退，来得快去得也快。

要创造市场新空间，只能采用新方法才有可能实现。这种新方法就是交互营销。

通过交互营销，不断发现和创造新的市场空间。过去那种封闭式的、消费者内心深处的欲求，通过双向的互动，被调动起来，变成新的空间。

三、交互营销是打造品牌的新动力

打造品牌是企业追求的终极目标，有了品牌就有了较好的销售与市场。但是，很多企业在过去那种方式下，只能用传统的方式来打造品牌，结果是花费越来越大，成本越来越高，品牌始终没有建立起来。而交互营销是打造品牌的新动力。

有人问，什么是一个品牌的核心竞争力？张瑞敏说，就是“与消费者打交道的能力”。你拥有多少消费者就有多大的竞争力，如果一个品牌没有“与消费者打交道的能力”，或者没有拥有无限的消费者，那它怎么能说是一个品牌呢。

海尔的核心竞争力是什么？张瑞敏曾经给出一句精彩的回答，是“对消费者的深刻理解”。这道出了营销的核心所在。海尔基于对消费者的深刻理解，经常开发出让消费者感觉“意料之外，情理之中”的新产品。海尔畅销美国的“透明冰箱”，简单得不能再简单，但如果没有对消费者的深刻理解绝对设计不出来——这款冰箱不仅仅是“好看”，重要的是“部分透明”的设计能够把冰箱中“最值得炫耀的东西”展示给客人，起到了“炫耀”作用。技术本来就是为满足人类需求服务的，没有对消费者人性的深刻理解，技术再好又有何用？

交互营销是将对消费者的洞察与产品使用紧紧联系在一起的。双方在交流当中，共同生产产品，建构品牌。非交互营销，大部分是在产品名称、包装、广告上找差异化，对消费者的内心需求的“感性认识”远远不足。差异化还要建立在互动性上，这样的差异化才是真正的差异化。

当中国企业尝试过规模经济、技术领先、通路驱动、品牌驱动、终端为王等营销模式后，回归原点，发现培养与消费者打交道的能力才是中国式营销的出路。也就是我们说的交互营销才是中国式营销的出路。

时下有两种把握消费者需求的营销模式。一种为“经典营销模式”。这种模式是对消费者典型需求的准确把握，能够把握消费者的最典型、最本质的需求。一种为“快速营销模式”。这种模式是对消费者需求变化特征的把握，它能够以更快的方式反应消费者的需求变化。在“快速营销模式”中，新品的成功率要低于“经典营销模式”。前者是有一个经典的模块，后者是有一个随机的市场跟随。

心随消费者动，让消费者与你的品牌互动，这才是交互式的，单方面的追随不是交互。

交互式营销，会促进中国企业的“快速营销模式”，成功转变为双向认同的“经典营销模式”，为建立持久的真正品牌打下基础。

Chapter 8

第八章

交互营销案例

一、网络营销案例
二、电视直销案例
三、社区营销案例
四、博客营销案例
五、游戏植入营销案例
六、无线营销案例
七、媒介交互化营销案例
八、文化植入案例
九、异业联合案例
十、数据库营销案例
十一、娱乐营销案例
十二、体育营销案例

交互营销

绩效品牌打造必备十二法

一、网络营销案例

1. 红孩子："目录十网络"成就传奇营销模式

红孩子初创之时，母婴用品市场上已经崛起丽家宝贝和乐友等品牌。为了避开直接竞争和节省成本，红孩子没有设立门店，而是决定通过目录直投这种简单、清晰的模式进入母婴市场。

红孩子公司，以目录销售的模式出售知名品牌的母婴用品。3 个月后，红孩子 B2C 的网站推出，"刊 + 网"成为其主要销售渠道。

用户是谁？在哪里？这对于目录直投十分重要，母婴市场产品用户具有明显的特征，红孩子最初把目标锁定在妇产医院及社区里。红孩子的用户是孕妇和婴儿，用户比较容易找到。而在社区做活动效果最好，传播速度非常快。红孩子把目录作为立足的根本，无需负担店面租金是目录销售的一大优势。加上直接从厂家进货，省去了中间环节，降低了经营成本。据了解，红孩子有专门的目录编辑部，每个季度更新一次目录，目录除了商品展示外，还增加了实用信息。一本目录印刷费用为 5 元多，加上邮寄费，差不多 7 元钱，一次印刷几万本，仅这个门槛就把很多竞争者挡在了门外。

其实目录销售是一种传统的销售方式，不过，与网络相结合，走向网络营销的路子，红孩子还算是先行者之一。通过目录销售，到 2005 年年底，红孩子成为北京母婴用品目录销售市场上的老大。目前，红孩子是帮宝适、惠氏、雅培、多美滋等婴儿用品和奶粉在北京最大的终端销售商。比如，雅培奶粉的销量就占了雅培总销量的50%。

2007年之前，红孩子重点是做规模。如今，在北京市场站稳之后，在深耕既有市场的同时，红孩子开始拓展其他市场。目录、呼叫中心和互联网订购(网络直销)，构成红孩子三大销售渠道。红孩子开通网站，除了用于网络直销外，更重要的一点是给消费者营造一个互动平台。这也是红孩子维护已有客户资源、提高客户活跃度和黏性的重要方式之一。

在红孩子网站上，开辟有会员交流板块，父母们不但可以交流产品使用感受，还可以交流育儿经验，获得育儿、美容、烹饪等家庭生活的实用信息。妈妈委员会是红孩子从初创时期就成立的一个网上社区组织，经常组织年轻母亲所感兴趣的各种活动，参与度很高。

同时，红孩子又把消费者组织起来，成立了红孩子父母委员会，红孩子父母委员会有权决定如何处理消费者对红孩子的投诉。“由委员会出面解决问题，一方面减少顾客在出现问题时的解决成本，另一方面也加深了顾客对红孩子的信赖。”

深耕会员价值也是很多奢侈品会员组织常用的方式，但与母婴产品有着根本的不同：奢侈品会员组织的会费往往是企业主要的盈利来源，所以它们更重视已有客户的价值深挖，是小众营销的概念；母婴产品这样的大众消费偏于长尾效应，规模越大，价格才能越低，因此，选择合适的话题引起会员的兴趣和关注是非常重要的，提高黏性意味着提高购买的可能性。

当然，目录销售绝非红孩子唯一的制胜法宝。用红孩子负责人的话说，目录销售对IT的依赖性更强，其核心在于供应商系统、物流系统、结算系统、订单系统。红孩子计划在2009年开设24家分公司，把北京模式复制到全国各地，IT系统将把精细化的管理控制延伸到各个地域，供应商、物流、结算和订单系统互联互通，形成一个完整的闭环。

目前，红孩子上游的6000多家供应商中，将近40%已经与其进行了系统对接。这些供应商通过红孩子的信息系统可以查询大量的市场数据，包括市场占有率、用户分析，其数据甚至细致到了用户购买产品的次数、收入、住址等，这些含金量极高的数据可以帮助供应商作出正确的市场决策。

在高效的IT支撑下，红孩子一直处于高速发展中。2007年初，红孩子的产品线从母婴用品延伸到化妆品、家居和保健品，开始转型为家庭用品目录销售商。目前，红孩子的化妆品、健康产品和家居目录在北京的发行量各为20万份。

建立自己的物流体系，并在北京推出24小时配送服务，这是红孩子配合网络直销的独特竞争策略。在此之前，北京母婴用品目录销售的配送时间都是48小时。其实，自建物流体系的好处不仅在于此。国内消费者通过目录购物，都喜欢货到付款，而外包物流公司往往在收到货款后，按账期将资金打入委托方的账户。自建物流提高了资金周转率。

其实，目录销售在国内并不是新兴的商业模式。早在十几年前，小康之家、麦考林等目录销售品牌便进入中国，它们最初并不被市场接受。当初红孩子拿着钱从供应商那里进货，所有供应商都对红孩子所采用的目录销售模式持怀疑态度，但如今各地供货商都已经成为红孩子的朋友。的确如此，短短3年多时间，靠着一本本产品手册，红孩子从目录销售领域的"新生儿"迅速成长为北京市场的老大，2007年的销售额为10亿元。

2. 淘宝打败EBAY

淘宝网在短短三四年打败EBAY易趣网就是一个很好的借用交互营销的成功案例。

早先，EBAY易趣不仅仅独占了近九万的C2C网站市场份额，而且，易趣还和几乎所有的主流大型门户签署了排他性独家广告投放权，就是说，以新浪、搜狐等为代表的大型门户网站，是不能做任何与易趣同类型网站的网络广告的。这就使淘宝在进入市场时，无法在任何具有大型探照灯效果的门户上进行广告投放，这一传统主流的营销传播渠道被彻底堵住了。

因此，在迫于无奈之下，淘宝头一年的传播推广，几乎全部是在无数的论坛和中小型网站上进行的。淘宝也因地制宜，进行了以口碑和族群传播为主的营销传播，通过发动各个论坛有影响的发言者为淘宝进行介绍，不断创造各种话题讨论，各种小型活动源源不断引导网民注册。在有意无意中，淘宝与最早的一大批用户，建立了非常忠诚的关系，因为这种关系来自于口碑，来源于本已存在的各个小论坛发言者深入的关系。

在积累了一批稳定和热情的早期用户后，淘宝在走入大众传播视野时，并没有通过大型传统广告，而是通过植入营销的方法。淘宝相继赞助了《天下无贼》等电影，将淘宝网的讯息巧妙植入其中，与娱乐内容结合，使传播内容更具体验化。通过这种被普遍称为娱乐行销的手段，淘宝网在不知不觉中，被更大规模的社会民众所熟知，并津津乐道。

特别值得注意的是，淘宝网的真正雪崩式增长，来源于其一个极为重要的创新，即支付宝的推出。因为淘宝网发现，阻挡网民大量使用 C2C 电子商务的主要原因，是支付手段的不完善，中国用户不像国外用户，已经习惯于使用信用卡或网上直接支付。因此，当支付宝这一极富中国特色的在线支付平台推出时，就真正解决了网民的心结，从而实现了淘宝网的用户量和交易量的极大增长。直至推出两年多后，已经形成强大趋势后，淘宝网的广告，才正式出现在各大主流媒体上。

而从头到尾，易趣对淘宝的阻挡和反攻，都显得相当无力。易趣采用的反击手段，主要是增大了广告投放量，做了各种如果是传统产品会非常出色的广告创意，基本上是投放像新浪这样的门户网站。

EBAY 易趣的最终结果是，失望至极的美国总部终于以连赔带送几千万嫁妆的方式，扔给了 TOM。这一案例给我们的启示是，在网络业的营销传播竞争，光比谁的广告费用多、谁占据的广告位置好是没有用的。其实这是一种文化的竞争，一种用户体验和互动的竞争，取决于服务的创新力、与用户的关系深度等等，这才是核心要素所在。

二、电视直销案例

1. 好记星的电视直销神话

2003 年春天，有一个叫 e 百分的英语学习机卖得不错，几个屡败屡战的人凑了两百万元，跟风做了一个同类产品，这就是后来传为业界神话的好记星。

在好记星上市之前，已经有很多企业在做电子词典市场了，这个行业门槛比较低，鱼龙混杂，面对这种竞争局面，好记星决定进军教育电子产品。在决策者看来，中国人对孩子的投资是最不惜血本的。瞄准了路子，好记星迅速采取了市场行动。这个产品上市时，市面上已有文曲星、诺亚舟、好易通、快译通、名人、步步高等知名产品，但是现在，好记星已完全超越了它们。

包括文曲星、诺亚舟、好易通、名人在内的“先行者”们，都没有想到好记星的保健品式营销会来得那么凶猛，凶猛得让它们差点窒息。

不过，当时众多行业的同质化趋势很严重，教育类电子市场也是如此，好记星虽然在产品的研发上有所创新，但下一步是如何在其营销模式上和强敌竞争。早在 2003 年，好记星就已经认识到：中国医药保健品行业经历了两波媒体使用的创新，每一波都造就了一批企业和个人，最早是广播广告的使用，像周林频谱仪、祝强降压仪、哈慈杯等都通过使用广播广告取得重大成功；第二波是电视广告“垃圾时间段”的使用，以哈慈五行针首创的“垃圾时间段”电视广告造就了哈慈的辉煌，也造就了背背佳、商务通、哈药以及汇仁等企业。

好记星决定走电视直销的路子。2003 年底，好记星与拥有丰富电视资源的橡果国际合作，好记星直销广告上了中央电视台和26家有线电视台。2004年10月15日，好记星的广告出现在CCTV-1《焦点访谈》后的黄金时间段，好记星成功构架了“报纸深度说服+卫视电视直销+央视品牌拉动”的“三级联动新主流传播模式”。同时，大山和爱华的加盟，也开创了ELP行业名人营销的先河。

借助橡果国际的平台，好记星可以用整版整版的报纸广告和电视广告把消费者轰晕，而这是其他竞争对手所无法达到的。

但是，依托橡果国际的劣势同样明显，那就是橡果不能提供技术支持。像好记星这样一款OEM的学习机产品，如果没有技术的支持，将很难做长做大，就像几年前所经营的背背佳。但是，2005年，当竞争对手们纷纷推出新品时，好记星则采用辅助电视直销的“营销措施”来应对：先是将产品狂降近300元，然后又花巨资举办“超女全国巡回演唱”。

从“降价风暴”看，一个月时间内，好记星的销量非但没有上升，反而因为产品问题出现了下滑。好记星终于吃到这次失败营销的苦果。而从各地市场情况看，“超女全国巡回演唱”也没能让好记星火起来。不过，好记星的电视直销模式仍有诸多可借鉴之处。

传播的主流化，必然要以渠道主流化配套。好记星前期只做书店渠道的开发，已经不适合新传播下的要求。渠道需要主流化，好记星便从以下几点入手：

(1)经销商队伍的多元化。好记星进入市场前期，大部分的经销商都是经营医药保健品出身，但他们有个致命的缺点就是没有渠道优势。好记星进不了商场等主流渠道，始终成不了主流产品。因此，选择一部分传统ELP经销商加入到好记星的经销队伍中来，显得尤为重要。也正是ELP经销商的加入，大大加速了好记性渠道主流化的进程。同时，好记星与橡果国际合作，使许多优秀的橡果经销商成了好记星的经销商，迅速完善了好记星的全国渠道。

(2)渠道的纵深化。不断加大好记星进入主流渠道的力度，不断拓展好记星的分销渠道，实现好记星渠道的无盲区覆盖。

这样，好记星有了超强威力的新主流传播模式，又有主流化渠道承载传播威力落地，这使好记星颠覆整个ELP行业，成为电视直销的代表案例。

三、社区营销案例

1. 三星U608手机曝光网络社区

互联网口碑犹如一个雪球，在互联网这片信息联通的大陆上愈滚愈大，使得每个企业都不能将它忽视。懂得利用网络口碑的企业，将会以低廉的成本实现精准营销，而忽视它存在的企业，将要为此付出巨大的代价。

韩国三星是最早介入网络营销的企业之一，尤其是在2006世界杯期间，利用网络平台展开的各种营销活动，都获得了巨大的成功，并且荣获了新浪2006网络盛典“年度营销团队奖”。2007年6月，三星公司针对新上市的U608手机做了一次网络社区口碑营销，并且获得了非常瞩目的效果。

(1)一次精心蓄谋的策划

三星公司首先进行了用户对U608手机的喜好分析，“超薄”眩酷的外观和强大的功能，对用户有着强烈的吸引力。这些特点可以通过上传图片的方式直观地展现在网络社区，给用户以良好的体验，用强有力的视觉感受大大激发用户的购买欲望。三星针对这些特点策划了以新品曝光为卖点的社区营销方案，“超炫三星U608全图详解”、“新机谍报绝对真实三星新机U608抢先曝光”两篇图文并茂的报道，吸引了大量网友的眼球。

(2)传播载体的精准，意见领袖的影响

三星公司根据U608手机的人群定位，进行了网络社区传播载体的选择，并根据人群定位及社区人气进行相应级别划分，有针对性地进行投放。消费者选择购买手机时,多数都会咨询对产品精通的“达人”,达人的意见大大影响着消费者的购买决策。于是,三星 U608 手机的社区推广活动瞄准了这个群体——日常生活中的意见领袖,而他们往往也是热门手机社区的泡坛高手。三星在意见领袖密集的热门手机类论坛发布精心策划的营销文案,当网友参与到 U608 手机的话题讨论中来,营销活动就开始了。随着话题活动的升温,话题文章被大量转载,在互联网无限延伸的空间中,三星新品 U608 手机影响了更大规模的受众。

(3)强有力的执行,严密的流程控制

在操作实施的过程中,该营销文案被传播至 30 多个论坛,其中部分论坛以置顶的方式在网络社区进行传播。执行人员根据社区网友的互动和反馈,进行有针对性的话题引导,并保持着与意见领袖的沟通,让话题更进一步地深入影响下去。同时对负面话题进行监控,及时开展危机公关。在活动结束后,对活动流量及反馈也都作了相应的分析和总结。活动过程中包括用户所留下的行为和反馈的数据,都将很有效地帮助三星掌握消费心理需求及市场发展趋势。

根据监测显示,三星 U608 在为期两个月的社区论坛口碑营销中,两个营销帖的总点击量达到了 60000 次,回复近 800 次。置顶期内与“新机谍报绝对真实三星新机 U608 抢先曝光”相同标题的搜索结果 1610 篇,转帖量是发帖量的 53 倍;与“超炫三星 U608 全图详解”相同标题的搜索结果 2290 篇,转帖量是发帖量的 76 倍。这些数据充分证明社区论坛营销让 U608 手机在论坛中形成非常广泛的口碑影响力。

从社区反馈数据来看,此次三星 U608 手机的营销活动是成功的;而从成本来看,仅是投入了传统媒体传播非常小的一部分。本次营销活动也并非独立存在,电视、户外广告、平面媒体的传统媒体都在同一时间进行密集传播,社区营销是三星营销组合重要的一部分,此案例可以说是三星整合营销的经典案例。

三星的网络社区营销之所以成功,原因就在于:

第一，社区营销的目的性非常强。选择的手机论坛都是生活中意见领袖汇集的地方，意见领袖的意见都会影响到周边的人群，针对他们的精准营销自然能达到良好的营销效果。

第二，充分利用社区的分享和互动。三星利用网络让潜在消费者提前体验产品，通过强有力的产品曝光图，刺激消费者的视觉感官，激发了消费者的购买欲望。通过用户的参与、分享、互动，又将信息传播至网络更广阔的空间，这充分调动了用户的主动性和创造性，最终实现了网络的口碑传播。

第三，传播过程中的引导和监测。在网络推广环节，如果仅仅是发布了营销文案而不进行引导和监测，营销效果就会大打折扣。在社区营销过程中，对用户的引导和交流将会大大增强用户的共鸣。活动过程中的所有数据，都将成为企业研究消费者心理需求和预测市场趋势的重要依据。

第四，线上和线下营销相辅相成。如果仅仅是网络上获得了一定的影响力，但线下却没有相应的营销活动来结合，那么这种影响力就会逐渐消散。三星通过立体的营销策略组合实现了有机的整合，使得新品 U608 手机营销推广活动大获成功。

在网络逐渐普及的当今时代，社区营销、web2.0 新媒体营销越来越受到企业的重视。能够理解新媒体传播载体，能够利用新媒体的企业必然将会走在营销的前沿，在未来的竞争中抢得先机。

2. 宝洁推进网络社区营销

Web 2.0 时代，网络社区显示出强大的营销功能。通过网络社区这个平台，企业可以在更大范围内搜索潜在消费者和目标受众，将他们聚集在一起，然后利用新的网络传播手段扩大品牌的口碑影响，并及时了解消费者的反馈信息。

宝洁公司在进行了一系列市场营销研究及实践后，发现了这一网络营销契机，并积极地进行了尝试。

宝洁公司在推进网络社区营销中建立了两个产品营销网站，这两个网站帮助宝洁了解到更多有关消费者和市场的信息。

其中一个网站由名人和粉丝俱乐部推动，以宝洁公司数十年的民众票选奖为依托，该网站于 CBS 广播年度颁奖仪式举行的后一天正式运行。另一个网站叫 Capessa，它是宝洁公司与某门户网站健康频道合作创建的一个针对女性消费者的网站，旨在成为女性讨论诸如减肥、怀孕与育儿话题的论坛，在进行了几个月的试验后于 2006 年 12 月 21 日正式开放。

作为世界上最大的广告商，宝洁公司在网络社区营销所投入的年广告预算达到了 67 亿美元，这一举动吸引了众多的广告主进入该领域。

(1)借力网络社区，深入市场调查

在美国，网络社区型网站还是新闻集团旗下的 MySpace. com 与 Facebook 公司的 Facebook. com 占据统治地位，它们吸引着上百万网民。于是各厂商也纷纷建立了他们自己品牌的网站，并将网站用作顾客对某种产品或品牌发表看法的信息收集地。

为帮助一些品牌顺利进入网络社区，宝洁公司在这两个社区型网站上采取了一些措施。例如，宝洁为佳洁士牙膏创建了一个以“魅力难挡”小姐为特色人物的网页，并鼓励网民参与其中的相关测试。另外，宝洁公司为旗下的草本精华洗发露也建立了网页，网民可以通过该网页展示发型图片。

这两个网站还为宝洁公司的民众票选网站做一些市场推广工作，民众票选网由拉蒂法女王担当主持人，将为宝洁公司产品及其他产品定期做标语广告。

同以往其他措施不同的是，这次宝洁公司的推广把重点放在市场调查而不是推销其特定的品牌。因为这两个网站将提供一个持续的重点人群聚集环境，在这里宝洁公司可以查看消费者在网站中的讨论，以此来了解更多有关目标消费者的心理，以及处于不同生活阶层的消费者所具有的消费差异。

在研究消费者的行为方面，宝洁公司堪称专家，加上这两个社区型网站的帮助，使宝洁公司的市场调查规模更大、速度更快。宝洁公司利用所得信息设计出能使消费者产生共鸣的营销计划。宝洁公司全球营销官员 Jim Stengel 称："宝洁公司将成为动态获得消费者信息的巨头。"

(2)联姻门户网站，嫁接品牌信息

Capessa 网站的营销方式十分灵活。宝洁公司不在 Capessa 网页上为其产品做任何广告。事实上，在 Capessa 网站唯一提到宝洁公司名称的地方是在网页的底部，它仅仅是为了说明 Capessa 网站是由宝洁公司创建的而已。合作的门户网站将该站点作为其健康频道的一个特色板块来推广。

Capessa 不时地提供一些特色链接，消费者可以链接到宝洁公司的专家，这样专家可以方便及时地就具体问题为消费者提供建议，或就某一特定主题提供宝洁公司的实时资讯。

"这一点很像如今消费者通过搜索引擎进行搜索，在搜索过程中，这些品牌会弹出一些信息来帮助消费者，他们这样做是为了吸引人，而不带有破坏性。"Stengel 先生称，"如果我们做得太过分了，那就会适得其反。"

(3)网络社区营销：机遇与挑战并存

宝洁公司的新网站要想获取成功，也并非容易之事。

2006 年，由于缺少支持，零售巨头沃尔玛从一个以青少年为目标人群的社区网站"The Hub"中退出。宝洁的 Capessa 网站拥有无数个竞争对手，包括 NBC Universal 公司建立的网站 iVillage。这两个网站同样都是以女性为目标消费者人群。

但宝洁公司认为自己是有优势的：该网站面向 18～49 岁的目标人群，在 Capessa 网站，宝洁公司将选择某些女性用户进行采访，并由宝洁制作公司制成视频。Capessa 网站目前提供丰富的视频故事，包括"我是如何给宝宝减肥的——Julie 的故事"、"为她的生命而奔跑——一名癌症患者的恢复”和“妈咪的难题——Leiah 的故事”。因此，同其他以青少年及 20 多岁的消费人群为目标的网站相比，该网站更具吸引力。

3.“乐活”生活，沟通受众

今天，汽车的意义已经远远超越了“代步工具”的层面，更多的代表了人们所向往的一种生活方式。上海大众的 POLO 劲情、劲取和日益壮大的“POLO 派”队伍，无疑对此作出了最好的印证。

作为上海大众专为第五代人打造的精品轿车，集高科技于一身的 POLO 劲情、劲取以其时尚的造型成为了都市年轻一族追捧的经典，其所创造的时尚生活正进一步彰显出不可阻挡的魅力，博得了年轻消费者的喜爱。

为进一步向目标消费者传递 POLO 时尚、年轻、活力、张扬的品牌个性，上海大众联手腾讯发起了一场“POLO 乐活空间大赛”，为年轻的消费者提供了一个展现自我个性、交流互动的舞台。大赛以 Qzone 为整合平台，以符合目标消费者“乐活”生活状态的“吃喝玩乐”作为活动切入点，激发每一个热爱生活的消费者心中的“乐活”欲望。

整个乐活大赛分为“味力食尚”、“果色酷饮”、“乐活风尚”、“十字街头”以及“驴行天下”等五大主题，高度契合了都市青年群体热衷的时尚消费方式，为大赛的顺利展开奠定了基础。腾讯专门建立了本次大赛的专题网站，网友通过网站不仅可以了解到大赛的参赛规测、奖品公告，还能实现快速报名，观看到其他网友的上传作品。

“POLO 乐活空间大赛”面向所有腾讯用户，只要开通 QQ 空间即可选择自己喜欢的主题参赛，并且每位参赛选手都将获得 POLO 劲取汽车挂件和参赛车牌号，尽情开始自己的“乐活”大奖冲刺之旅！在 QQ 空间上传自己的心情文字、创意图片、个性化的视频等多种形式的作品，标榜自己的生活方式和流行主张，与大家分享自己的快乐生活。

不仅如此，参赛网友还能够邀请 QQ 好友一起，分享、支持自己的生活主张，为自己的 POLO 投票加油，每投 1 票相当于加 1 升油，网友还可以通过 Q 币投票，随着加油量的增加，参赛网友的 POLO 的动力值也将不断增加。

大赛自举办以来，获得了腾讯用户的积极参与，截至到目前，排名第一的参赛选手已经获得了近 6 万票的投票数。

作为中国活跃用户最大的博客平台，Qzone 在互动模式上突破常规的推广方式，已经成为最有效的口碑营销平台，而 Qzone 拥有的 7000 多万的网络用户，使得 POLO 品牌所倡导的“乐活”的精神也得到有效传播，实现了 20～30 岁目标消费群体对“乐活”精神的深度了解、认同和向往，增强了对 POLO 的喜好度和购买欲望。

从这个活动的结果来看，它具有以下几个特点。

（1）可衡量的效果。活动网站总页面 PV 共计 5038143，其中首页 PV3508004，活动期间报名人数共计 119292 人。

（2）较强的互动式体验。从设置主题和身份象征到通过博客发表作品，消费者在互动体验中与 POLO 品牌建立牢不可破的关系。

参与

消费者只需开通自己的 QQ 空间，上传对应主题的内容即开始体验；

通过参与 POLO“都市乐活”精神的互动活动，消费者对品牌产生好感。

享受

设置“吃喝玩乐”作为活动主线，符合目标群体的生活方式；

每个参赛选手可领取一辆虚拟上海大众 POLO 汽车挂件放在自己 QQ 空间内，体现和其他网民不同的身份；

消费者在参与中享受到了在大主题下自由命题的创作乐趣，达成自我实现的满足，大幅增加了对 POLO 品牌的归属感。

掌控

参赛用户可通过拉动身边的朋友投票给自己的作品增加人气；

参与投票的用户也同样能获得品牌和腾讯提供的各种奖品。

(3)精确化的导航。活动旨在引发所有网络用户的关注和 20～30 岁都市男女的参与，因此腾讯利用定向工具，准确找到了目标受众，并因此积累了对品牌长期有效的消费者数据库。

利用 QQ 群资源提取 40 万与汽车相关的用户进行 TIPS 推送。通过一对一式的推送，准确地将活动信息传递给目标受众群。

不仅是得票前十的用户，整体参赛用户的年龄和形态基本符合 POLO 目标受众要求。

(4)差异性的沟通。让目标受众理解和接受 POLO 品牌的差异化诉求，通过贴近消费者生活和心态的差异化沟通方式，使广告主的核心品牌价值得以最大化传播。

大众 POLO 的“乐活”品牌内涵，赋予目标消费群内心对此生活方式的向往。

它提高了品牌的“乐活”欲望，实现目标消费群体对 POLO“乐活”品牌精神的理解。用户上传的作品，即是此次传播的最好诠释。

此次大众 POLO 的个性化博客营销活动以 Qzone 为整合平台，以符合目标消费者“乐活”生活状态的“吃喝玩乐”作为活动切入点，让消费者以个人博客的形式“上传”作品，并最终深度了解 POLO 的品牌精神，引发其对新产品的喜好度和购买欲望。因活动旨在引发所有网络用户的关注和 20～30 岁都市男女的参与，为了精准地将活动信息传递给目标受众群，腾讯利用 QQ 群资源提取 40 万与汽车相关的用户进行 TIPS 推送。通过一对一式的推送，准确地把信息传播给目标用户群，准确地找到了目标受众，并因此积累了对品牌长期有效的消费者数据库。

本次活动的主题紧扣目标群体的生活方式，宣扬一系列在生活中追寻从吃到乐的乐趣，激发每一个热爱生活的消费者心中的“乐活”欲望，实现 20～30 岁目标消费群体对 POLO“乐活”品牌精神的理解。由于非常个性化的产品和服务的扩大，可选择的品牌的范围增大，产品的差异变得细微，任何可以产生竞争优势的创新都可以得到迅速模仿，于是相当一部分消费者自然放弃了对品牌的追求和偏好，转而去体验与使用那些能给他们带来不同附加利益的商品，去接受促销带给他们的信息和利益。

通过参与 POLO“都市乐活”精神的互动活动，消费者对品牌产生好感、乐趣(Entertainment)，通过享受乐趣而延续关注。

互动是博客营销的最重要的特征之一。消费者只需开通自己的 QQ 空间，上传对应主题的内容即开始体验。消费者在参与中享受到了在大主题下自由命题的创作乐趣，达成自我实现的满足，大大增加了对 POLO 品牌的归属感。

此次 POLO 新产品上市造势，引发目标消费群内心对此生活方式的向往。当前，越来越多的广告商把网络看成一种市场的渠道，他们利用数据库在广告活动中选择一些可以让目标受众作出直接反应的方法，进行恰当的沟通并从中获取更多的顾客和销售信息，促使消费者更多地购买正在促销的产品、服务。

四、博客营销案例

1. 汽车产品的网络沟通

对于汽车企业来说，网络的有效沟通慢慢形成了主流。有调查显示，76%的车主在购车前浏览汽车企业的网站，67%的人会到第三方网站查看相关评论。现在，通过博客，汽车企业有了一个更直接与客户沟通的渠道。其中，通用汽车就是一个先行者。

通用汽车的 FastLane 博客是最受欢迎的企业博客之一，由汽车业传奇人物、通用汽车副总裁 Bob Lutz 主笔，话题集中在汽车设计、新产品、企业战略等方面。这一博客的日浏览量近 5000 人，对每个话题的评论都有 60 到 100 条。但是 FastLane 博客之所以受欢迎，主要原因在于 Bob 那些诚实而且深入、直接涉及社会公众对通用汽车正负面评论的文章。虽然有人怀疑是否每一篇文章都出自 Bob 之手，但是客户、行业分析人士、传统媒体还是给予 FastLane 博客以很高的评价，因为通用汽车是唯一一家愿意让客户公开反馈意见的汽车公司，通用汽车因此获得了极高的声誉。FastLane 其实是通用汽车的一个产品博客。

通过这个博客，通用汽车积累了一些经验，2005 年年初，就有了 FastLane 博客。Bob Lutz 是个很有创意的人，愿意了解新事物，当他获悉 smallblock 博客取得的成功和自己所要做的工作后，便立刻决定参与 FastLane 博客。随后，通用汽车因为一篇报道撤销了在《洛杉矶时报》的广告投入。这件事引起了不小的反应，出现了很多负面评论。通用汽车就通过 FastLane 博客直接与社会大众沟通，表达自己的看法和意见，很有效、很漂亮地化解了这次危机。在这一事件中，通用汽车北美公共关系副总裁 Gary Grates 通过博客对大众说："通用不反对公正的批评，认同记者在社会中所起的作用，通用非常认真地对待这些批评，并且从这些批评中学到了很多东西。"关于博客本身，Gary

说:“通用是率先建立博客的公司之一,通过博客,通用的管理者可以用他们自己的语言表达他们的观点,不经过任何人的过滤,并且直接听取对通用有热情的和对我们所做的事情有兴趣的人的反馈。Bob Lutz 在博客中反复强调,通用欢迎批评,在我们的博客中也有很多批评意见。”

一个很真诚的与消费者沟通的渠道产生了很好的营销效果,而且由于博客具有私有性、专有性的特点,人们对它信任度很高。

2. 戴尔的笔记本事件

2005 年年初,微软的“首席博客”Scobleizer 就预见到,一些“世界财富 1000 强”公司将组建全天候的博客班子,除了进行博客监测、预防危机外,还要组织企业博客积极与受众沟通。但是近年来如日中天的 PC 王国老大戴尔公司,却一不小心被博客撞疼了腰,至今未痊愈。

戴尔公司因为拒绝更换或维修一个损坏了的笔记本得罪了一个名叫 Jeff Jarvis 的人。如果这个人只是个一般的客户,可能得罪也就得罪了,没什么大不了的。要命的是这个 Jeff 是个资深媒体人,是一个评论家,某大报的专栏作者,还是《娱乐周刊》杂志的创办人。然而所有这一切也都不是最重要的,Jeff 的博客 BuzzMachine. com 才是致命利器,在网络上几乎尽人皆知,享有很高的声誉。

这个 Jeff 很较真,在他的博客中写抱怨戴尔公司的文章,鉴于他的博客本身所具有的强大影响力,他的每一篇檄文都会有几十个回复,都在呼吁让戴尔见鬼去!戴尔公司显然低估了这个每天有 5000 多访问量的 BuzzMachine 制造影响力的能力,也低估了博客传播的力量。戴尔公司怎么也想不到,Jeff 的做法引起了众多博客的效仿,对戴尔公司技术支持和客户服务不满的人纷纷跑到 Jeff 的网站争相回复,表示支持,一时势如潮涌。同时,忍无可忍的 Jeff 给迈克·戴尔和戴尔公司市场部的负责人 Michael George 写了封公开信。根据 BlogPulse 的显示,当天有 1%的博客或者链接这封信,或者发表意见讨论这件事。这封信在国际博客世界成了当天链接排名第三的文章,可谓当时一大热点。鉴于 MediaPost 发表文章讨论这件事情，戴尔公司退款给 Jeff，并表示今后将采取新的举措改进服务流程，并关注来自博客的意见反馈。

有人说，这是一场从一开始就完全可以避免的公关灾难。戴尔公司肯定及时了解到了 Jeff 的抱怨，但是并没有在第一时间作出积极反馈。Jeff 说他给戴尔公司上了一课，让戴尔公司学到了一个教训，这就是：大公司要关注博客，来自博客世界的意见反馈不容忽视。同时，大公司也要通过博客与用户沟通，这种做法可以证明公司是公正的、透明的、真诚的，并且是愿意和受众积极沟通的。

这一事件证明：令戴尔公司引以为自豪的客户服务呼叫中心服务模式需要改进：呼叫中心不再是客户抱怨的唯一渠道，不满意的消费者有可能通过博客把不满情绪宣泄出来；呼叫中心应同时处理来自网络方面的负面反馈，而不是放任其蔓延。

营销注重实战，现在已经有很多关于博客营销的理论性文章。从实战的角度借鉴一下别人的成功经验，利用实际的案例来学习和分析是很必要的。

3. 石头也疯狂的博客营销

“200 万的生意被你做成了 1000 万！”《疯狂的石头》中的这句台词竟然变成了现实。这个低成本、高票房的奇迹也许将成为中国电影制造的一个经典。就如同它前卫的名字一样，这个仅花费 300 万元的小成本国产影片，让很多看过的、没看过的人都为它疯狂不已。

上映 17 天，该影片的总票房就突破千万，首批 30 万套 DVD 也全部脱销。疯狂的票房走势带动“石头”的身价持续上涨，网络播映权、电视台播映权都卖出了国产小成本影片的天价。

即使是在海外巨片《超人归来》上映的当天，《疯狂的石头》也是当时上映的各影片中场次减少量最低的一部。在北京、成都、广州等地影院，“石头”在晚间黄金场的平均上座率为 80%，这些状况让部分影评家对于“石头”票房走势的担忧一扫而空。

这部由刘德华投资，宁浩导演，所有演员操着不同方言的纯娱乐电影，没有铺天盖地的宣传，没有明星的加盟，在简单试映了一下之后，影迷们疯狂的好评便如潮水般涌来。可以说，《疯狂的石头》能够横空出世，一举成功，在于满足了观众对电影的本质需求，也在于走了博客营销这一“草根路线”。只花了300万元制作成本的“石头”，抛却了气势磅礴但毫无根基的场面，也没有极尽奢华但空洞无物的制作，而是认认真真地洗尽铅华，用影像技术老老实实地给观众讲了个故事。与此同时，观众纷纷将石头的观后感诉诸于博客，使其知名度和美誉度成裂变式扩散。石头成为博客营销的典范。

近年来的电影营销，从从张艺谋的《英雄》开始，是渐渐被国人所熟悉的一个概念。但现在的所谓大片仿佛走向了另一个极端。2002年《英雄》，拍摄期间封杀所有宣传，首映典礼放在人民大会堂；2004年，华谊兄弟影视公司为《天下无贼》设计了一个别具特色的发行仪式：邀请一干记者，包下专列从北京奔赴香港，并命名“无贼号”；最夸张的要属2005年的《无极》，且不说1亿元的宣传费用让人目瞪口呆，仅仅是在戛纳电影节上，花30万欧元宴请片商的举动，就让其他影片方望尘莫及。

超级奢华的营销，当然也为这些影片带来了不俗的票房成绩。《英雄》一举拿下2.5亿元的国内票房，《天下无贼》也赢得了1.2亿元票房的好成绩，阵容空前豪华的《无极》国内票房也号称突破2亿元，而其市场开发效益据说更是达到20亿元左右。但是，不难看出，这些商业大片几乎只能成为个别创作者和公司的个案，操作模式和经验很难复制推广。而《无极》、《英雄》、《十面埋伏》的高票房更多的是导演的“品牌效应”，而非电影的内容和质量的体现；更多体现的是“烧钱”战略，而不是智慧营销。过度营销造成资源的巨大浪费不说，当这种无限制地赚取噱头的做法成为趋势的时候，必定会招来观众的反感。很多大片赢了票房输了口碑，就是最好的证明。

制作成本仅仅300万元的《疯狂的石头》，营销的费用同样少得可怜，但是，跟内容制作上的智慧一样，“石头”在造势方面做得也很聪明，他们没有选择烧钱式的、狂轰滥炸的广告攻势，而是看重了博客这种口耳相传的口碑营销模式。

在公映之前，“石头”就在制造口碑上下足了功夫。通过上海电影节上的宣传活动和影评人放映专场，先行在影评人和媒体中进行了预热。紧接着推出在五个城市做的免费放映，最直接地创造了口碑，提高了影片人气。在影片正式公映之前两周，已经持续不断地传出了一波波好评。

同时，在照顾传统媒体时，“石头”更充分利用博客以及论坛、MSN等形式进行宣传，这已经成为那些相对专业的影迷获取电影信息的重要途径。公映之前首先吸引了这部分人，加上有扎实的影片质量作保证，“一传十，十传百”的原始传播效果不容小觑。

据不完全统计显示，30%以上的观众是因为“石头”在网上的超级人气，通过博客中对电影的解读和图片粘贴了解到这部“值得一看”的影片。网络时代的博客传播在这里显示了最强势的威力。“打开新浪博客，文化等很多板块都有跟《疯狂的石头》有关的内容。”许多观众这样说。

这就是网络时代的规则，只要你的“产品”够好，它就能成功，即使它简单得就是一块石头。

五、游戏植入营销案例

1. 可口可乐牵手“魔兽世界”

游戏植入在快消品企业中运用比较多，而且效果非常明显。可口可乐(中国)饮料有限公司和网络游戏运营商“第九城市”建立战略合作伙伴关系，就是运用这种植入营销的方法。

可口可乐的饮料瓶打上了《魔兽世界》的卡通形象。可口可乐公司借助《魔兽世界》深入网吧等年轻群体密集的地方，与年轻群体亲密接触。以此相互借势，拉动彼此产品在对方受众空间中的份额。为此，可口可乐投入了1亿元人民币参与与“九城”的合作。

在《魔兽世界》游戏中，可口可乐作为能量水用以补充游戏角色的体力和能量。并且《魔兽世界》中还出现了几个由可口可乐活动兑换积分的NPC(游戏内人物)。可以说，可口可乐与《魔兽世界》的结合相当到位。

同时，可口可乐与第九城市在2005年夏季共同推出主题为“可口可乐——要爽由自己，冰火暴风城”的市场推广活动，并共同在网吧渠道建立和推广以“iCoke”为主题的生动化陈列活动，利用各自渠道资源和网络优势进行品牌宣传。可口可乐与第九城市配合夏季促销活动，还推出了一系列倡导青少年健康网络娱乐的活动。

可口可乐选择第九城市作为战略合作伙伴，是要充分利用互联网这个在年轻人中普及的沟通平台，通过创建 www.iCoke.cn 网络科技平台来加强可口可乐品牌与年轻消费者之间的联系，建立一个属于年轻人自己的可口可乐在线社区。

事实证明，可口可乐与《魔兽世界》的合作是成功的。《魔兽世界》借助可口可乐的国际品牌知名度，随之与受众进行接触，让受众认识了《魔兽世界》；可口可乐借助《魔兽世界》，直接面对《魔兽世界》的游戏人群，加深了他们对可口可乐的品牌印象，从而提升了可口可乐的品牌形象，达到双赢的结果。

2.“动感地带”娃哈哈贴身网易游戏

与此相类似的，动感地带与娃哈哈、网易游戏的合作，也取得了同样的效果。两款精品网络游戏《大话西游Ⅱ》和《梦幻西游 Online》创造了最高同时在线人数超百万的骄人成绩。百余万人同在一个游戏竞技场征战的场面，颇为壮观和浩大，而热闹场面的背后，则是网易游戏对于年轻消费者无所不至的市场渗透力。

此时，产品如何借力营销，就成为植入式营销的主要机会。网易网络游戏强大的产品力价值不容忽视，它能带给消费者无比巨大的认知力。中国移动“动感地带”和娃哈哈“非常系列”饮料通恰好能与网易游戏及点卡合作，借助网易游戏强大的产品价值进行推广，开辟了别具特色的游戏植入营销之路。

(1)“动感地带”触电网游　开辟“梦幻”新地盘

作为国内移动通信行业的著名品牌，中国移动拥有强大的品牌影响力，其旗下最具影响力品牌之一的动感地带，在推广中更是频频使出“大手笔”，博得“大效果”。动感地带通过签约周杰伦作为形象代言人，在短短一年内带动了超过1000万的年轻客户，创造了中国通信史上一个成功营销的经典案例，“我的地盘听我的”成为青年人中间最“炫”、最“酷”的宣言。

动感地带的另一个过人之处，体现在进行品牌网络互动营销的超前意识上。

为了维护年轻用户的忠诚度，保持并扩大动感地带品牌的影响力，中国移动认识到应在网络营销上多选择一些能够直接面对年轻用户的渠道和方式，于是他们将合作之手伸向了年轻人更为喜欢的网络游戏。

2005年3月15日，中国移动与网易正式建立友好合作伙伴关系，动感地带通过网易旗下大型Q版网络游戏《梦幻西游Online》进行深度品牌推广。此次合作是国内移动运营商与网络游戏行业的首次合作，开拓了通信商网络营销的一个崭新领域。

动感地带和网易《梦幻西游Online》，它们都有着属于年轻人的共同特质：动感地带的品牌诉求，尽显年轻人的张扬与独立，而网络游戏是年轻人聚集的地方，总能够刺激众多年轻网民的眼球。网易自主研发的大型浪漫Q版网络游戏《梦幻西游Online》，渗透着青春活力与气息，它深得年轻游戏爱好者的喜爱。自2004年1月上市后，《梦幻西游Online》的注册人数迅速增长，短时间内就超过了2900万，同时在线人数最高超过66万。该游戏是国内有史以来增长最快的网络游戏，也是2004年度中国运营情况最好的一款网络游戏。动感地带再次显示了超强的市场洞察力与把控能力，很好地利用了网易游戏年轻人关注度高这一优点。

根据双方的合作内容，中国移动成为《梦幻西游 Online》2005 年全国定期线下活动的冠名赞助商。这一合作能够整合动感地带与梦幻西游的优势，为网络用户提供更丰富多彩的线下互动。《梦幻西游 Online》也将在游戏世界内为移动动感地带客户提供奖励和特别内容，其中包括“动感地带梦幻西游联名游戏点卡”、动感地带专用服务器、游戏“系统公告”界面品牌提示、动感地带客户特权游戏账号卡等等。

凭借《梦幻西游 Online》的优异表现，动感地带品牌有效实现了与网络游戏用户的接触，并通过有针对性的网络游戏推广，最大化地提升了品牌在年轻用户中的亲和力。在合作过程中，每天直接影响到的年轻消费者达到数百万人次。此次合作，给动感地带带来了稳定、巨大的品牌曝光量与销量。

(2)娃哈哈“随发”游戏点卡

国内知名品牌娃哈哈于 2005 年也同网易建立了合作，通过“随发”网易游戏点卡的形式，进行品牌推广。

娃哈哈公司在市场营销推广上拥有丰富的成功经验，带领旗下“非常系列”饮料产品在国内市场与可口可乐、百事可乐两大国际饮料品牌进行搏杀，成功保住了一部分稳定的市场份额，彰显了民族工业之威严。为了继续扩大“非常系列”饮料在年轻群体中的影响力，娃哈哈在品牌推广上也瞄向了网络游戏，并确定了通过网易游戏点卡进行推广的策略。

娃哈哈“非常系列”饮料推广重点放在二线城市，这正好也是网易游戏的优势区域。网络游戏正在成为二线城市中年轻人最为主要的生活娱乐方式，网易的《大话西游Ⅱ》和《梦幻西游 Online》两款游戏很受欢迎。根据这一切合点，网易为娃哈哈策划了“喝非常系列，送网易点数卡”的活动，网易提供点卡作为娃哈哈的促销奖品，娃哈哈利用产品包装推广网易点卡。消费者喝非常柠檬、非常甜橙、非常苹果产品，通过印在包装上的用户名和密码，登录网易活动网站进行密码验证，就有机会获得网易点数卡奖励。网易为此合作共提供了2000万点卡（以5点为一单位，共400万个单位），娃哈哈则提供了5600万瓶非常系列的产品包装。

从市场效果来看，此次推广效果明显。据2005年3月21日—4月5日短短的14天统计，参与“非常系列”线下促销活动的人数为10026人次，上网登录注册并成功获得点卡的比例超过10%，遍及全国34个省份，陕西、河南、黑龙江和山东等省份的二线城市的参与者较为集中。需要说明的是，点卡的获得必须满足线下收集、线上注册全过程参与的条件，所以这超过10%的用户对“非常系列”的忠诚度之高是无法用数字来简单衡量的。

动感地带、娃哈哈借助网易游戏进行的成功推广，彰显了游戏植入营销的巨大效果。在品牌备受关注的今天，游戏植入营销可谓企业进行品牌推广一种有效途径，其重要性日益彰显。

六、无线营销案例

1. 拨12580免费吃麦当劳

北京移动用户拨打12580查信息可免费享用价值11元的麦当劳套餐！

2008年1月1日—1月31日期间，凡北京移动用户（神州行旅通卡用户除外）拨打北京12580（外地漫游加拨010）查询餐饮、娱乐、路况、便民等信息，累计查询5次及以上，就可获得价值11元的麦当劳电子兑换单。北京移动用户只有使用本机拨打12580，查询相应信息满5次才可以获赠麦当劳兑换单，若北京移动用户使用其他电话拨打将不计入该用户的统计次数。每次拨打算一次，如果拨打一次内查了多条信息，也计为1次。北京移动将每周统计一次，用户可在累计查询达到5次后，于次周三24:00前获得麦当劳电子兑换单。北京移动将以二维码的形式把麦当劳电子兑换单下发给用户。关于麦当劳电子兑换单的使用说明如下：

(1)麦当劳电子兑换单有效期为自下发之日起三个月，过期无效。

(2)使用地点：北京地区所有麦当劳餐厅。

(3)有AB两种套餐选择，可任选其一。套餐A：中杯雀巢冰极冰爽茶、麦辣鸡翅两块；套餐B：中杯雀巢冰极冰爽茶麦乐鸡5块。

(4)二维码为一次性消费凭证，不可重复使用，不设找赎。

(5)用户收到短信和彩信后，即可凭该短信或彩信到北京任意麦当劳餐厅使用。使用时，用户需出示手机上的二维码凭证，麦当劳工作人员使用识读机具进行扫描，或者在机具上录入12位数字代码(效果相同)，验证成功后，用户即可使用该兑换单兑换相应的套餐，并在麦当劳进行消费。

(6)用户在麦当劳餐厅对二维码验证成功后，必须当天在当时验证的餐厅内消费。当天不消费将作废。

(7)为保证用户能正常接收，所以北京移动向用户同时发送短信和彩信的二维码，但两个二维码是一样的，使用其中的任何一种形式的二维码后，该二维码即不可再重复使用。

活动期间每位用户最多获得一张优惠券。只有拨打12580查询餐饮、娱乐、路况、便民信息等使用12580综合信息服务的用户才可以参加本次活动，使用12580机票酒店预订服务，或使用移动秘书、代发短信、归属地查询、手机杂志业务受理和彩铃开通、取消、下载等服务的用户不属于活动用户。

2. 天喔"Q猪好大运"活动

好的无线营销活动与传统营销活动进行配合，可以产生异想不到的好效果。

比如，天喔小香肠在2007年6月到2007年11月期间，举行了一次买促销包装的天喔小香肠即可参加抽奖的活动。消费者每买一袋天喔小香肠产品，包装袋内都有一张刮刮卡，上面印有密码和参与抽奖办法。

此次互动宣传媒介：网络病毒营销。

抽奖办法：消费者发送每张刮刮卡上的印好的、唯一的不同位数的数字到指定的短信特服号码，消费者进入抽奖区。

奖品设置：特等奖，奇瑞 QQ 汽车一辆，使用权一年，限 1 名；一等奖：品牌手提电脑一台，限 10 名；二等奖：天喔 Q 猪笑笑杯一个，限 10000 名；三等奖：天喔 Q 猪笔筒一个，限 20000 名。

密码规则：随机 14 位数字，对应相关产品型号。

活动费用：每条短信信息费 0 元（不含通信费）。

总印刷量：130 万袋包装。

发送地点：在上海、北京、深圳等重点城市的商场及家乐福等超市。

附加功能：无其他功能。

企业功能：企业可以由统一的平台界面，看到每秒的更新，实时看到用户的参与数量。

总回复量:3 万人左右(移动和联通)。

3. 肯德基“年年有鱼”活动

肯德基在 2008 年 1 月到 2008 年 2 月期间,举行了一次买汉堡就赠送刮刮卡,可参加春节抽奖,并附带优惠券的活动。消费者每买一个鳕鱼汉堡套餐或缤纷节日桶即可获得这样的卡片一张。

此次互动宣传媒介:中央电视台、地方卫视台、户外液晶屏幕、户外大牌、网络、终端海报等多种媒介形式。

抽奖办法:消费者发送每张刮刮卡上的印好的、唯一的不同位数的数字到指定的短信特服号码,消费者进入不同奖区。

奖品设置:一等奖,20 台惠普笔记本电脑;二等奖,100 台索尼数码相机;三等奖,1000 台苹果 ipod shuffle mp3。

密码规则:12 位代表一等奖区;13 位代表二等奖区;14 位代表三等奖区。

活动费用:每条短信信息费 0.2 元(不含通信费)。

总印刷量:1000 万张。

发送地点:全国 2200 家左右的肯德基连锁店。

附加功能:消费者可以发送指定命令查询用户参与数量,来判断自己的中奖几率。

企业功能:企业可以由统一的平台界面,看到每秒的更新,实时看到用户的参与数量。

总回复量:250 万左右人(移动和联通),281 万多人次(移动和联通)。

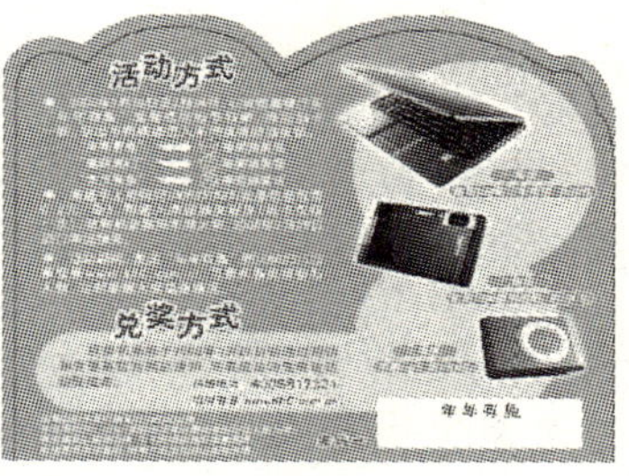

消费者为何非常愿意参与这样的短信互动活动呢？同时不同产品为何差异会如此之大？总结如下：

(1)企业举行的活动有一定的保证，有公证处的证明，奖品是实实在在存在的；

(2)企业品牌影响力，知名度非常高，号召力强；

(3)企业本身媒体推广力度大，媒体覆盖网络全；

(4)奖品吸引力强，符合产品对应消费人群的需求；

(5)产品特性决定购买量大，消费频次高；

(6)明确短信资费，使用低资费的点播业务。

未来的一段时间，最方便的互动工具在中国还将是短信。短信在中国已经成为大家熟悉的一个通讯工具。发送方便，不需要安装任何硬件解读设备，也不需要在手机上安装任何软件，因此就不存在消费者行为习惯的培养。

七、媒介交互化营销案例

1. 电影“婚礼傲客 WEDDING CRASHERS”剧照 DIY

新媒体的交互性，可以在传统的电影中看到。比如，前两年一部票房很高的美国喜剧片，说的是两个家伙出入各种婚礼中沟女。

推出时，在电影的网站上提供了很多婚礼剧照，并提供技术让人们可以将自己的照片贴上来，使自己能出现在《婚礼傲客》的婚礼中，结果将原有的电影宣传照片改得面目全非，“残酷”地摧毁和改造了电影。

从效果上看：人们主动设计的婚礼剧照超过 300 万个，而且人们纷纷将自己改造后的剧照发给朋友，等于是免费做了广告，这一创意至少波及了过千万人。

这种方式近几年在国外层出不穷，有些很奏效，有些悄无声息。成败的关键还是取决于两点：一是让人参与的事是否真的好玩，二是传播的产品本身的体验性要很好。

这说明，交互性在其中的重要性。

2. 终端交互让品牌腾飞

终端如果形成交互效果会是怎样？波司登双羽羽绒服的做法，给了我们重要的启示。终端与终端的合作，可以让消费者对品牌有更多的体验。而且，厂商可以不用进行大量的线上媒介推广与公关活动，就可以取得很好的效果。终端与终端的合作，让消费者有无数个体验空间，可以像回家一样地体验产品，由此厂商建立起良好的品牌形象。

我们以波司登双羽羽绒服为例，说明在线上媒介预算有限的前提下，终端体验也能让消费者清晰地感受到品牌印象。

(1)差异化品牌定位

强化品牌是客户和代理商的共识。双羽的新生是一次机会，原有的品牌基础建立了消费者对品牌根深蒂固的信任，如何再一次赢得消费者的心，这是双羽品牌之路的核心课题。

差异化是品牌建构的核心。“双羽”的市场定位到底在哪里？

之前，尽管有“雪中飞”、“雅鹿”、“哥杰斯”等品牌曾推出零散的运动休闲系列或广告诉求空泛的活力、动感形象，但从来没有一个专业做运动羽绒服的品牌。

双羽，专业的运动羽绒服品牌。它意味着活力洋溢的款式，意味着比一般羽绒服更多样化的运动功能，意味着众多年轻人的热衷……它比一般羽绒服更有活力，比运动服更“温暖”——因为我们是“运动羽绒服”。在冰冷、刻板的冬季，“双羽”不仅释放温暖，更释放生机勃勃、催人奋进的运动活力。“运动羽绒服”足以形成冬日街头新一轮的运动时尚风暴！

双羽，定位专业的运动羽绒服品牌。昂首从低端价格、产品功能的浅层次竞争中超越出来，走出了自己独特的差异化模式，走出了超越技术层面的竞争，立志做羽绒服专业细分领域的领头羊。

(2)建立消费者价值认同感

核心概念是与消费者心理对接的暗号,是为了让消费者有感觉,所以不能对牛弹琴,不能自言自语,要说消费者的语言,说他们的心理话。仅仅触及皮毛却无法深入内心的核心概念是众多品牌徒具知名度、缺乏品牌认同、品牌忠诚度低的“病根”之一。

品牌的核心概念要形成差异化,通过与消费者的持久沟通,能够塑造出独特的、区别其他品牌的气质和性格。优秀的核心概念必须具备三个条件:

①能与目标消费群形成心理对接,产生共鸣;

②积极向上是运动精神的代表;

③具有包容性,能通过内涵上的延展,丰富品牌价值。

然而,面对现实环境的太多规则、束缚、困难、负担,他们不能如愿,他们需要甩开包袱、突破自己、全力以赴……

“突破自己”就是强者;突破自己,让你与梦想更近一步;突破自己,你会发现成功其实就在身边。

“双羽”的新定位:以“运动羽绒服”细分羽绒服市场,用品牌的力量来创造品牌的附加值,形成在中高端价格的品牌优势。

(3)注重消费者体验价值

中高端品牌的消费者购买商品更多的是购买商品背后品牌的价值,购买的是品牌给他/她的自我认识和体验。因此中高端品牌与消费者沟通的方式也应该是有互动的,注重品牌体验和产品体验的。

作为中高端品牌,应该清醒地认识到何需有为,何需不为。任何活动都应该是符合品牌形象的,对提升或巩固品牌有益的:

媒介互动而不强轰炸;

产品可送而价格不降;

终端体验而非强卖。

(4)创意表现

基于这样的认知和对品牌核心理念的了然于胸,短短一个月时间，天弋品牌就快速高效地完成了双羽的电视广告、平面视觉、产品样本、品牌手册、企业介绍等系列宣传物的设计和制作，形成了高强度的一致性。

平面表现

电视广告

双羽的电视广告呈现的是这样的画面：

寒风凛冽的早晨，当男主角懒懒地窝在床上不想起来，一个影子从他身上飞出来，快速穿好衣服，精神抖擞地赶去上班；大雪纷飞，当他拼命奔跑也赶不上公车、气喘吁吁真想停下来休息的时候，一个影子从他身上飞出，加快步速跨上了车子；当他在路口遇到歹徒，胆怯地想往后退的时候，又一个影子从他身上飞出，战胜了暴徒……旁白在说："想回头，有一万个理由；要前进，没有借口！"

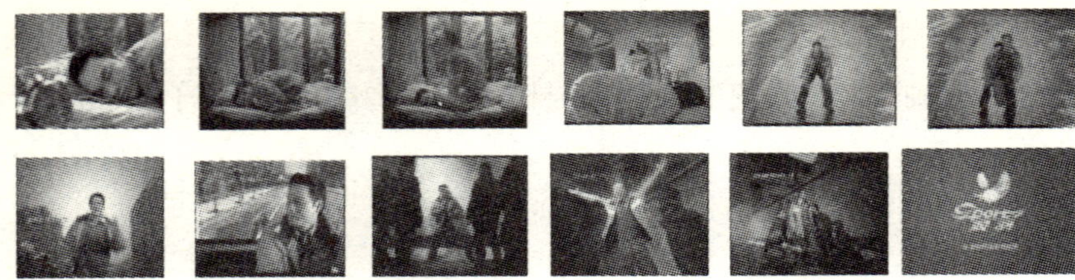

终端形象互动体验

专业的道具设计师拿出了酷感十足、充分传递运动体验的门店设计。天弋品牌的美术指导们也煞费苦心地设计了灵活多变的店头POP样式，进行了一系列的终端演示创新，让门店的每一个角落都成为出色的品牌传播工具。

体现品牌理念的有：终端有冠军台、投篮互动体验区、我为冠军签名区等。

提升产品价值的有：Gore-Tex 功能演示区。

由于线上媒介预算有限，天弋品牌靠终端体验，与终端生动化演示道具，成就了“运动羽绒”差异化的品牌形象。

八、文化植入案例

1. 查理士河服装品牌文化植入营销运用

文化植入一般要找到相关赛事活动相配合，才能产生较好的效果。

赛艇作为一项传统活动在西方国家可谓历史悠久，而和商业赞助的结合早在 19 世纪就已起步。美国新英格兰铁路运输公司于 1852 年曾向哈佛大学和耶鲁大学的赛艇队提供赞助，免费送队员前去比赛，同时予以大力宣传，以吸引赛艇迷搭乘他们的火车前去观看比赛。

中国的赛艇运动相对开展较少，因而国内相关赛事的商业运作仍旧处于起步阶段，多数厂商也仍旧持观望的态度，但这也意味着它在国内的商机尚有巨大拓展空间。正规化的商业赞助有利于赛艇运动在全社会范围内的推广，是企业履行社会责任的表现；另一方面，日渐兴旺的赛艇运动也帮助赞助方提高了自身的知名度，为他们的发展壮大乃至走向世界打下了基础。

以查理士河服饰为例，以美国哈佛及耶鲁大学大学生赛艇比赛所在地查理士河为服装品牌，而查理士河正是以大学生赛艇闻名于世，这不但是一种结合品牌、运动、媒体与行销的创意，更是一种以相对较低的资金投入，取得行销、品牌提升与广告效果的市场开拓策略，特别是在即将开赛的北京奥运前夕，当全球视野集中在穿着查理士河品牌服饰的清华大学赛艇选手身上时，查理士河品牌已经成功地将它的品牌和奥运、清华大学、高尚的赛艇运动结合在一起，同时也将查理士河服饰的产品定位和形象提升到国际知名品牌的范畴。

这个营销案例最特别之处在于，可以成功地把品牌的精神和定位透过清华学子表现出来。这种植入式营销，更容易让大家接受。这种赞助，将大大地增加"查理士河"的曝光率，无论是查理士河品牌将持续展开的赞助活动，还是未来奥运赛艇比赛的举行，都将使查理士河品牌出现在人们的视野当中。

无论是在品牌理念、品牌基础、概念支持，还是在营销理念上，查理士河品牌也始终围绕着六个层次：在属性上，查理士河象征高尚、贵族、古典的蕴涵；在利益上，查理士河的属性被转换成消费者功能性与情感性的利益；在价值上，查理士河隐含高雅、流行与时尚的质量；在文化上，查理士河代表中国以科学发展观创造和谐社会的现阶段文化特质；在个性上，查理士河扮演社会精英分子的代言人；在使用者的层次上，查理士河代表推崇服饰价值、衣着文化、个性品位、团结合作及使用者的社会责任。

值得注意的是，一个好的品牌，其产品的定位是市场开发与行销策略最基础也是最重要课题之一。"查理士河在品牌的定位上，透过服装的设计、客户群的设定、活动的推广，再加上本次对清华学子赛艇运动的推广，在形象、产品功能、目标人群甚至品牌的价值上，都已有了明确的体现。”

除此之外，与媒体的互动合作也是此次“查理士河”赞助活动的一大优势，“他们把媒体当成一种合作的伙伴，一种渠道，一种宣传的手段，双方已经超过了‘广告主和媒体’的关系，更多的是合作关系。”

不可否认，一种产品推广的成功，很大程度上反映了市场的需求。服装作为一种文化载体，是品位的表现，更是价值的体现，查理士河透过产品定位，从服装上表现消费者的个性，从衣着内涵体现和谐社会的精神，巧妙地结合了市场需求、时尚流行、社会责任与经济发展的需求，充分开发了潜在市场的价值认同。

作为服装品牌，查理士河成为了先行者，首次将自己的品牌内涵与底蕴和大学高校的百年文化以及赛事运动的精神深刻而紧密地整合在了一起，从而巧妙地创造了一个精彩纷呈、颇含智慧的三赢局面。

可以说，这是一次异常成功的市场营销案例，而对于此案例所体现的学术理论和更加深入的市场影响，还在不断扩大。

2. 带着宫廷的印记走向大众的崇拜——Louis Vuitton 的奢侈成长

LV 几乎不做大众营销，主要运用的方法是文化植入式营销。

在过去的 152 年中，Louis Vuitton（LV）从宫廷走向贵族又走向了大众，但不管在哪里，不管在什么时候，每一款 LV 都是那个时代风尚的缩影，而 LV152 年的历史正是整个奢侈品历史的浓缩。为了庆祝 LV 经典的行李箱面世 150 年，法国巴黎香榭丽大道上的 LV 专卖店特意在门前竖了一个一层楼高的巨大行李箱，展现品牌时尚又有古典的魅力。

像很多传统奢侈品牌一样，LV 在创立之初并不是靠自己的品牌理念来吸引消费者，而是靠产品的品质获得了第一批忠实用户。在没有大众媒体的年代，LV 得以在上层社会中流传开来，靠得主要是上层社会成员之间的口碑传播（Word-of-Mouth Communication）。最初是在欧洲的宫廷之间，后来扩散到欧洲大陆的贵族们。事实证明这种口碑传播是有效的，LV 品牌的第一批传播者都是王宫贵族，这群消费者是非常理想的意见领袖（Opinion Leader），他们有显赫的社会地位、良好的教育修养，以及显赫的社会影响力——意见领袖的兴趣爱好往往会在社会上形成一股风潮。这些人的口碑传播在增加可信度的同时也增加了 LV 的品牌质感和消费者群体认同感。

1954 年，为庆祝交织字母标志诞生 100 周年，LV 的总裁圣·卡斯利（Yves Carcelle）邀请 7 位赫赫有名的前卫设计师来设计交织字母标志的箱包新款式。

LV 商标从此开启了路易·威登的划时代意义。它凝聚着路易·威登的全部精神价值和文化理念，深入到每一个消费者心中，它令路易·威登开始作为品牌象征注入人们的观念。它开启了路易·威登的品牌时代，成为路易·威登产品的符号代表。LV 就是人们心目中的尊贵象征，拥有 LV 和渴望拥有 LV 的人在心理上形成了共同的价值取向和情感体验。为路易·威登在 20 世纪的现代产业竞争奠定了重要的基础。

整整一个世纪过去了，印有“LV”标志这一独特图案的交织字母帆布包，伴随着丰富的传奇色彩和雅典的设计而成为时尚之经典。100 年来，世界经历了很多变化，人们的追求和审美观念也随之而改变，但路易·威登不但声誉卓然，而今保持着无与伦比的魅力。

（1）奢侈的体验

秋后的一个下午，一对崇拜 LV 的日本银发夫妇，步行到了 LV 旗舰店，站在店门口深深地一鞠躬，接着眼神凝视店内，过了许久，才恋恋不舍地离开了这家闻名东京的旗舰店。

对于塑造奢侈品牌来说，对大众品牌有着神奇魔力的电视广告却像毒药一样，很少有顶级奢侈品染指，因为之所以奢侈，一个很重要的原因就是其具有的稀缺性：少，生产的少，买得起的人少，能经常买的人更少；很难想象一个人人都拥有的物品能够成为奢侈品。而在这样的营销前提下，我要让大家知道我尊贵，我奢侈，但又不能用太大众的方式来让大众知道，于是没有什么比建立一个奢侈精致而又有创意的旗舰店更有效果的了。

LV绝对是做有创意的旗舰店的高手。2004年为庆祝LV创立150周年，路易·威登将香榭丽舍大道的旗舰店规模扩增两倍。出人意料的是，路易·威登特地制作两个超大的招牌旅行箱，架在旗舰店的大楼外面，赚足了过往行人的眼球。这里不仅展出有LV历史上28件珍贵的古董行李箱，而且位于旗舰店七层的LV美术馆，也首次选用了一群尖端艺术家的作品，在店内做永久性的陈列。其中一件由白女人裸体构成的字母"L"和黑女人裸体构成的"V"组成的图案颇为打眼。徘徊在路易·威登旗舰店的漫步长廊，你将发现美国艺术家JAMES的灯饰雕塑，以及丹麦概念艺术家OLAFUR专门为路易·威登设计的作品。你完全可以把这样的旗舰店视为当代艺术馆。这样的效果正是LV所追求的，比起LV的许多竞争对手主要为了满足购买者的虚荣心而设置旗舰店，LV的这个店面每天有3千到5千人前来膜拜，据说在巴黎是排在埃菲尔铁塔和巴黎圣母院之后最有人气的旅游胜地。LV将自己的旗舰店塑造成了一个城市的地标性的建筑，其尊贵地位，奢华姿态，不着一字，尽得风流。

在这样的一间旗舰店里徜徉，如参观艺术馆般的态度来参观LV的精致皮具，这当中甚至有了某种朝拜的极端倾向，试想一下，你能把罗浮宫里的《蒙娜丽莎的微笑》买下来，还能天天背在身上在繁华的都市中漫步的感觉；《蒙娜丽莎的微笑》不行，但LV的包包却可以满足你的这个奢侈的体验。

(2)年轻的创新

作为一个拥有150多年历史的品牌，你可以帮它当作资产，也可以把它当作负债；历史悠久底蕴深厚是资产，一成不变古老死板是负债。路易·威登的当家人敢于在这样的历史沉积面前作出年轻的创新的决策：1997年，年仅34岁的纽约设计师马克·雅戈布(Marc Jacobs)加盟LV，出任集团设计总监。他开创的时装系列，为LV这个象征巴黎传统的精品品牌注入了新的活力。马克·雅戈布提出“从零开始”的极简哲学，他结合LV古典气派的形象，将传统字母组合图案印压在糖果色漆皮皮具上，配以简约的服装系列，令LV的形象趋向时尚活泼，获得全球时装界的一致喝彩。

也许就是这样的大胆创新的魄力，让路易·威登多年来一直稳坐在时尚类顶级奢侈品的宝座之上，这个混合着古老的沉稳和年轻的可爱的奢侈品牌，成功地让自己的名字成为了奢侈品的代名词。

(3)研究中国的消费者

从路易·威登官方网站的几次细微改变你能看出其在中国市场的上升态势来。1997年，路易·威登首次开设正式官方网站时，设置了最初的中文网页，这时是LV进入中国内地的第五个年头。四年后，路易·威登又设立了一个有英语、法语、日语和繁体中文四种不同的语言版本的新网站。同年7月，路易·威登中文版的网页中增添了“大中华焦点”栏目，主要涵盖LV在中国香港、台湾和内地地区的动向。

路易·威登中国董事总经理施安德先生承认说：“这的确是因为Louis Vuitton的中国消费者尤其是中国内地消费者数量增长而设立的。”而LV的一个新计划是开设简体中文版网站和增加更贴近内地市场的网站内容。

望闻问切，最重要的是切脉。为了遵循这一古老的东方哲学理念，那些试图进军中国奢侈品行业的豪华品牌必须抛弃对“当年勇”的傲慢自大，放下架子去聆听客户的心声，去感受这个新兴市场的时代脉动。

路易·威登在中国取得的令人瞩目的成功清楚地证明，只有理解推动奢侈品购买行为的“原因”，奢侈品公司才能获得建设品牌方面的新想法，触摸到目标市场的情感需求，并卖出更多产品。

全新的奢侈品文化已登陆中国。中国奢侈品消费者的平均年龄在40岁以下。奢侈品不仅仅属于上流社会，新新人类主张人人有权拥有奢侈品。年轻的中国消费者喜欢将奢侈品与街头时尚品牌混搭的做法。于是，在这样的对中国消费者的研究基础上，路易·威登已开始向中国客户提供创新服务：

奢侈品牌 LV 做出的低姿态不仅没有损害其尊贵的形象，反而因此抓住了中国消费者的特性，了解了他们购买的动因和能够承受的范围，独占中国奢侈品消费的鳌头。

九、异业联合案例

1. TCL 冰箱和农夫山泉的联合之路

TCL 冰箱和农夫山泉合作，双方在渠道销售和终端展示互相呼应，彼此支持。TCL 搭乘了农夫在央视的广告快车；农夫在频率高、现场促销效果好的家电业大型“户外 SHOW”活动中，提升了品牌形象。

TCL 白电和农夫山泉推广部捷报频传，双方联合开展的“激扬中国力量　弘扬奥运精神”主题活动在全国各大中心城市重点卖场隆重上演，一浪接一浪的促销攻势在两家公司的销售终端势如流火、炙热异常。TCL 冰箱和农夫山泉首尝异业联合新模式，开创了家电业和饮料业异业联合的先河。

(1)寻找“异业”

TCL 这一家电白金品牌经过几年的市场滚打，TCL 冰箱在市场上依然表现平平，TCL“保护伞”式的品牌延伸策略在冰洗产业并未达到预期的轰动性效果。冰箱业历经几番合纵连横，不少精锐品牌的锐气被消磨大半，在 2004 年冰箱旺季即将到来之时，市场上并未出现旺季“井喷”行情，各品牌在营销方面似乎也都无计可施。TCL 冰箱虽然在 2003 和 2004 年实现了翻番的增长，但总量有限，其仍然在二线企业行列徘徊。跟随者得到的永远是强者的施舍，只有挑战者才能与强者共享蛋糕。这是亘古不变的市场规则。因此，在下一轮业内整合浪潮即将席卷而来之际，选择主动出击通过营销创新、合纵联横打破行业现有格局，实现 TCL 冰箱产业跨越式发展成为 TCL 冰箱产业目前的上佳选择。但仅凭 TCL 之力，以市场常规的套路打法，靠通常的产品推陈出新、产品促销、渠道攻伐和终端拼抢战已很难在强手如林的竞争环境中胜出。TCL 冰洗产业的领军人物——石碧光是一个很有远见、资源整合的高手。他决定独辟蹊径、出奇制胜。于是 2004 年初，TCL 白家电事业部对年度品牌推广策略进行了一番大胆的调整，其中重点之一是强调要通过异业联合，从行业外寻找资源来嫁接自己的竞争优势。

首先，TCL 将自己的资源优势和竞争弱点，结合下一轮冰箱产业的竞争趋势进行梳理。结果发现，国内冰箱产业在竞争上一直以来都比较僵化，不管是品牌推广还是终端市场争夺，各大品牌都严重地以“自我为中心”，不善于借力打力，不善于通过与外部资源的结合，营造一个使自己的品牌影响力扩大数倍的“磁场”。于是，TCL 判断下一轮冰箱业的竞争，终端的宣传推广必定会向“体验营销”倾斜，在营销上商家的自卖自夸单向宣传，将被消费者的切身感受和体验形成自我判断所代替。

其次，TCL 将产品功能进行了深层解析。冰箱产品的基本功能是“制冷”，给消费者的带来的价值利益是“保鲜”。空口白白地说“保鲜”功能，很难让消费者摸得着、看得见。但是通过其他相关产品的联想延伸到“保鲜”，诚为一种可行的选择。于是，同样具有“保鲜”概念的饮料业进入了 TCL 的视野。饮料业的受众范围广，有怡人舒爽的口感，且与冰箱业的旺季销售同步，消费者通过在终端直接品尝饮料消费，会很自然地对冰箱的“保鲜”功能产生认同。锁定饮料业之后，TCL 在合作伙伴的选择上十分慎重。TCL 是讲诚信、对社会负责的企业，一定要找一个品质可靠、消费者认可的饮料品牌，方可与自己的品牌对称。在国内诸多饮料厂家中，TCL 经过精心挑选和慎重考虑，最终把“绣球”抛给了业内知名的饮料企业——农夫山泉公司。“农夫山泉的产品口感较好，其品牌形象佳，在终端推广上做得也较成功，更为重要的是，农夫山泉管理团队对新思想的接受比较大胆，执行力也很强，相比其他一些竞争对手的老气横秋或每况愈下，农夫山泉应该是一个很好的选择。”TCL 白家电市场推广部部长蔡忆昕这样解释到。

(2)整合的契机

从想法的形成，到与农夫山泉的沟通，再到意向的初步达成，TCL 与农夫山泉双方磨合了一个多月。家电业和饮料业的异业联合，对于 TCL 和农夫山泉来说都是第一次尝试。在异业联合合作的构想和执行上，TCL 和农夫山泉都没有经验，行业内也鲜有成功案例可寻，唯一值得提及的是小天鹅和宝洁的合作，他们经过耳鬓厮磨了十多载，才真正携手达成合作意向，走过了一个漫长的戏剧性过程。在没有经验和缺乏指导的情况下，TCL 和农夫山泉两家国内实力派企业，在异业联合方面需要摸索出一条切实可行的道路。

异业联合，需要联合双方在概念上的完全开放沟通，相互谅解求同存异。异业联合毕竟是商业合作，本着对各自企业负责的心理，双方一定会在利益上都有各自的追求。TCL 与农夫山泉的合作中，双方从一开始就以非常开放的心态，进入了一个正常的沟通阶段。最开始的沟通很重要，一定要知己知彼，找准双方真正的需求。

农夫山泉在饮料业是后起之秀，是个挑战者，它很想用自己的锐气瓜分先行占位者的领地，于是在自我品牌的推广上，它总是不拘一格地概念频出，极力吸引市场的关注。但面对娃哈哈、康师傅、统一等强势品牌的夹击，单靠其一己之力，农夫山泉难以最大限度地吸引消费者的眼球。频繁的媒体炒作对品牌形象的提升并无多大益处，靠形象广告拉升又费用太高，正在农夫山泉苦苦思索营销创新良策之时，TCL 冰箱及时到来，带给它一个品牌便车的搭乘机会，面对这样难得的双赢合作机会，农夫欣然接受。

其实农夫山泉也一直在寻找与自己品牌对称的企业，希望能用一种真正保鲜的冰箱来证明农夫山泉产品的新鲜，对一般的企业不敢贸然接受。此次双方能够快速进入角色，与双方的企业机制、战略眼光是分不开的。更为巧合的是，当农夫山泉的管理团队到TCL总部考察时，发现TCL一款冰箱新品的设计风格与农夫山泉广告片上的冰箱设计不谋而合，非常相似。双方有太多的共同之处，自然顺利地走到了一起。

于是，当TCL提出将农夫的饮料摆在TCL冰箱售点进行捆绑展示时，农夫山泉公司立刻表现出了浓厚的兴趣和合作的愿望。但合作的共鸣点显然不会是兴趣那么简单，农夫希望能借此次合作，在品牌形象和终端销售上获得更好的市场表现。

谈判是一个利益博弈的过程，双方都想用最小的成本获取最大的利益，或者至少是让自己付出的成本"值得"。农夫不仅仅想借助TCL的名气，获取TCL的渠道资源，特别是农夫山泉公司觊觎已久的二三线市场，而且它更想把自己进一步融合到TCL的路演等活动和媒体广告之中，共享TCL的传播资源。农夫获益颇多，TCL也收获不小，TCL以往的终端形象展示点、路演活动和媒体资源的传播价值还有很大的空间可以利用，与其让这些多余的资源价值闲置，还不如予人方便，与农夫山泉进行资源整合，将双方的传播资源加总起来，最大限度地放大传播价值。

(3)强化执行

异业整合最关键的一环是执行。

当年创维和美的异业联姻，就因为美的缺少销售渠道终端维护人员，活动现场无人负责执行而以失败告终，但TCL冰箱和农夫山泉并无此之虞。TCL和农夫山泉在宣传和销售部门的沟通，促销目标的执行和活动的终端维护上都有很出色的表现。

异业联合在很大程度上是一个磨合的过程，磨合不仅仅是异业伙伴间的外向磨合，更是执行上的内部磨合。这种磨合包括市场推广部门与销售部门的磨合，磨合的结果就是让市场部门的推广方案更符合终端销售的现实；包括销售部门内部的磨合，磨合的结果就是做好活动现场的执行和终端维护。

在活动的执行过程中，双方订下了“规矩”，如果终端执行出现问题，要第一时间反馈给总部协调小组，有了良好的机制，保障了活动的顺利进行。随后有反馈称，有竞争对手效仿 TCL 与农夫山泉的合作，这证明 TCL 对未来趋势的把握充满了先见性。但跟随者得到的永远是先行者的施舍，在激烈的市场竞争中，哪怕快人半步，都会占据与众不同的竞争优势，都会创造出更多的价值。

2.《瑞丽》与荣昌·伊尔萨贴身热舞

前几年，我国的期刊发行渠道比较单一，主要是通过邮局发行或是自办发行，在邮局之外尚未形成具有相当实力的、可以辐射全国的期刊发行网络。随着我国经济国际化脚步的加快，我国逐步开放了期刊批发和零售市场。中国巨大的期刊发行市场吸引了无数眼光，国内外各大出版商都开始积极进军。在这样一个百舸争流的背景下，《瑞丽》和荣昌·伊尔萨的合作就开拓了异业渠道发行的新模式。

（1）新发行模式的开创

《瑞丽》杂志与国内洗染行业的知名品牌荣昌·伊尔萨连锁店达成战略合作，让《瑞丽》杂志进入洗染店，借助其渠道网络进行期刊发行，这是当时国内期刊发行零售方面的崭新模式。

众所周知，中国轻工业出版社和日本主妇之友社合作出版的《瑞丽》系列品牌杂志，是我国女性时尚杂志中发行量最大的品牌杂志之一，拥有《瑞丽服饰美容》、《瑞丽伊人风尚》、《瑞丽可爱先锋》、《漂亮辛迪》和《瑞丽家居》等系列期刊。月发行量在 40 万册，广告额 2700 万元，在全国各期刊上半年广告额排名中占第五位。

荣昌·伊尔萨在当时已经是北京洗染业的龙头企业，其主营服装清洗、皮/毛货清洗、洗衣设备及洗涤材料的代理和销售及培训，专门从事“荣昌”和“伊尔萨”洗染品牌特许连锁经营。在北京总部拥有设备齐全、工艺先进的皮货、织物中央处理工厂，60 多家直营门市和 18 家现代化的洗衣模式店，另外全国的加盟店已发展到 200 余家，并延伸到了香港地区，形成了一个覆盖全国的连锁网络，实现了及时充分的物流配送、电脑终端的数据库管理信息模式。

两者的合作是一种双赢的需要，合作的基础是双方在目标客户群体上的高度重合，即双方目标顾客生活形态基本相同，都有对时尚的偏好和时尚消费的能力。对于一直致力于品牌经营的荣昌·伊尔萨而言，洗衣店里摆放时尚杂志是满足顾客的一种需要，而《瑞丽》的知名度提高了荣昌·伊尔萨的品牌知名度，当然最具吸引力的还是涉足中国报刊发行市场带来的巨大收益。《瑞丽》也受益颇多，借助荣昌·伊尔萨庞大的营销网络，以及其较为成熟的物流管理体系，毫无疑问地促进了杂志的销量。而且两大不同行业品牌的对接，在品牌效应的交相辉映下产生了巨大的市场感召力。

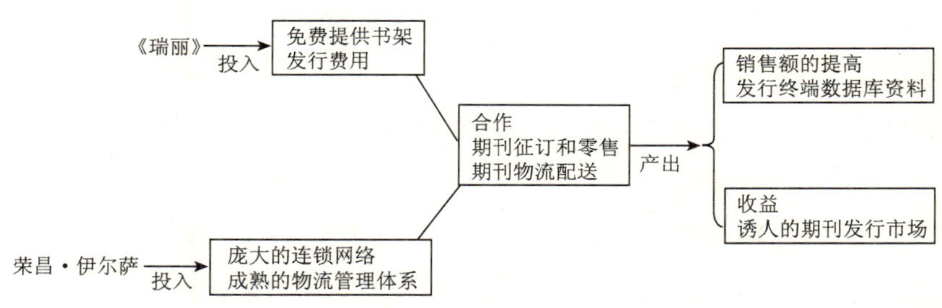

《瑞丽》与荣昌·伊尔萨的合作模式

（2）双方合作带来的启示

《瑞丽》和荣昌·伊尔萨开启了一扇期刊多元化发行的窗户，透过这扇窗户让人看到期刊通过异业渠道进行发行的广阔前景。

首先，对于一些潜在的异业渠道商而言，我国期刊发行市场具有的利润空间是显而易见的。我国的人均购书刊支出不到欧美的10%，因此我国的书报刊分销市场极具发展潜力。2002年中国的期刊零售总额已经达到300亿元，这是一个不可能让人忽视的数字，按国内通行的40%的发行费率计算，这意味着2002年期刊已经拥有了120亿元的发行市场。而且我国期刊的销售总额每年都有较高幅度的增长，这意味着中国未来的期刊发行市场价值巨大。

以《瑞丽》旗下的一份子期刊《瑞丽服饰美容》为例，其零售价为18.8元/期，如果按其对外宣称的月发行量40万册计算，光是这一份子期刊的月发行总费用就为300.8万元，这还不包括其他子期刊的发行费用。而荣昌·伊尔萨想通过其主营业务收入300.8万元的话，按其标注水洗一件衬衣10元的市场价衡量，这是其每月水洗30.08万件衬衣的收入。合作后，荣昌·伊尔萨只需要利用其现成的营销网络开展《瑞丽》的征订和零售业务，荣昌·伊尔萨无论分得300.8万元中多大的一杯羹，相对于其投入来讲都是有利可图的。

其次，发行渠道的多元化让期刊出版商望眼欲穿。当时，我国期刊70%的销售量是由邮局代理的，由于体制上的弊端，邮局严重拖欠征订费，投递速度慢且时有差错发生，这都让出版商难以忍受。而且邮局只向期刊发行商提供大概的发行数量，从不提供精确的读者信息。所以，当时我国绝大多数期刊出版人都不知道是什么人阅读自己的期刊，根本不清楚读者的年龄、性别、职业、文化、经济状况等。期刊如果能有自己精确的读者数据库，就能制定并运筹市场方略，这是国际期刊之所以具有竞争力的一大凭借。《瑞丽》就搭乘上这样的顺风车：只需要在荣昌·伊尔萨原有的物流管理系统上再加一个期刊服务软件，借此《瑞丽》杂志就可以建立自己的终端数据库，从而掌握读者资料等发行信息，开创了期刊业低成本进行数据库管理的先河。

《瑞丽》与荣昌·伊尔萨合作的成功，凸显出了得当的异业联合的魅力！

3. 美的与奥园共建同盟

2003年11月，广东美的集团与奥园集团在联合召开的新闻发布会上宣布，共同出资成立“广州美的奥园数码家居有限公司”，并以此为业务平台，实践由家电供应商与房地产商联手开拓“家电集成式”房地产开发新模式。

美的是近年来家电业的佼佼者，它在中国白色家电企业排名中名列前茅，小家电业务全国领先，其他配套产业也具有较高的行业威望。这一点与南奥的发展颇为相似。南奥是近年在地产界崛起的以复合地产立身的黑马，在这次与美的的合作中，它用复合地产的理念再一次将美的累积的家电资源纳入了怀中。

“美的奥园”由美的集团与奥园集团分别拥有 40%的股份，其他数家公司拥有 20%的股份，专门的公司体制更有利于双方合作理念的执行。在新设的“美的奥园”内部，有专门成立的家居集成部，其主要工作是通过研究家居装修潮流，协调白色家电外观设计，研讨白色家电如何融入家居装修，推动白色家电的销售。同时，通过各相关设计人员参与楼盘样板房设计建造工作，收集意见，进一步探索目标消费群的需求，理性调整工艺，以在最短时间内以最高效率实现标准化、规模化安装白色家电，形成新派交楼模式，提升交楼层次。

美的和奥园两家除了实现以上业务合作外，还在此基础上向其他相关业务拓展。在“美的奥园”战略规划中，其业务还涉及建材、装饰产品销售，国际化标准件供应，整体厨房、整体卫浴、家用电器、智能系统等国际品质的配套部品供应，装修与家电一体化集成，工厂化、规模化的装配式装修，房地产新技术开发与输出等。

“美的＋奥园”已达至了异业整合营销的最高层，并且合作的层次和界面相当的广泛，在合作的过程中，奥园几乎整合了美的现有的所有产品和渠道资源，同时还整合了美的自身的资源整合力，借助这样一个横纵交错的资源整合网，奥园和美的的资源在相互置换中实现了最大增值。“美的奥园”的个性化产品设计增加了奥园房产的卖点，增值促销含金量，也为美的开辟了一个全新的销售渠道和消费信息收集场所，贴近需求更好地改进产品。同时，此次联合还为美的创造了一个全新的盈利渠道：在整合相关配套产品的交易中获利。

十、数据库营销案例

1. 再清椿美容面具释放数据库营销魔力

在全国大中城市许多商场的化妆品销售区，消费者都会发现一个配以蛋黄色底边的银灰色柜台，与其他柜台不同的是，它销售的不是化妆品，而是内面有许多接触点的面具——联邦再清椿美容面具。这个外形独特的家用美容仪器，在上市后短短四个月时间里便取得了骄人的销售业绩，并且销量还在以几何速度递增。再清椿所激发的市场热度使人们不禁会问："面具"何来如此魔力？

(1)大规模个人定制：为消费者量体裁衣

再清椿美容面具是妆王科技公司代理的第一个产品。这家2001年初才成立的公司，在进行了缜密的考察后，决定借鉴国外先进的大规模定制方式进行市场运作。在国外，大规模定制是制造业企业为满足消费者日益多元化、个性化的需求而实行的按订单生产的运作方式。企业先了解客户对产品的要求，据此制定可执行的价格策略，再确定利润目标、生产计划，然后同上游供应商协调，进行采购、生产。这种运作方式的最大特点是把消费者的需求提到企业业务运作流程的最前面，由于最大限度满足了客户需求，企业可以有效地降低库存、提高收益。作为流通型企业，妆王科技对大规模定制进行了修订，确定了自己的运作方式：即先定位企业所要服务的目标人群，对其消费需求进行分析，再选择适当的产品。这里目标人群的定位和第一个产品的选择非常重要，正确的目标人群定位可以增强销售的针对性，而好的首个产品可以较容易地树立企业形象，有利于下一个产品的推出。

在确定目标人群时，妆王科技根据市场前景、市场容量、消费能力等诸方面进行了全面论证，最终锁定中青年白领女性。原因有三：一是这个群体收入较高，消费能力强；二是她们非常注重外在形象，有消费需求;三是她们消费的理性成分很高,消费波动性不大,对于好的产品会形成持续性购买,也就是说她们的购买质量较高。另外这个消费群体还有一个显著特点就是时间的稀缺,她们正处于事业的黄金阶段,工作、家庭、社会等诸方面的压力使时间成为最稀缺的资源,可以说时间因素在一定程度上限制了消费空间,那么能够突破时间缺乏这一需求瓶颈的休闲化产品无疑会有更广阔的市场。

经过调查结果显示:21 世纪的第一个 10 年是中国美容化妆产业的高速增长期,产业规模将以平均每年 12.6%的速度增长,比同期国民经济增长速度高 50%以上。市场如此之大,怎么选择合适的产品呢?

经层层筛选,妆王科技最终锁定由美国联邦培丽公司生产的再清椿面部美容面具,它的几大特点基本能够满足妆王科技目标顾客群的需求:一是产品的科技含量所带来的功效保证,通过解决细胞问题来改善皮肤衰老问题,深层修复细胞;二是产品功能的复合化,使一个产品能够解决皮肤的多方面问题;三是休闲化,有效解决了时间和方便性的问题,这是再清椿最具杀伤力的特点,是众多昂贵的美容院美容仪器所不具备的;四是高性价比,虽然这是国内目前最贵的一款家用美容用具,但它可供一家人连续使用多年,加上它本身的技术含量,可从使用、时间、效果三方面满足目标人群的需求。

妆王科技这种先确定目标消费群,再根据其消费行为特征有的放矢地选定目标产品的运作方法,易于提高消费者对企业的满意度和忠诚度,形成稳定的客户资源。

(2)市场启动:策划的力量

再清椿不同于以往任何的化妆品和保健品,它的市场启动也不能单纯效仿化妆品和保健品的策略。作为一种全新的家用美容仪器,它的诸多卖点肯定会引来大量的追随者,为避免当初万科 VCD 的命运,就要求市场启动速度要快,要在仿制品和竞争产品充斥市场之前,树立品牌形象,占据有利的市场地位;但同时作为一种耐用品,它所要谋求的是市场持续稳定地增长，保健品那种“其兴也勃，其亡也忽”的方式也不可取。因此，需要一种新颖的策略快速启动市场。为了做到这一点，妆王科技连续搞了几次精彩的策划。

①街头惊现外星人。招商工作初步完成之后，妆王科技采用了一种颇具效力的推广手段——街头面具，就是让人戴着面具在街上行走，再清椿的面具外观本身就是一大卖点，自然引来路人注意。其在王府井推出街头面具的第二天，北京青年报就以“街头惊现外星人”为题进行了专门报道，这些报道起到了迅速传播信息的作用。

②“26点16分”报时。再清椿美容面具的背后有26个感应点，这26个点是根据人面部的细胞结构、排列组合而设计的，组成了面部细胞的修复网络，每次美容所需时间是16分钟。妆王科技在电台搞了一个26点16分的“再清椿时间”报时，引起了消费者的极大关注，许多听众打电话询问是不是报错时间了。播出几天后再公布26点16分的具体含义，这样面具的美容原理就较深地印在消费者脑海中。

③低薪求职。妆王科技在报纸上打出大幅广告——“国际美容驻颜专家，日薪一元，聘期十年，谁聘我?”并登出提供哪些服务。这个广告把再清椿的高价格在其使用期进行了分摊，弱化高价印象，凸显高性能价格比，消除消费者购买心理上的价格障碍。

这三项策划活动的成功使消费者在很短的时间内从外形、价格、功效、原理等方面对再清椿有了较全面的认识，为消费者的理性购买打下了良好基础。

(3)双剑合璧:服务+培训

妆王科技的经营战略是通过选定目标人群，建立详实的客户资源档案，构筑可以掌控的市场销售网络体系。而要实现销售体系的稳固性和可拓展性，就要为顾客提供超值的服务，形成产品的高附加值，使顾客对其他同类产品产生屏蔽效果，保证客户资源的高质量和数量上的高成长。在实际操作中，妆王科技就是把服务作为对经销商和分公司的首要要求，并对经销商辅以全方位的培训来提升服务能力和服务质量。

在市场启动成功之后，妆王科技马上对其经销商提出了一个要求：必须在当地建立客户服务中心，配备热线电话和合格的服务人员，使消费者能够去试用产品，解答消费者购前的咨询，为其提供正确的使用指导。这样，全国各地的客服中心就形成了一个服务网络，这个网络同公司总部客户服务中心进行衔接，总部作为控制中心对全国网络进行适时、有效的监控。在促进再清椿的热销上，客服中心确实起到了催化剂的作用，因为作为见效慢的产品，得到认可的过程是漫长的，这也是再清椿的销售难点，客服中心则软化了“见效慢”这个症结。在试用期间，客服中心创造了与顾客交流的机会和时间，让顾客有时间听到服务人员对产品的深入介绍。温馨舒适的环境、娓娓道来的言语，再加上高档杂志的产品广告向顾客进行宣传和暗示，深化了服务销售人员与顾客之间的互动式交流，有效地促进了顾客的购买决策，顾客从试用到购买的时间间隔平均只有两三天。就是这样，再清椿先用新颖的广告吸引顾客试用，接着以良好的服务、理性的分析和解释促成购买，然后再用完善的服务来印证其购买的正确性，等三四个月后看到效果，顾客就会更加信服，从而加深对公司的信任，利于下一种产品的销售和口碑的传播。

为获得详尽的客户档案，同时使经销商充分认识服务的重要性，妆王科技采用向经销商购买客户档案的方式来促进经销商服务的细致化、全面化和深入化。一个档案几十块钱，投资虽然很大，但可以建立真实可信的顾客档案，通过档案公司可以给消费者提供更多附加价值的服务，加强同消费者的情感联系，稳定客户，保证档案的长期有效。这样，消费者能得到经销商和公司的双重服务，使产品由物有所值到物超所值，口碑效应就会出现，产品就会赢得声誉，广告的有效性和持久性提高。因此，真诚为客户服务是妆王科技战略的重要部分。

培训是妆王科技的另一杀手锏。对经销商的支持除了广告方面的有形支持外，更有提升素质的无形支持，把对经销商的培训作为加强厂商联系、维持厂商关系、提升服务质量的有效途径。为此，妆王科技成立了高水平的培训中心，对经销商进行针对性(结合当地市场情况)、系统化(根据经销商的部门和人员设置具体设计)、深层次(把握培训和实际工作的对应关系，直接推动经销商管理水平和经营业绩的提升)的全方位营销培训。妆王科技的经销商分布在全国近百个城市，开业之前必须接受公司的培训，不培训不上岗。培训内容包括客户服务、销售技巧、产品知识、皮肤知识四方面，公司专门制作了培训教材和 VCD 供经销商常规培训使用。此外，在召开全国经销商会议时，把培训作为会议的重要内容，听取各地经销商的不同意见，对培训内容进行合理修改。同时，公司通过内部刊物对经销商进行理念上的整合。

(4)营销策略:模式创新　三方共赢

销售模式

妆王科技采用经销商制，招商条件非常严格:第一，经销商必须是首付款买断城市总经销权;第二，候选的经销商要在一定时间内拿出产品的市场分析报告，报告作为衡量是否具备资格的重要因素;第三，在当地必须有良好的社会关系;第四，资金是最基本的门槛要求;第五，要回收客户档案。这些条件要求经销商必须对市场和产品有清晰的把握。为了选到理想的经销商，在重点省区市场招商时，妆王科技的高层人员实地考察经销商的管理和运作思路、财务状况以及员工素质。公司要求经销商的合作要形散而神不散，在认同公司的企业文化和市场运作思路的基础上实施一整套的市场运作计划。

一般的经销商制，经销商和厂家是相互合作的业务关系，彼此独立。妆王科技采用的是经销商分公司管理制，强调厂商合一，把经销商视为分公司，通过各地区域经理进行严格管理和科学指挥。一些全国性的策划方案由公司总部统一制定，经销商在区域经理的协助下执行;各地的媒体投放、市场策略由经销商和区域经理共同制定上报公司总部批准。这种管理方式在经销商中经历了一个由不理解到逐渐接受的过程，因为再清椿旺盛的销售势头给他们带来了可观的经济利益，而且经销商逐渐认识到这种管理是为了把市场做好，为了厂商共同的目的，他们希望随着妆王科技的发展，能为他们持续地提供好的产品。严格的经销商分公司管理制对再清椿全国市场战略的顺利推行起到了很好的保障作用。

渠道模式

在销售渠道上，再清椿借鉴了化妆品和保健品的通路模式，并根据自身特点进行了修正。再清椿的产品特征决定了它的通路必然是多种渠道相互协同，围绕目标人群这一核心运转。

主渠道：在各地大型豪华商场采用专柜展示销售。此类卖场人流大、传播快、档次高，是树立品牌、促进销售的重点场所。

其他渠道：高档美容院、女子俱乐部、运动馆、高档药店以及高档酒店等场所，以不同的方式合作进行推广、销售。此类场所目标消费群集中，便于树立口碑，易于产生即时销售，是主渠道的有力补充。

直销：再清椿经销商利润空间相对较大，同时产品功效及使用方法易于口碑传播，是直销的最佳产品，可通过各地服务中心等渠道进行直销。

网上销售：在经济发达地区借助网络进行销售。

市场推广策略

①电视广告。再清椿的电视广告从创意到表现都突破了以往美容、化妆品广告的传统运作手法，用采访式的广告来凸显产品的高档化，提升产品形象，并用凝重、深色调来突出产品的高科技特性，区别于其他化妆品清新、淡雅的风格。广告发布选择针对目标受众的电视栏目，如《开心词典》、《幸运 52》、《对话》、《艺术人生》等，这些在周末、休息日播放的栏目对再清椿这类家庭美容仪器非常适合。这是在中央媒体的运作策略。在地方电视媒体则以专题片广告为主，在非黄金时段把产品的原理阐述清楚。这样通过中央媒体和地方媒体的搭配，形象广告与专题片广告的结合，引起消费者的注意并使其了解产品的

功效原理，广告费用的分配也比较合理。因此，再清椿的电视广告是既集中又分散，集中是指在央视的栏目中树立品牌，分散是指在分散到各地卫视中讲原理、讲效用，既有高度又有亲切感。再清椿的价格较高，只有高度没有亲切感会使消费者产生距离感；而只有亲切感没有高度也不能很好地体现产品的高档化和高科技特性。这两方面的结合提高了广告的有效性。

②塑造终端形象，全面导入 VI 系统。再清椿在全国各地商场终端的 VI 系统，由妆王科技统一设计标准组合而成，以求呈现给消费者的是彰显高科技内涵的统一的 VI 形象。为保证 VI 系统的高度一致，设计和投资全部由妆王科技负责，当地经销商负责同当地商场协调，监督执行卖场建设，妆王科技验收合格才能实施在当地的广告投放。实施过程中有些商场提出异议，认为其形象设计与化妆品的形象不符，要求其改变设计，但妆王科技坚持己见，宁愿不进该卖场也不改变设计。这种执着带来的效果是鲜明的再清椿终端形象在化妆品区域独树一帜，强跳跃性给人以高科技与美丽相结合的感受，很容易就同其他化妆品区分开来。

③新颖别致的 DM 单。在卖场进行产品宣传时，再清椿采用了制作精美、创意独特的 DM 单，用六种动物来阐述产品的六大功能：去痘的用癞蛤蟆，去斑的用斑点狗，去皱的用大猩猩，改善肤色的用企鹅，改善、消除眼袋和黑眼圈的用大熊猫，收缩毛孔、紧肤的用沙皮狗，通过这些动物前后的外表对比形象地展示产品的功能。这种手法恰恰又符合产品休闲化的特点，使人们在轻松、幽默的方式中接受产品的功能诉求。由于设计独特，再清椿的 DM 单宣传效果非常好，并且利于人们在看到这些动物时联想到再清椿的六大功效，轻松、自然地接受产品。

妆王科技一直以满足目标消费者的个性化需求来实现顾客价值的增长，进而实现公司自身的成长。它的目标是使公司、经销商、顾客三者形成稳定的三角关系，实现“三赢”的营销格局。

2. 微码营销玩转数据库营销

传统营销手段对市场的驱动越来越有限，追求领先的企业需要新的营销动力。微码营销公司通过数据库营销和直复营销，帮助众多国内外公司开发并获取更多的新客户立下了汗马功劳。目前“微码营销”已经不是中国本土数据库营销翘楚。

(1)银行业呼唤数据库营销

外资银行和国内的新兴银行在中国的市场渠道、网点和客户数量，相对于传统四大商业银行来说常处于被动地位，但是数据库营销的兴起却使这些创新型、新技术型的新银行找到了一种以小博大的营销制胜术。

民生银行是一家国内民营股份制商业银行。由于监管机构实行的8%资本充足率的要求，银行正在积极地通过加大对个人金融理财服务的投入力度来吸纳更多的优质存款，以求获取更多利润，来增加自有资本金量。但是民生银行在全国的高收入潜在客户方面资料有限，网点和渠道缺乏。为了实现个人银行业务的扩张，借助专业的数据库营销公司的力量成为其以小博大的一种手段。最终，民生银行把覆盖大约10万个目标客户，并在一年时间内发展出500个以上的合格客户的任务落实到了中国本土领先的专业数据库营销公司——微码营销身上。

微码营销项目小组立即成立，并很快为民生银行将目标锁定在目前国内年收入在10万元以上，平均年龄在28岁以上的高收入人群。最终，微码营销通过对其企业客户数据库的查询和分析以及市场搜寻建立了10万目标客户名单。通过对直邮广告的内容设计和创意把握及DM、EDM等沟通途径传递民生理财服务的特点，继而通过外呼电话与目标客户进行沟通，该个人理财项目总体反馈率达到了13%，并产生了数千销售机会。而这在以前是根本不敢想象的，然而民生银行的个人理财业务借微码营销插上了飞速发展的翅膀。

除个人理财业务推广之外其数据库营销的拓展也延伸到了信用

卡推广、设立分行等具体业务中。微码营销和万事达(Mastercard)的合作就是一个典型的例子。

作为世界级的信用卡巨头，万事达虽然在其他国家势如破竹，但在中国却遇到了消费者刷卡频率及消费额度都非常低的困境。此时，微码营销的进入给万事达卡带来了改变现状的希望。“微码营销”为此策划了针对消费者的抽奖活动，在活动期间凡使用万事达卡进行刷卡的消费者，都可通过短信方式或者网站提交刷卡信息，参加抽奖。活动期间，该网站日浏览量最高可达1万，总计有近十万消费者参与了本次活动。

目前，许多外资银行及国内的新兴银行，如招商银行、民生银行、花旗银行、汇丰银行等一大批银行已经逐渐把数据库营销作为与其他银行和竞争对手争夺市场和客户的新利器，而微码营销更是成为银行首选的战略合作伙伴。

(2)甲骨文用数据库营销获得中国市场

近年来，美国世通、安然财务丑闻案和我国蓝田股份和银广夏的利润神话破灭事件等因公司治理失控引发的危机频出，使人们意识到公司治理的重要性和紧迫性。但是构筑卓越的公司治理体系决非易事，企业面临着内部控制缺陷、财务管理不当、信息孤岛、手工作业繁多等问题，传统的IT系统和管理方式很难满足法规遵循和公司治理要求。

甲骨文公司适时提出了公司治理体系需要先进的IT技术为支撑的理念，并提供了完整的公司治理架构及其IT解决方案，是企业成就持续性法规遵循和公司治理的最佳实践。

为了推广公司治理方略，甲骨文公司制定了全球推广目标，并将关注焦点定位在企业的财务总监、财务经理上。但是现阶段跨国公司统一的推广方案因为无法兼顾不同国家、地区的客户需求差异和文化差异，虽然投入了巨额营销费用，但传播效果并不理想。于是，甲骨文公司开始了与微码营销的合作。

甲骨文公司高级市场经理马广华向记者详细阐述了项目执行全过程。

首先，马广华与微码营销一起对市场进行了研究，并从中找到了问题的症结所在：仅仅将目标联系人定位为财务总监、财务经理是不够的，经研究发现，目标客户的 CEO、COO、CIO、IT 经理等同样是重要的目标对象，从业务、技术角度决定需求和采购。接下来，马广华与微码营销策划了一套整合的直效营销沟通方案，来推广公司治理产品。此次活动采用 EDM、Web-Site 网络宣传、财经类网站的 Banner 广告、直邮、针对性报刊夹寄以及电话访问等多种传播形式，计划向企业高层管理者、财务主管、IT 负责人等 20 万目标受众传播甲骨文公司的公司治理理念及产品，挖掘销售机会，提升甲骨文公司的品牌知名度。

准确的数据是项目高效运行的保证。该项目通过仔细甄选，从 Oracle、微码营销、中华财会网、《中国总会计师》杂志等处选择准确、符合要求的目标客户，成为项目顺利进行的保证。同时为了更准确地了解受众对活动的反响，项目组还抽样选择了 3000 名客户，通过电话访问的方式获取了丰富的第一手信息。事后证明，这些准确、科学的数据，为甲骨文公司正确评价各种广告方式提供了坚实的基础，成了项目顺利进行的保证。

经过两个多月的紧张实施，项目最终圆满结束，宣传效果和收益远远超出预期。这次整合营销传播活动被亚太总部誉为“最佳实践”，甲骨文公司在竞争中脱颖而出。

微码营销的数据库营销在这次活动中发挥了极大作用，其准确的信息为甲骨文公司整合营销传播活动的开展提供了依据和保障。此次活动五种手段互补，分别覆盖不同层面的客户，传递相同的主题，给受众留下深刻印象。此次活动向 20 多万人传播了甲骨文公司的公司治理理念及 IT 解决方案，有将近 2 万人对活动有兴趣，阅读了宣传资料或访问了宣传网站，有 2000 多人填写了反馈问卷，并下载、阅读了

《甲骨文公司公司治理架构》手册，最终挖掘出 900 多个销售机会。

3. 腾讯与可口可乐数据库共享

推广目标：通过网络活动拉近品牌与青少年距离，增加 icoke 网站会员量，提升线下销量。

推广方式：以比 2D QQ 秀更炫酷的新一代 Avatar 产品 3D QQ 秀为切入点，实现“虚拟产品兑换”。以腾讯虚拟奖品的刺激，增加青少年网民对活动的关注和粘性，并直接拉动销售。

实现方法：购买可乐——注册会员——累计积分——即可兑换 3D QQ 秀。

(1)可衡量的效果

传统广告的费用昂贵，但效果衡量含糊、误差大；在线广告效果的跟踪和反馈更加直接和精准。

与 3D QQ 秀的合作为可乐 icoke 网站吸纳会员数量超过 1000 万，在 3 个月内为可乐积累了海量的潜在用户。

500 万个 3D 秀兑换，关系到线下 1500 万瓶可乐销售，与活动推广前相比有了大幅度的提高

(2)互动式的体验

通过互联网技术上的优势，将网络活动与线下产品销售捆绑在一起，形成有机的整体，从而拉近消费者与产品间的距离。

接收品牌信息(网络)——购买商品(店面)——兑换奖品(网络)，

在用户与品牌沟通的整个过程中，互动体验无处不在。

兑换后的展示又带给用户一种炫耀的满足感。用户在参与、享受和掌控兑换乐趣的互动体验过程中，实现对可口可乐品牌的持续关注，使可口可乐在3个月内完成了全年的会员注册任务。

(3)精确化的导航

对于不同的目标受众，在互联网上实现更有针对性的定向解决方法，从而更有效实现推广目的。

为精准定向青少年族群，平台选择最受年轻群体喜爱的3D QQ秀，并激励用户以简便的iCoke积分来获得昂贵的3D QQ秀(一套需40Q币左右)，实现了品牌与目标受众的实效性连接。

精准的人群定向为广告主实现最大化的营销效果。

(4)差异性的沟通

差异性的在线广告可使广告主的核心品牌价值得以延伸。

可口可乐“要爽由自己”的品牌理念是鼓励年轻人拥有自信乐观的生活态度，勇于追求自己喜欢的东西，永不放弃。

本次合作的差异性使这样的品牌理念得以延伸。利用3D Aavatar上线后在年轻群体掀起的炫酷感觉，满足了年轻人对虚拟生活及形象的向往，革命性地推进了可口可乐在年轻人心中的炫酷形象。

十一、娱乐营销案例

1. 巧乐滋“巧”赢娱乐营销

“喜欢你，没道理”——随着坐在旋转木马上公主造型的张韶涵频频出镜，这句话成了年轻一族的口头禅，也显示出伊利巧乐滋的品牌之战已逐渐深入人心。

作为伊利冰品的主推产品，巧乐滋2003年一上市就创造了2亿多元的业绩，其“喜欢你，没道理”的品牌主张，说出了年轻一代的心声。在经过了2年的积累和调整后，巧乐滋明确了品牌化运作的策略，从2006年开始启用在青少年群体中人气颇高的歌手张韶涵作为广告代言人，有力地支撑了巧乐滋系列产品时尚、甜美、健康的产品特点，使得巧乐滋在当年便创下了4亿元的销售额。

2007年，巧乐滋继续沿用代言人张韶涵，并将品牌化运作和娱乐营销的策略进一步深化。随着盛夏来临，为了抢得先机，伊利集团于2007年4月9日在北京宣布与TOM在线缔结战略合作伙伴关系。不同于单纯赞助冠名的做法，巧乐滋和TOM玩乐吧把各自品牌整合到统一的平台上，依据双方的特点量身设计活动内容，并通过线上与线下相结合的互动优势综合推广双方的品牌，从而使目标受众对双方品牌的接受度大大提高。

TOM看来，伊利拥有强大的品牌影响力和超强的线下渠道和营销体系，以及庞大的终端销售网络，可以帮助TOM玩乐吧提高在其用户中的知名度；而伊利看来，TOM玩乐吧的目标人群比较年轻，线下活动以高校为主，两者的客户定位很契合；另外，巧乐滋的代言人张韶涵本身也是音乐人，这和以音乐为主导的TOM玩乐吧也非常吻合。

以伊利巧乐滋冠名的“TOM玩乐吧　2007年城市集结赛”，运用了线上互动评选与线下活动相结合的整合娱乐营销策略。线上活动主要是“欢乐影像行”，由图片大赛和视频大赛组成，覆盖了全国150所高校数百万高校学生，每个学生都可以上传影像到自己的学校板块，然后由网友在线票选，参与者与投票者都会获得精美的礼物。线下活动主要由“高校巡演”构成，从青岛举办首场演唱会开始，到陆续在南京、上海、杭州、广州、武汉、成都、呼和浩特、西安和北京等十大城市的10所高校中上演，每站演出中都汇集了张韶涵、凤凰传奇、羽泉等知名歌手参与，每场超过1万观众的规模显示出其强大的影响力。

此外，巧乐滋和TOM玩乐吧在合作过程中，最大化地利用了双方在品牌、渠道、终端、媒体推广平台等方面的优势。一方面，TOM充分利用电视、电波、平面、公车、U-LINK及其自身线上资源对玩乐吧的活动进行了强势推广，使巧乐滋品牌活动得到充分曝光；另一方面，伊利所有的销售终端、所投放的候车亭、杂志以及电视媒体的广告上也均体现双方的品牌。

此次合作中，TOM玩乐吧为巧乐滋搭建了迷你网站（minisite），对巧乐滋产品进行推广，迷你网站从广告形式到互动环节，都充分运用了互联网的独特优势，给网友以传统媒体所不能带来的互动体验。而且通过建立这种迷你站点的方式，将新品巧乐滋深度植入TOM玩乐吧，开创了国内传统冰品行业与网络互动音乐平台的合作先河，创新了营销模式。

经过2个多月的大规模活动，合作效果逐渐凸显。在张韶涵和其他歌星的带动下，巡演所到城市都掀起了一股“喜欢你，没道理”的潮流，巧乐滋系列产品常常被众歌迷一扫而空，造成部分冷饮柜台断货。结合情感营销、明星营销的全方位娱乐行销策略，是巧乐滋具有强大生命力的关键。

2. 汇源巧打娱乐营销牌

“MTV超级盛典”是上海文广新闻传媒集团、央视电影频道和MTV全球音乐电视台三大传媒机构联手打造的娱乐品牌，已经成功举办了四届，凭借超强的演员阵容和别具创意的形式引领了中国娱乐和时尚的潮流。

2006年底，中国果汁行业第一品牌汇源果汁成为“MTV超级盛典”全程赞助商，与全球音乐第一品牌MTV首度合作，在娱乐界掀起了一股新鲜、时尚的新风潮。

（1）汇源引爆体育娱乐营销

娱乐与体育结合的理念恰好与汇源果汁不谋而合。品牌不仅要给消费者带来物质享受，还需要关心人们的健康和快乐，引起消费者价值观上的认同。2007年以来，汇源果汁大举挥起了娱乐营销和体育营销两面大旗。

在娱乐营销方面，继与MTV合作后，汇源果汁签约一线演员、歌手袁泉，请其代言主打产品100%纯果汁。汇源在MTV强档节目《天籁村》中特别开辟了全新板块——“汇源抢鲜听”，重点推荐袁泉主打新歌《孤独的花朵》。借助新专辑的推出和在话剧《暗恋桃花源》中的精彩演出，汇源形象大使袁泉成为MTV中国频道的2007年3月份“头号人物”，以最时尚、最国际化的造型出现在全亚洲歌迷面前。

2007年8月30日，汇源果汁宣布启动“汇源100%营养早餐计划”，在北京、上海等城市全面开展100%纯果汁健康消费普及活动，倡导营养均衡的早餐习惯。袁泉携最新MV——《Morning 2U》出席新闻发布会，吸引了几十家国内主流媒体的关注和报道。

两个月后，国内首款超级VC营养饮料——“奇异王果”正式亮相，电影《天下无贼》中“傻根”的扮演者王宝强受汇源果汁邀请，担任这款“奇异王果”饮料的形象代言人。由于在2007年热播的《士兵突击》电视剧中成功出演“兵王”许三多，王宝强以普通外形暗藏了非凡特质，征服了许多观众，最终担当起开辟“超级水果”饮料新战场的先锋官。

在体育营销方面，2007年5月汇源果汁赞助“中国之队”首次出征有156年历史的美洲杯帆船赛，并与《精品购物指南》合作推出“汇源果汁杯精品高尔夫名人邀请赛”。

(2)“喝汇源，游香港，乐享超级盛典”开启娱乐营销新模式

诞生于1992年的汇源果汁，16年来一直专注于果汁、果蔬汁等果汁饮品的开发、生产和销售，开创了中国果汁市场和果汁产业。据权威市场调查机构AC尼尔森最新的报告显示，汇源100%果汁已占据49%的中国纯果汁市场份额，中浓度果汁的市场份额也占到了53%。

随着人们生活水平的提高，健康、营养、美味正成为人们追逐的饮食新时尚。汇源果汁凭借天然营养的产品优势，十多年来受到了亿万中外消费者的喜爱，也充分地说明越来越多的消费者已意识到了果汁对人体健康的重要性。

因此，汇源决定以更为贴近、互动和时尚的方式回馈消费者，以全

面倡导营养健康的饮食新生活。在 MTV 超级盛典“引爆”的同时，汇源果汁启动了“喝汇源，游香港，乐享超级盛典”活动。活动设立了丰厚的奖品，中奖率为 100%，以此回馈一直以来关心汇源的广大消费者。精心的活动策划，一场健康果汁风暴席卷而来，引爆了 MTV 超级盛典所带来的视听风暴。

为全力备战 2008 奥运年，汇源提前启动“娱乐营销总动员”。无论是签约袁泉、王宝强代言，还是联手 MTV 和超级盛典，无论是赞助美帆赛“中国之队”，还是推动高尔夫时尚运动，汇源果汁通过精准定位，与消费者展开充分的“情感沟通”，为其探索健康生活时尚化理念的新层面、新模式、新趋势提供启示和思路，并一举揭开中国娱乐营销的新篇章。

3. 民生药业取巧娱乐营销

想必很多人对“21 金维他”都不陌生，这款民生药业主推的维生素产品经过几年的运作，品牌美誉度和市场占有率都获得了极大的提高。尽管在成人维生素市场民生药业始终占据主导地位，但与几年前相比，这一市场早已演变成竞争激烈的“蓝海”。如何嫁接主打品牌的优势，针对不同年龄的消费群体进行子品牌战略，这是民生药业一直思考的问题。

2006 年初，在经过试销后民生药业推出专用于 3～14 岁儿童的“民生小金维他”，完成了向儿童维生素市场的延伸。从品牌嫁接的角度来看，虽然“小金维他”具有诸多的优势，但问题也恰恰在于此——该如何突破“21 金维他”，进而在年轻消费者心中塑造“小金维他”的品牌形象。摆在民生药业面前的，确实是一个新的营销考验。

(1)牵手湖南卫视

在“小金维他”的市场推广上，民生药业的营销策略十分理性。与以往密集的广告投放策略相比，娱乐营销显然更宜于完整地传播品牌形象。于是民生药业牵手湖南卫视，合作推出了针对青少年的励志节目“阳光伙伴”，并以“阳光活力就要他”为口号，欲借此迅速打开市场、超越竞争对手。

按营销业内的说法：成也活动，败也活动。"阳光伙伴"能否从海量的娱乐节中脱颖而出，显然直接关系到"小金维他"的市场拓展。虽然湖南卫视越来越强势，但其带动作用仍很有限。娱乐营销的成败取决于能否真正做到整合营销。民生药业在媒体投放、广告设计公关造势等方面都极为配合。

由于此前成功运作了"蒙牛酸酸乳超级女声"公关传播案例，普纳营销传播机构（下称普纳）的介入为"阳光伙伴"脱颖而出增加了一个重要的砝码。

"蒙牛酸酸乳超级女声"的传播核心是"酸甜的感觉"，而"小金维他"的公关突破门则在于传递"快乐、阳光、健康"，也就是活动的口号——阳光活力就要他。与"超女"、"我型我秀"等强调个人资质和能力不同，"阳光伙伴"的规则是将 28 个小学生的腿绑在一起，然后肩并肩、腿贴腿向前跑，更强调团队的作用和重要性。

活动启动后，先后在长沙、南京、北京、杭州、成都、上海等地举办，短时间内就在青少年中形成焦点效应。"阳光伙伴"在吸引多达数万人参赛的同时，还得到了几乎所有的老师和家长的较高评价。

"小金维他"能迅速打开市场，某种程度上也得益于此前几次公关事件的造势。2005 年，民生药业聘请倪萍作为"21 金维他"的形象代言人；由普纳协助完成"禽流感赞助"、冠名央视春节晚会"我最喜爱的节目"评选等活动。民生的维生素第一品牌形象更深植于消费者心中，适时推出"小金维他"后，势必可以借助品牌优势占领市场。

（2）超越公关

在确立了核心推广理念后，普纳随即开始了整个推广策略的设计与制定。为了使公关传播与民生药业的其他营销内容很好地配合，借此产生更大的作用，普纳跳出了公关的范畴，从整合营销的角度制定方案。

通过对比“超女”、“我型我秀”等知名度较高的娱乐节目的特点和不足，侧面衬托“阳光伙伴”并不是流俗的PK，而是囊括了教育和娱乐双重效果的比赛，从而提高活动本身的关注度，也从侧面提升了“小金维他”和民生的品牌形象。

这与国家广电总局规定的“参赛选手年龄必须在18岁以上，举办未成年人参与的全国性或跨省（区、市）赛事等活动必须单项报批”不谋而合。也正因为如此，“阳光伙伴”能得到国家广电总局以及教育部的大力支持，成为“规定”之后首个获得“特批”的跨地区未成年人赛事。而普纳又充分地利用了这一点，通过媒体将有关领导的评价进行放大，明显增加了活动的含金量和推广价值。

同时，为了迎合娱乐类大众媒体的兴趣，普纳在组织稿件时有意结合了很多关于明星的元素，刘翔、刘旋、何炯、李维嘉、谢娜等知名人物的参与，为信息的广泛覆盖和多重传播提供了兴奋点。另外，撰稿时特别选取了一些体育报道的形式和用语，通过对参赛选手不断打破纪录的描述，突出参赛者的进取精神，进一步强化了“阳光伙伴”和“小金维他”的核心理念。

为了保证稿件的新颖性和可读性，普纳在整个公关传播的过程中，特别注意对新闻点的捕捉。比如将“阳光伙伴”活动与呼啦圈、滑板等流行运动项目进行比较；将青少年沉迷于网络游戏的严重后果与活动本身倡导的精神进行比较；将一些儿童的孤僻、懒惰性格与比赛中强调的团结、协作、顽强、进取等理念进行比较等。这些都引起了读者的兴趣和关注。

为增进受众对小金维他的认识，普纳还巧妙地通过在稿件中分析民生的赞助行为及产品特点，对销售状况和地面促销活动进行了报道，并针对健康类媒体进行投放，实现了事件公关和产品促销的有机结合。

“阳光伙伴”活动启动后，很快形成了强势传播热点。湖南卫视联合了6大赛区的一线传媒共同宣传，各赛区也都有合作电视台一起报道。公关传播的报纸媒体覆盖到全国一、二级城市和民生“小金维他”的重点市场。除了平面媒体的常规传播外，普纳还在腾讯、搜狐等网站开设专题，对活动进行深度报道。同时，充分利用 QQ、MSN、BBS、百度贴吧、博客等传播工具，对活动和民生药业、“小金维他”的信息进行多角度传播。

在“阳光伙伴”近四个月的活动期间，新闻稿件撰写共计 50 余篇，全国 173 家主流媒体共计进行 1000 余篇的报道，其中报纸媒体和网络媒体的直接传播量达 60 余万字。加上转载和媒体主动报道的字数，整个活动下来传播量超过 200 万字。活动后，“阳光伙伴”成为知名度较高的励志节目。

(3)地面活动造势

民生药业赞助“阳光伙伴”活动，显然具有一定商业目的，自然就会存在节目公益性宣传和产品的商业性之间的冲突。为规避这一矛盾，普纳巧妙地将“阳光伙伴”打造成“小金维他”的背书品牌，实现了公关活动与产品市场的对接，强化了产品和企业的品牌传播。

由于“阳光伙伴”仅限于 6 个城市，这在很大程度上限制了活动的影响力。为此又特别设计了“3 人 4 足运动”，将其命名为“小金维他游戏”。这一游戏活动通过民生药业的销售队伍和经销商，在全国各大城市的学校、社区中进行宣传，也产生了强大的公关渗透力。

借鉴“蒙牛酸酸乳超级女声”的经验，普纳专门为民生药业在全国 28 个城市进行路演。活动内容以现场的产品促销和“3 人 4 足”比赛为主。这使得民生药业的企业形象得到了进一步强化。同时结合产品销售，使公关传播更具有落地价值。

为了使活动更加直接地与产品销售结合，借助活动的声势，普纳还推出了“心愿卡计划”——在活动期间购买“21 金维他”可获得梦想卡并写下自己的梦想，将卡片邮寄到湖南卫视，在“阳光伙伴”决赛时抽取获奖者。这一活动刺激了消费者的购买欲望，使销售取得了一定的业绩。

公关传播的成功，在很大程度上还取决于细节设计和执行。“阳光伙伴”活动中，消费者看到的不仅是单一的冠名，而且看到活动中被精心设计的每个细节。为了使民生药业的地面促销和活动进程融为一体，还特别设计了绑腿带、护头、护肘、护膝等专用工具作为促销礼品，礼品上均突出“小金维他”的主要广告元素。参赛者的购买兴趣增强了，产品的销量增加了，也提高了活动的普及率，加深了消费者对品牌和产品的记忆度。

地面活动作为“阳光伙伴”的补充，使活动、企业、产品有机地结合。这让消费者产生了质感的联想，也是对“小金维他”最贴切的诠释。

很多人都感觉到，2006 年的“超女”没有 2005 年火爆了。原因除了活动本身的新鲜度下降外，也在于蒙牛没有进行大量的公关传播。而民生药业在“阳光伙伴”启动后持续公关两个月时，市场上已经传来“小金维他”销售激增，并得到各方好评的消息。

这就是娱乐营销的力量！

十二、体育营销案例

1.“满城尽吹整套风”——海尔整套家电品牌体育营销推广

(1)中国进入整套家电营销时代？

在欧美，整套家电购买模式（Family Line）早已大受欢迎，超过30%的家电消费者选择这种购买模式。家电的风格、颜色统一，且有专门的细节设计。比如，同一系列的家电不仅颜色相同，而且每个家电的下方都有一个统一的裙边形褶皱设计，安装在屋子里，几款家电相互映衬，显得时尚和谐，因而备受消费者青睐。

盘点 2006 年中国家电行业，我们不难看出家电消费正步入品质消费阶段，这主要表现在消费者购买时的品牌化倾向和整套化购买的迹象上，2006 年 9 月 25 日，中国标准化协会宣布出台行业推荐性标准——CAS标准，这是全球首个整套家电通用标准。

整套家电属同一品牌。根据标准的定义，整套家电将由同一品牌厂家提供，包括白电、黑电、小家电、厨房电器以及娱乐数码产品在内，具有统一功能和协调外观的系列家电产品，同时配送、安装、服务、升级必须一站到位。

随着消费观念的转变以及欣赏水平的提高，国内家居装修流行趋势已渐渐由亮丽的东南亚风格向简洁的欧美风格转化，家居整体视觉感受趋向和谐、明亮。在和谐成为家居主旋律的时候，消费者对家电风格的追求也理所当然地转向统一、和谐。象征着和谐、时尚的整套家电需求本该顺应这一趋势成为潮流之选。

(2)在整套家电推广过程中遭遇了哪些困难?

①品牌和价格是一个制约，众所周知，对于不同的家电产品，冰箱和空调的品牌是存在差别的，消费者认同的第一冰箱品牌未必是自己要选的空调品牌，而又不一定能够买到喜欢的洗衣机品牌的彩电，这样的整套购买与消费者的心理产生了主要矛盾。

②在推广整套家电的过程中，终端销售人员对于整套的理解产生偏差，在与销售业绩挂勾的终端热战中，更多的销售人员以“整套购买更优惠”的理念诱导消费者购买整套家电成为一种非理性趋势。

我们认为传递整套家电核心概念成为当前整套遭遇的首要课题，也为整套家电的品牌推广丢下了一枚攻心弹。

(3)来看看我们的消费者

一切从消费者开始，也将以消费者最终购买为结果，我们对消费者展开了一系列周密而详尽的定性定量的调查与分析，经过分析我们的消费者具备理性和感性的双重特点。消费者一般是社会的中坚阶层，事业处于上升期，工作忙碌、压力大。具有独立和温馨相融合的生活空间，经济收入处于中高层次。对海尔品牌有着强烈的偏好度，并且有整套家电购买的需求，能带来家庭的整体时尚享受。

消费者购买家电产品相对理智，虽然不太计较价格，但必须是自己获取足够信息才形成购买决策。消费者信息获取的主要渠道是：①网络开放式比较平台。②终端。③新居家私家电配套协调推荐。

消费者最喜欢轻松的、便捷的、简单的、享受的、令人羡慕的或时尚的生活方式。体验很重要，互动很重要，不是仅硬媒体或硬推销促销可解决的。

（4）海尔品牌体育营销四步曲

①品牌形象年轻化。美国职业篮球协会（NBA）主席大卫·斯特恩先生、海尔集团董事局副主席武克松在美国海尔工业园共同主持了“NBA·HAIER全球性战略合作协议”签约仪式。海尔牵手NBA赞助这一全球篮球顶级赛事，意味着海尔年轻化品牌战略的开始，牵手NBA，培养新一批中国篮球顶级人才，同时，加快了海尔年轻时尚的步伐。

海尔携手NBA将在中国建造8所篮球学院，旨在让更多城市的、更多热爱篮球和拥有篮球梦想的年轻人能够亲身体验NBA文化，感受NBA明星风采，与NBA零距离接触——触摸心中崇高神圣的奥布莱恩杯，感受NBA巨星风采，观看NBA经典赛事，圆心中的一个不变的梦想，感受NBA永恒的激情。

活动在新闻发布会中拉开帷幕。随后在全国8个城市进行激烈的报名海选PK，每个城市选出40名正式学员，在接下来的8个周末，进行NBA专业技能训练，训练教材由美国NBA专门为中国NBA海尔篮球学院量身编制，由经NBA专业培训的教练进行训练，并在学期结束前进行区域联赛，选出冠军队伍代表本大区赴青岛参加全国总决赛；8大赛区冠军球队汇集青岛，进行篮球集训，期间由NBA教练及传奇巨星进行现场指导，并根据NBA规则进行循环或淘汰赛，决出总冠军球队；总冠军球队将赴美国进行NBA挑战赛并观看2007NBA揭幕战。

海尔“NBA 你也可以”活动宣传海报

通过此次结盟 NBA 的体育营销战略，使海尔品牌整体形象向年轻上跃进了一大步，22 岁的海尔正如越来越如火如荼的运动盛会一样，正在逐渐散发出激情的力量并迈出勇者的步伐。

②品牌推广互动化　打造体育营销盛宴。通过体育营销的方式 NBA 篮球嘉年华提前给活动预热，让更多的青少年参与到 NBA 年轻激情的互动活动中来，嘉年华采用巡回活动方式在篮球学院所在 8 个城市启动。

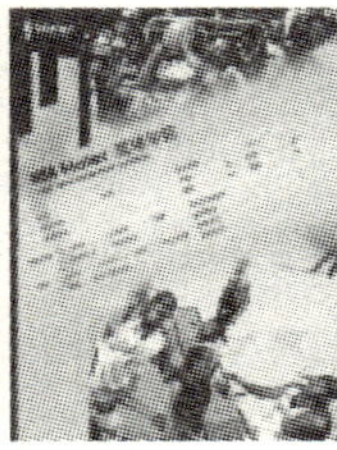

海尔 NBA 篮球学院篮球嘉年华宣传海报

在上海，1000 万台的销量目前没有一个家电品牌能够达到，只有海尔，无论市场如何变换，一直持续稳定地保持增长。这源于海尔一直以来真诚到永远的五星服务，源于海尔国际化的品牌知名度。目前，海尔上海用户已突破 1000 万，为了感谢用户一直以来对海尔的支持而适时推出了感恩大回馈行动，通过此次年终大回馈带动海尔 NBA 篮球学院活动的预热，为 2007NBA 篮球学院的盛大启动造势。活动中以感恩回馈新老用户为促销手段，以吸引激发青少年参与 NBA 海尔篮球活动体验为重点，增进互动体育营销的实效性。于

2007 年 2 月 10 日在上海长宁多媒体广场开展了为期 2 天的盛大体验活动。

通过媒体造势扩大活动知晓率，让上海所有用户了解海尔此次促销活动的内容及目的。我们运用了传统与创新的媒体组合。

海报

海尔上海销量突破 1000 万台促销活动的宣传海报

网络

海尔上海销量突破 1000 万台促销活动的宣传网页

惊喜五重奖

海尔上海销量突破 1000 万台促销活动的奖项设置

NBA 初体验

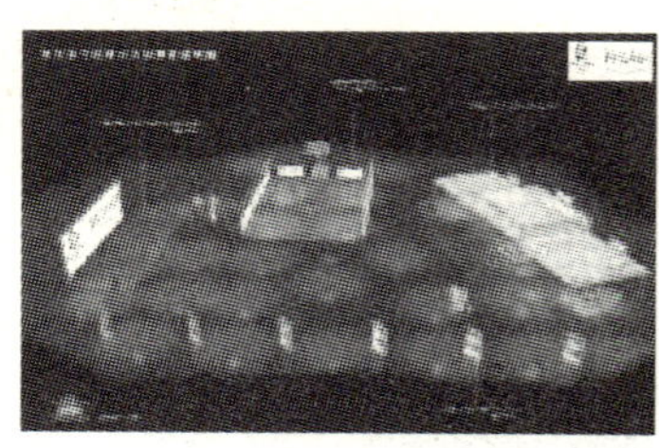

海尔 NBA 的模拟场地

通过此次大规模的造势活动，以热卖 1000 万为造势点，创造了上海年底家电购买的一轮高潮，高起点、高水准引起高度关注性，提升消费者对海尔整套家电的认知与好感，提升整套家电的品牌知名度与关注度。同时，成功植入 NBA 篮球活动初体验活动，通过前期活动造势让更多的人关注 NBA 篮球学院的启动，为接下来的大规模选拔活动做了一次优质的奠基工作。

③海尔卖场终端生动化制胜法宝。经过以上努力，NBA 与海尔的战略结盟在全国范围内得到了大量的高空传播效果，消费者开始逐渐关注整套家电，关注 NBA 篮球学院的启动，为此，我们知道终端开始发挥它重要的作用的时机到了。随着市场竞争的激烈加剧，“终端制胜”业已成为争夺市场的重要手段，其终端的“生动化”建设无疑堪称终端运作的核心。

海尔 NBA 篮球学院的运作结合整套家电展开了一场有声有色的终端生动化建设。

④脚下之路——未来之路。当前的成功，我们只是迈出了第一步，未来的路也许会有曲折和坎坷，但海尔坚信，随着整套家电一系列年轻化的整合品牌互动式传播活动的开展，终端生动化的持续跟进，整套家电将会成为未来年轻族群的主流消费趋势。整套通过与 NBA 的联合品牌运作，运用了体育互动营销来为它的“整套设计、整套购买、整套服务、整套升级”超前意识引领中国家电走向新的里程碑。

生动化的海尔销售终端

(5)海尔众心"炬",中国赢!——互动体育营销新蓝海

体育运动在当今社会生活中正扮演着越来越重要的角色。越来越多的现代企业认识到,当今的消费者拥有无上的权力,他们不但希望产品提供应有的功能,更希望从产品中得到感性体验。而体育营销恰恰以其特有的公益性、互动性和成本效益优势成为消费者和商家共同青睐的品牌传播方式。

体育作为市场营销的一种载体,它诞生的历史实际上已经很久,可以追溯到古罗马的竞技场。但作为现代营销手段,它的运用时间却很短,还有许多不完善的地方,至今包括可口可乐和三星这些国际知名企业也不敢说他们在借势体育营销上有多么高的水平。奥运借势体育营销作为一种独特的营销手段,它如何与企业营销战略及品牌战略相结合,至今尚无一种成熟理论体系作支撑,以至于许多企业对借势体育营销的理解和开展借势体育营销活动上都存在诸多误区。

(6)海尔奥运营销　提升品牌价值

北京 2008 年奥运会是全中国人的盛会,能够参与奥运,为北京奥运会作出一份贡献,是每一座城市的心愿,也是每一位中国人的心愿和梦想。承载中华五千年的梦想，挥洒亿万炎黄子孙的激情，举世瞩目的北京奥运会日益临近。

海尔作为国际知名品牌，很注重把握事件营销的机会，结合重大体育赛事的广告投放来提升品牌影响力。体育赛事项目周期长、传播次数多，可与消费者在激情时刻反复沟通，传播效果很好；此外，对海尔这样一个知名度高、销售网络完善的企业而言，广告更重要的目的是不断积累和提升品牌力，实现与消费者的深度沟通，强化品牌偏好度与忠诚度。

(7)执行落地、细节决胜——直达海尔营销现场

举办海尔“众心‘炬’，中国赢”活动，呼吁更多的人参与火炬传递助威团，在活动现场辅全民参与的互动小游戏及领取纪念品的环节。共同为奥运加油，见证历史性的时刻。与此同时，海尔金牌奥运家庭总动员活动同步火热进行中。做奥运的主人，分享奥运的无上荣耀，海尔与您一同分享这一时刻。

活动当天，现场营造了激情四起的互动空间，众心挥洒着对奥运火炬传递的祝福。呼唤着：“众心‘炬’，中国赢！——让我们一起为奥运助威！”

活动是一场集现场互动游戏、传播体育精神、参与奥运、助威奥运火炬传递、海尔品牌互动传播为一体的体育营销盛宴。它提高了品牌的知名度、产品的认知度，树立了企业的公众形象。

2.“动感黄球”让小学生动起来

美国联邦疾病控制及预防中心推出有趣的“动感黄球”(Verb Yellowball)系列活动，聪明地创造了一股令全国小学生为之疯狂的运动风潮。

利用50万颗让消费者(小学生)忍不住想玩的黄色皮球，开始爱上运动，换句话说就是寓教于乐。这50万颗黄色皮球上面都印了三个简单的指令：(1)尽情地玩这颗球；(2)到官方网站输入这颗球的号码，与大家分享你如何玩这颗球；(3)将这颗球传给另一个小朋友。

首先，小学生把一些球寄给了自己喜爱的名人。营销团队除了在媒体上创造议题，同时宣告这些名人将会以出乎意料之外的方式与全国的小学生接触，造成小学生的热烈讨论及期待。接着，有些球被悄悄地摆在小学生的家门口和学校里。拿到球的孩子欣喜若狂，迫不及待地跟其他小朋友献宝及玩耍。有些球经由小学的校园活动发送，也有些球经由街头游击活动，出奇不意地分送给小学生。

由于每颗动感黄球都有一个独一无二的号码，小学生可以随时上网查询任何一颗球身在何处，还有别人如何玩这颗球，甚至发现有些球被转手了好几十次。大家藉由这些查询，得知有不少球经历了相当有趣的旅行。其中有一个真实故事是这样的。有个住在美国东岸的孩子，因为看到别的同学都有拿到球，而自己却没有，不禁懊恼不已。于是，央求爸妈也去找一个球给他。爸妈实在拗不过，只好到购物中心买了各式各样黄色的球给他。但由于球上的号码是无可取代的，这个小学生终究没有得到梦寐以求的动感黄球。几天后，孩子的爸爸远赴西岸出差，碰巧在朋友家里看见朋友的孩子有一颗动感黄球。这个孩子已经玩过球并且愿意转让给其他小朋友。这位爸爸兴奋不已，小心翼翼地带着这颗球坐上飞机，带回家给孩子，结果得到了全家英雄式的欢迎。这颗动感黄球不仅意外地从美国西岸旅行到东岸，透过这颗球，这两个孩子也变成好朋友，几乎每天都会上网分享彼此的学校生活。

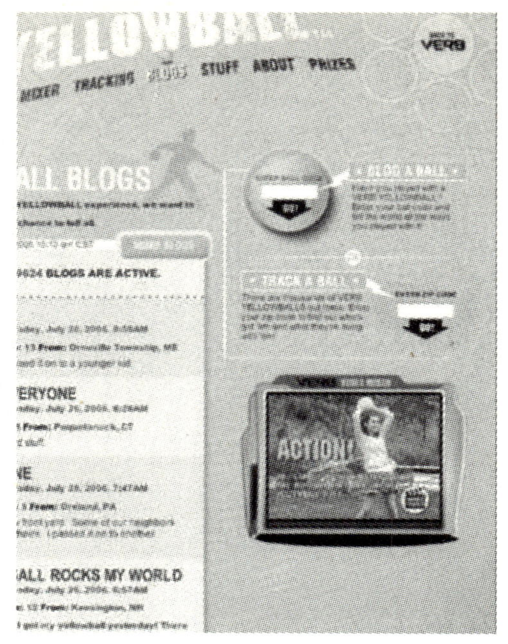

动感黄球活动在小学生当中造成大轰动，家长也跟着热衷。不少没拿到球的小学生家长还拼命在各大甩卖网站上搜寻，想要买到动感黄球，好让自己的孩子参与这个活动。动感黄球的营销策略中没有老套的政令倡导讯息，避开了孩子对教条可能会有的反感，而是利用生动有趣的方式让小学生主动参与。令人惊讶的是，事后调查发现，参与过动感黄球活动的小学生的运动量，竟然比没有参与过的多了三分之一。

后　记

写书很容易，写本好书真的是不容易，写本有特点的人人都爱看的书更不容易。我和李珍相约写的这本书，虽然字数不多，却也没有少费工夫，期间来来去去，也有近 1 年半的时间。她公司很多人为此付出了辛勤的劳动，删删改改的让他们连连叫苦。有什么办法呢？谁让我们都想有点成就感呢？李珍做了多年的市场传播工作，但从没想到要写一本自己的书，或者传播一下自己的实战思想，不知是什么事情触动了她的心神。一次，她突然对我说，一定要做一本书，并且还要做好，不带公司色彩。我说，你真的很有境界啊。

交互营销是近几年最有效的营销方式之一，讲求的就是“人机”互动，有一种随风潜入夜的无形力量。因此，这本书的构成，也是非常讲求互动的，没有太多的功利需求，纯心介绍一些有价值的营销思想与方法给读者。

这是一本我们预谋很久的书，主要的概念由李珍提出，又经过很多反复才确定的，主旨是希望能提出新的思路与方法，对业界特别是对企业界有所帮助。李珍是一个很有想法的人，对当下营销趋势的把握异常敏感，很早就发现了传统营销方式的困境，并积极尝试利用新媒体、新技术展开新营销。

随着消费者的生活轨迹的变化，信息接触层面的改变，企业的营销方式也随之改变了。李珍在企业服务的实践中，深深感受到了这种变化。一直有一种要把这种在实践中运用极好的方式方法，总结出来，让更多的企业受益、提高、发展的想法。当李珍看到我写的一些书之后，相约沟通，一拍即合，于是开始了本书的撰写工作。首先我要声明，本书的主要思想与观点，都是李珍提出的，主要的内容也是她撰写的，我只是做了一点加工的工作，一切成绩都归功于李珍的。

本书在保持系统性和实用性特色基础上，更注重可操作性的互动营销方法介绍，而且更重要的是，通过互动交互式营销实践的内容归纳出交互营销的一般规律与方法。我们通过八大章，十二个法则，将互动营销的市场奇谋、运用方法，一一进行了介绍。并结合当下的营销环境，提出了切实可行的解决方案，应是国内谈交互营销最为全面的一本书，而且这些思想都是基于实践产生的一般性的互动式营销思想，不会在短期内失效，这也是本书的价值所在。

本书的思想观点和案例是建立在TEB（天弋）品牌管理机构（www.teb.cn）极其广泛的信息基础，丰富的公司经验，验证了众多行业的基本战略变化经验之上形成的。但整本书的内容完全放眼在整个行业中，将线上线下的互动式营销方法一网打尽，看来就能用，用了就有效。

书中丰富的案例，为我们提供了鲜活的例证。不抓住这种新思想与新方法，真的很吃亏。我们深深感受到这种变化的作用。所以，乐撰此书，与前行的企业家们共同进步。

感谢为此付出辛勤劳动的TEB（天弋）品牌管理机构的员工，谢谢你们。同时，还要特别感谢：文广互动公司的高悦，网商的撰稿人唯雅老师，还有樊文花、佟立威、沈银海、史文通、韩淑芳、张立等人。真诚感谢！

希望勇于创新、敢于创新的企业家们喜欢这本书。

作者

2008年5月28日